中國學術思想 研究輯刊

十 編

林慶彰 主編

第 29 冊

明末清初儒者經世致用之道（下）

簡毅銘 著

花木蘭文化出版社

國家圖書館出版品預行編目資料

明末清初儒者經世致用之道（下）／簡毅銘 著 — 初版 — 台
北縣永和市：花木蘭文化出版社，2010〔民 99〕
目 4+180 面；19×26 公分
（中國學術思想研究輯刊 十編；第 29 冊）
ISBN：978-986-254-358-0（精裝）
1. 學術思想 2. 明清史
112.6   99016465

ISBN - 978-986-2543-58-0

9 789862 543580

中國學術思想研究輯刊
十 編　第二九冊　　　　　ISBN：978-986-254-358-0

明末清初儒者經世致用之道（下）

作　　　者　簡毅銘
主　　　編　林慶彰
總 編 輯　杜潔祥
出　　　版　花木蘭文化出版社
發 行 所　花木蘭文化出版社
發 行 人　高小娟
聯絡地址　台北縣永和市中正路五九五號七樓之三
　　　　　電話：02-2923-1455／傳真：02-2923-1452
網　　　址　http://www.huamulan.tw 信箱 sut81518@ms59.hinet.net
印　　　刷　普羅文化出版廣告事業
封面設計　劉開工作室
初　　　版　2010 年 9 月
定　　　價　十編 40 冊（精裝）新台幣 62,000 元

明末清初儒者經世致用之道（下）

簡毅銘　著

目次

第七章　顧炎武的經世致用之道

第一節　政治領域

　　顧炎武曾云：「凡文之不關於六經之指、當世之務者，一切不為。而既以明道救人，則於當今之所通患，而未嘗專指其人者，亦遂不敢以辟也。」〔註1〕又云：

　　　　君子之為學，以明道也，以救世也。……而別著《日知錄》，上篇經
　　　　術，中篇治道，下篇博聞，共三十餘卷。有王者起，將以見諸行事，
　　　　以躋斯世於治古之隆，而未敢為今人道也。〔註2〕

顧氏以其所撰作皆「關六經之旨」、「當世之務」、「以明道也，以救世也」自詡。他自言其《日知錄》上篇經術、中篇治道、下篇博聞，是為後起之王者道，而非為今人道。由是觀之，《日知錄》的性質及其撰作目的皆與黃宗羲《明夷待訪錄》相近。筆者言其相近僅就其自述為文之目的及設想讀者而論，並不涉及內容。純就內容言，顧氏以為《日知錄》與《明夷待訪錄》相同者有十之六七，他說：

　　　　頃過薊門，見貴門人陳、萬兩君，具諗起居無恙。因出大著《待訪
　　　　錄》讀之再三，於是知天下之未嘗無人，百王之敝可以復起，而三
　　　　代之盛可以徐還也。……炎武以管見為《日知錄》一書，竊自幸其

〔註1〕〔清〕顧炎武：《亭林文集》（台北：漢京文化事業有限公司，1984 年 3 月，四部刊要本），卷四〈與人書三〉，頁 91。

〔註2〕〔清〕顧炎武：《亭林文集》（台北：漢京文化事業有限公司，1984 年 3 月，四部刊要本），卷四〈與人書二十五〉，頁 98。

中所論，同於先生者十之六七。〔註3〕

因而我們可以說，《日知錄》、《明夷待訪錄》二書，不論撰作目的及讀者，甚而內容都是相近的。但是既然兩書之異者仍有十之三四，其間的歧異自然不可輕易放過。

一、論君主

馬克斯·韋伯：「中國君王主要是一位最高祭司長；他其實是古代巫術宗教信仰中的『乞雨師』，只不過是轉變爲倫理意義罷了。既然經由倫理理性化的過程而出現的『天』所守護的是永恆的秩序，那麼君王的卡理斯瑪便端視其倫理的美德而定。中國皇帝必須以人民在他治理下的幸福來證明他乃『天之子』，並且是上天所確認的支配者。」〔註4〕這一段話，其實也就是說：君王雖號爲天子，承受天命，但天命卻是依百姓之休戚爲轉移的。盧梭也認爲，國君的存在是基於契約的神聖性，故其行爲不能損害公意〔註5〕。國君只不過是公意或集體的代理人。顧炎武於〈周室班爵祿〉云：

> 爲民而立之君，故班爵之意天子與公侯伯子男一也，而非絕世之貴。代耕而賦之祿，故班祿之意，君、卿、大夫、士與庶人在官一也，而非無事之食。是故知天子一位之義，則不敢肆於民上以自尊。知祿以代耕之義，則不敢厚取於民以自奉。不明乎此，而侮奪人之君，常多於三代之下矣。〔註6〕

「君主」之位乃爲維護公眾利益而設。其祿，僅以代耕；其位，僅爲統治者之一員，並無特別尊貴之處。若身爲天子而知其地位、俸祿不過是酬其辛勞，

〔註3〕 〔清〕顧炎武：《亭林佚文輯補》（台北：漢京文化事業有限公司，1984 年 3 月，四部刊要本），〈與黃太沖書〉，頁 238。

〔註4〕 韋伯著、簡惠美譯：《中國的宗教：儒教與道教》（台北：遠流出版社，2002 年 1 月，二版四刷），頁 70～71。

〔註5〕 盧梭於《社會契約論》指出，當自然狀態已不利於生存，並且若不改變就會消滅時。人類將結合起來，以共同的力量來保障每個結合者的人身和財富。即每個結合者及其自身的一切權利，全部都轉讓給整個集體。我們每個人都以自身及全部的力量共同置於公意的最高指導原則之下，並且我們在共同體接納每一個成員作爲全體之不可分割的一部分。這時，就產生了一個道德與集體的共同體，即國家或主權者。主權者（國君）的存在祇是出於契約的神聖性，他不能使自己負有任何可以損害這一原始行爲的義務。〔法〕盧梭：《社會契約論》（北京：商務印書館，2005 年 4 月十七刷），頁 18～23。

〔註6〕 〔清〕顧炎武撰、黃汝成集釋：《日知錄集釋》（台北：世界書局，1974 年 7 月），卷七〈周室班爵祿〉，頁 166。

則不敢妄自尊大，目空一切。若沒有這個認知，則「居心以矜，而不聞諫爭之論，菑必逮夫身者也」〔註7〕。但後世國君視國家爲家產，位尊權重，早已忘了自身的責任。於是顧亭林又云：

> 享天下之大福者，必先天下之大勞，宅天下之至貴者，必執天下之
> 至賤。……古先王之教，能事人而後能使人，其心不敢失於一物之
> 細，而後可以勝天下之大。舜之聖也，而飯糗茹草；禹之聖也，而
> 手足胼胝，面目黧黑。此其所以道濟天下，而爲萬世帝王之祖也。
> 〔註8〕

筆者在第二章第一節開頭曾引戴維・米勒所分析人類三種基本關係模式。其中第二種模式爲：工具性聯合體——相應的正義原則是依據應得分配。每一個人作爲具有用來實現其目標的技術和才能的自由行爲者加入到聯合體當中來。當其所得與其貢獻相等時，正義就得到實現了。大福／大勞、至貴／至賤，是對應的概念，訴諸公平的理念，即所得與其貢獻相等。亦即，國君之大福、至貴之所以有其合理性，必奠基於他已先付出大勞，及承擔了至賤的任務。若無付出大勞、承擔至賤，享大福、宅至貴就不公平了。顧炎武似乎並不否認國君可以享大福、宅至貴，他的要求只不過是要先付出大勞，承擔至賤罷了。相較於《明夷待訪錄・原君》以「夫以千萬倍之勤勞，而己又不享其利」爲典範，無疑合理多了，也更容易行諸久遠。

二、論制度

　　錢穆以爲，中國政制後面有一理性精神作爲指導。而政制演進，有三個步驟。首先是由封建而統一，約於秦漢間完成。其次是由宗室、外戚、軍人所組成的政府，漸變而爲士人所組成的政府，約西漢中葉以下，至東漢完成。最後是由士族門第再變爲科舉競選。「考試」與「詮選」二者，成爲中國歷代政府綱紀之骨幹。推尋此等政制的意義，有〈禮運〉「天下爲公，選賢舉能」之旨〔註9〕。錢氏所云之「考試」、「詮選」，與顧炎武所云之銓選、糊名、停年格、掣籤、選補等相當。惟錢穆重其理性客觀精神，顧炎武則惡其

〔註7〕　〔清〕顧炎武撰、黃汝成集釋：《日知錄集釋》（台北：世界書局，1974 年 7
　　　　月），卷一〈鳥焚其巢〉，頁 13。

〔註8〕　顧炎武撰、黃汝成集釋：《日知錄集釋》（台北：世界書局，1974 年 7 月），卷
　　　　七〈飯糗茹草〉，頁 169。

〔註9〕　錢穆：《國史大綱上冊》（台灣：商務印書館，1996 年 11 月，修訂三版，二刷），
　　　　〈引論〉，頁 14～15。

僵化拘泥。事實上，就制度的思想層面而言，可言其理性；但是一旦由思想層面落實為現實的制度條文層面，有許多細節無疑是滯礙難行的。顧炎武所訾議的，就集中在制度條文的部分。

（一）科舉取士

顧炎武認為，「八股文」之禍害與秦始皇之焚書相等，而在敗壞人材方面更是甚於坑儒。他說：

> 今日科場之病，莫甚乎擬題。且以經文言之：初場試所習本經義四道，而本經之中，場屋可出之題，不過數十。富家巨族，延請名士，館於家塾。將此數十題，各譔一篇，計篇酬價。令其子弟及僮奴之俊慧者，記誦熟習。入場命題，十符八九。即以所記之文，抄謄上卷。較之風檐結構，難易迥殊，四書亦然。發榜之後，此曹便為貴人。年少美貌者，多得館選。天下之士，靡然從風，而本經亦可不讀矣！……昔人所須十年而成者，以一年畢之。昔人所得一年而習者，以一月畢之。成於勦襲，得於假倩。卒而問其所未讀之經，有茫然不知為何書者。故愚以為八股之害，等於焚書。而敗壞人材，有甚於咸陽之郊。〔註10〕

顧炎武指出，初場的「經義四道」、「四書義三道」，可出之題目，每經不過數十道，四書亦然。所以富家巨族可以延請名士將這數十道題目各撰一篇範文，計篇給酬。之後再命子弟及童僕記誦熟習，入場考試時再將所記之文抄謄於試卷之上。這當然會比當場審題發揮者更易寫出好文章，也更容易上榜。這一類的人，多是出身富家之青年，他們缺乏真材實學，所以顧炎武以焚書坑儒形容八股文之害。顧炎武的對治之法為：

> 請更其法：凡四書五經之文，皆問疑義。使之以一經而通之於五經；又一經之中，亦各有疑義：如《易》之鄭王，《詩》之毛鄭，《春秋》之三傳，以及唐宋諸儒不同之說。四書五經，皆依此發問。其對者，必如朱子所云：「通貫經文，條舉眾說，而斷以己意。」其所出之題，不限盛衰治亂，使人不得意擬。而其文必出場中之所作，則士之通經與否，可得而知，其能文與否，亦可得而驗矣。〔註11〕

〔註10〕〔清〕顧炎武撰、黃汝成集釋：《日知錄集釋》（台北：世界書局，1974 年 7 月），卷十六〈擬題〉，頁 386～387。

〔註11〕〔清〕顧炎武撰、黃汝成集釋：《日知錄集釋》（台北：世界書局，1974 年 7

顧炎武上述主張與黃宗羲《破邪論‧科舉》及《明夷待訪錄‧取士》幾乎全同。顧黃二人，都是要求應試者對於經之注疏及唐宋諸家之說，熟習貫通，並能申以己意（貫通後所產生的識見、論斷）。苟能達到顧、黃之要求，「科名所得，十人之中，其八九皆為白徒」〔註12〕的現象自然會消失。

（二）生　員

1. 生員素質低落及對治之法

明朝嘉靖以後，生員急遽增加，科舉名額卻未相應增加，這使得登第日益困難，大量的生員滯留於地方。呂妙芬《陽明學士人社群——歷史、思想與實踐》指出，大量滯留於地方的生員形成一個有閒暇且有能力吸收新知的群體，陽明學能迅速拓展，大量的生員是極重要的因素之一（見第二章第二節）。黃宗羲也注意到了大量滯留於地方的生員，並主張利用生員拓展基礎教育（見第六章第一節）。黃、呂二人，一認為生員可促進基礎教育，一認為生員與王學講會等社會教育之蓬勃相關，都注意到了生員的正面價值。相較於黃、呂二人，顧炎武對生員的描述，更著重於文化素質低落、魚肉地方、缺乏道德等面向。他說：

> 國家之所以設生員者何哉？蓋以收天下之才俊子弟，養之於庠序之中，使之成德達材，明先王之道、通當世之務，出為公卿大夫，與天子分猷共治者也。〔註13〕

顧炎武認為：國家設生員的目的在於，使天下之才俊透過學校的養成教育，以明先王之道、通當世之務，進而任職為官與天子共治天下。但是今日生員的教育卻與明先王之道、通當世之務無涉，而是：

> 今則不然，合天下之生員，縣以三百計，不下五十萬人，而所以教之者，僅場屋之文。然求其成文者，數十人不得一，通經知古今，可為天子用者，數千人不得一也。而囂訟逋頑，以病有司者，比比而是。上之人以是益厭之，而其待之也日益輕，為之條約也日益苛。〔註14〕

〔註12〕〔清〕顧炎武撰、黃汝成集釋：《日知錄集釋》（台北：世界書局，1974 年 7 月），卷十六〈擬題〉，頁 387。

〔註12〕〔清〕顧炎武撰、黃汝成集釋：《日知錄集釋》（台北：世界書局，1974 年 7 月），卷十六〈經義論策〉，頁 383～384。

〔註13〕〔清〕顧炎武：《亭林文集》（台北：漢京文化事業有限公司，1984 年 3 月，四部刊要本），卷一〈生員論上〉，頁 21。

〔註14〕〔清〕顧炎武：《亭林文集》（台北：漢京文化事業有限公司，1984 年 3 月，

今日生員所習的無非是「八股文」，能下筆成文者不到數十分之一；能通經知古者不到數千分之一。但是干預刑政者，卻比比皆是。職是之故，生員日益受到厭惡及輕視。但是為何日益受到政府輕視的生員，民間仍趨之若鶩呢？顧炎武云：

> 然以此益厭益輕益苛之生員，而下之人猶日夜奔走之如鶩，竭其力而後止者，何也？一得為此，則免於編氓之役，不受侵於里胥；齒於衣冠，得以禮見官長，而無鞭、捶之辱。故今之願為生員者，非必慕其功名也，保身家而已。……人之情孰不為其身家者，故日夜求之，或至行關節觸法抵罪而不止者，其勢然也。今之生員，以關節得者，十且七八矣。〔註15〕

顧炎武認為生員身分之所以受民間的歡迎，主要是因為一旦具備了生員身分就「齒於衣冠」，既不受侵於里胥、也可以禮見官長。換言之，生員身分可免經濟之剝削，又可保全人格之尊嚴。為了保身家計，即使以賄賂等非法手段得之，不恤也。由於醉翁之意不在酒，在乎保身之間也，佔了極大的比例，所以生員的總體素質下降。對此，顧炎武主張：

> 然則如之何？請一切罷之，而別為其制。必選五經兼通者而後充之，又課之以二十一史與當世之務而後升之。仍分為秀才、明經二科，而養之於學者，不得過二十人之數，無則闕之。……則有秦漢賜爵之法，其初以賞軍功，而其後或以恩賜，或以勞賜，或普賜，或特賜，而高帝之詔有曰：「今吾於爵，非輕也。其令吏善遇高爵，稱吾意。」至惠帝之世，而民得買爵。夫使爵之重得與有司為禮，而復其戶勿事，則人將趨之。開彼則可以塞此，即入粟拜爵，其名尚公，非若鬻諸生以亂學校者之為害也。夫立功名與保身家，二塗也；收俊乂與恤平人，二術也。並行而不相悖也，一之則敝矣。〔註16〕

顧炎武以「立功名」與「保身家」分為二途，來解決生員素質下滑的現象。凡是以立功名為目的者，要兼通五經，習二十一史及當世之務。保身家者可仿秦漢賜爵之法，一旦入粟拜爵，有司不得待以非禮，且免其戶役，但不許

　　　　四部刊要本），卷一〈生員論上〉，頁21。
〔註15〕〔清〕顧炎武：《亭林文集》（台北：漢京文化事業有限公司，1984年3月，
　　　　四部刊要本），卷一〈生員論上〉，頁21。
〔註16〕〔清〕顧炎武：《亭林文集》（台北：漢京文化事業有限公司，1984年3月，
　　　　四部刊要本），卷一〈生員論上〉，頁21～22。

入學校以降低生員素質。

2.生員之害與多途並用

顧炎武痛陳生員為害鄉里之劣跡，他認為廢天下之生員可使官政清、民困蘇、門戶除、人才出，他說：

> 廢天下之生員，而官府之政清，廢天下之生員而百姓之困蘇，廢天下之生員而門戶之習除，廢天下之生員而用世之材出。今天下之出入公門以撓官府之政者，生員也；倚勢以武斷於鄉里者，生員也；與胥史為緣，甚有自身為胥史者，生員也；官府一拂其意，則群起而閧者，生員也；把持官府之陰事，而與之為市者，生員也；前者謞，後者和；前者奔，後者隨；上之人欲治之而不可治也，欲鋤之而不可鋤也，小有所加，則曰：是殺士也，坑儒也。〔註17〕

顧炎武以生員撓官府之政、武斷鄉里及與胥史狼狽為奸等等，為生員危害鄉里之罪證。卻不思誰使生員具有準官方身分的特權？是政府。何以小民不能一如生員，享有不受剝削及無禮對待的基本人權？如果不同階級存在著嚴重的剝削及被剝削關係，賄賂通關節以取得「生員資格」將會就視為一種投資。當擁有生員身分之後，自然會連本帶利回收其投資，撓官府之政、武斷鄉里與胥史狼狽為奸，都可視為回收投資的行為。唯有嚴格限制胥史對小民之剝削及縣官對小民之濫刑，生員之害才可根本祛除。但是身處階級分明的傳統中國，不可能產生人人平等的觀念，所以顧炎武的思考方向不在保障基本人權，而在使「立功名」、「保身家」分為二途。顧炎武又由經濟層面言生員對百姓的負擔，他說：

> 天下之病民者有三：曰鄉宦，曰生員，曰吏胥。是三者，法皆得以復其戶，而無雜泛之差，於是雜泛之差，乃盡歸於小民。今之大縣至有生員千人以上者，比比也。且如一縣之地有十萬頃，而生員之地五萬，則民以五萬而當十萬之差矣；一縣之地有十萬頃，而生員之地九萬，則民以一萬而當十萬之差矣。民地愈少，則詭寄愈多，詭寄愈多，則民地愈少，而生員愈重。富者行關節以求為生員，而貧者相率而逃且死，故生員之於其邑人無秋毫之益，而有秋山之累。然而一切考試科舉之費，猶皆派取之民，故病民之尤者，生員也。

〔註17〕〔清〕顧炎武：《亭林文集》（台北：漢京文化事業有限公司，1984年3月，四部刊要本），卷一〈生員論中〉，頁22。

故曰：廢天下之生員，而百姓之困蘇也。〔註18〕

由於生員依法可免雜差，一條鞭法施行後，雜差計畝徵銀。明代州縣之賦稅皆有定額，某些田土可免雜泛之差，即代表其餘的田土要分擔可免雜泛之差田土的部分。換言之，免雜泛之差的田土越多，有雜泛之差的田土負擔越重。顧炎武舉例：如果一縣之地有十萬頃（雜泛之差額度），生員之地五萬頃（免雜泛之差），其餘五萬頃卻要負擔起十萬頃額度。同理，生員之地若有九萬頃，其餘一萬頃則要承擔十萬頃的額度。這種不合理的制度使民地越少，負擔越重；負擔越重，詭寄越多，生員地位愈受重視。此外，科舉考試的費用也是由人民負擔。就以上兩點（雜泛之差、科舉費用）而言，生員之於民，實無絲毫之益，反而造成了人民如山之重負。許蘇民《顧炎武評傳》分析「且如一縣之地有十萬頃，而生員之地五萬，則民以五萬而當十萬之差矣；一縣之地有十萬頃，而生員之地九萬，則民以一萬而當十萬之差矣。」云：

> 他們（生員）人數眾多，占有的土地亦最多，由於他們享有免除賦役的經濟特權，詭寄投靠在他們門下的土地和奴婢亦最為眾多。這樣，便導致只占有百分之十的土地、而無任何官本位的人們不得不承擔百分之百的賦稅。〔註19〕

筆者以為，許氏之說法將顧炎武之比喻（且如）看成事實的描述，嚴重扭曲了當時的現實狀況。依《中國傳統農村的地權分配》附錄 B 之 B17、B18、B19 三表，可得知江蘇長洲縣中擁有五十畝以上者，分別居總土地面積之49.1%、30%、55.1%〔註20〕。由此可見，縱使擁有五十畝以上之地主皆為生員，最多仍只佔全部土地之 55.1%。更何況，大地主之身分有不少為鄉宦、富商，故更可知顧氏只是比喻說明，絕非實情如此。接著顧炎武又分析生員與門戶之習的關聯，他說：

> 生員之在天下，近或數百千里，遠或萬里，語言不同，姓名不通，而一登科弟，則有所謂主考官者，謂之座師；有所謂同考官者，謂

〔註18〕〔清〕顧炎武：《亭林文集》（台北：漢京文化事業有限公司，1984 年 3 月，四部刊要本），卷一〈生員論中〉，頁 23。

〔註19〕許蘇民：《顧炎武評傳》（南京：南京大學出版社，2006 年 3 月），頁 624。

〔註20〕趙岡：《中國傳統農村的地權分配》（台北：聯經出版公司，2005 年 2 月），頁 187～189。由於顧炎武為江南人，故筆者以同為江南地區之江蘇長洲縣為例。

之房師；同榜之士，謂之同年。同年之子，謂之年姪。座師、房師
之子，謂之世兄。座師、房師之謂我，謂之門生。……朋比膠固，
牢不可解。書牘交於道路，請託徧於官曹。其小者足以蠹政害民，
而其大者至於立黨傾軋。……故曰：廢天下之生員而門戶之習除
也。〔註21〕

生員來自全國各地，各地之語言或不同，彼此之間也不認識，但是一登科
第，就稱主考官爲座師，旁考官爲房師，同榜爲同年，同年之子爲年姪，座
師、房師之子爲世兄。以上的現象，顧炎武認爲是蠹政害民、立黨傾軋的根
源。筆者以爲，同年及門生座師間的關係，在傳統中國是不易割離的。這是
因爲儒家倫理由五倫爲基本，層層外擴。欲將所有的人際關係都納入五倫模
式，於是次級關係統統被加以轉化，這種轉化過程稱爲擬親化。只要傳統中
國的這種人際倫理模式不變，同年、門生、座師等攀親帶故的現象就不可能
改變。而改變攀親帶故，講人情、特權的現象，或許只能由建立公私領域分
際之觀念及公正的法律及嚴格的執法做起。沒有公正且嚴格執行的法律、規
章，代表著攀親帶故、講人情，能獲得特權及利益。如此，又怎能期待請託
現象絕跡呢？生員既然在政治、經濟層面都對人民有害而無利，所以顧炎武
要「廢今日之生員」，他說：

問曰：廢天下之生員則何以取士？曰：吾所謂廢生員者，非廢生員
也，廢今日之生員也。請用辟舉之法而並存生員之制。天下之人，
無問其生員與否，皆得舉而薦之於朝廷，則我之所收者，既已博矣。
而其廩之學者，爲之限額，略仿唐人郡縣之等。小郡十人，等而上
之，大郡四十人而止。小縣三人，等而上之，大縣二十人而止。約
其戶口之多寡，人材之高下而差次之，有闕則補，而罷歲貢舉人之
二法。其爲諸生者選其通雋，皆得就試於禮部。而作進士者，不過
授以簿尉親民之職，而無使之驟進，以平其貪躁之情。其設之教官，
必聘其鄉之賢者以爲師，而無隸於仕籍，罷提學之官而領其事於郡
守。此諸生之中，有薦舉而入仕者，有考試而成進士者，亦或有不
率而至於斥退者，有不幸而死及衰病，不能肄業，願給衣巾以老者。
闕至二人三人，然後合其屬之童生，取其通經能文者以補之。然則

〔註21〕 〔清〕顧炎武：《亭林文集》（台北：漢京文化事業有限公司，1984 年 3 月，
四部刊要本），卷一〈生員論中〉，頁 23。

天下之爲生員者少矣。少則人重之，而其人亦知自重。爲之師者，
不煩於教。而向所謂聚徒合黨以橫行於國中者，將不禁而自止。……
天下之人無問其生員與否，皆得舉而薦之於朝廷，則取士之方，不
恃諸生之一途而已也。夫取士以佐人主理國家，而僅出於一途，未
有不弊者也。〔註22〕

有人以爲顧炎武要廢天下之生員，故以廢天下之生員何以取士爲問。顧炎武
則澄清其所謂廢生員是指改革今日弊病叢生的生員制度。顧炎武一方面主張
以辟舉之法和生員制度並行，使天下之人才不必具備生員身分也有受薦於朝
廷的機會，也就是說增加人才登進管道。與增加人才登進管道相配合的是，
限縮生員之人數。限縮生員之人數，可使生員受到社會的尊重也會使其自重，
昔時聚徒結黨的現象將不禁而自止。除了生員之外，顧炎武也認爲不應使進
士驟進，以平息其貪婪急躁的情緒。

（三）詮　選

官員的任命、升遷，通常都需一套明確而公正的制度，以簡拔最優秀的
人才。明確而公正的制度是程序，使優秀人才脫穎而出是目的。程序與目的
二者，不可偏廢，有了公正的程序，卻無法使明珠別於魚目，就不符合詮選
的目的；同樣的，雖選出優秀人才，但過程卻諱莫如深，也不足以服人之心
（會使人懷疑，所選出的是最適任的嗎？）明代的詮選制度，對於公正程序
的重視遠高於是否能甄別良莠，於是產生了以公平的程序挑出了大量的不適
任官員。顧炎武云：

今之取士，禮部以糊名取之，是舉其所不知也。吏部以掣籤注之，
是用其所不知也。是使其臣拙於知人，而巧於避事。〔註23〕

所謂糊名制，就是將考生的姓名與籍貫彌封起來，使得主考官不知考卷爲何
考生所寫？所以也就無從徇私舞弊。就考試的公平性而言，這個制度是好的；
但是就甄別政治人才而言，卻未盡善盡美。這是因爲：有政治才能者未必會
考試；會考試者未必有政治才能。所謂「是舉其所不知也」，即是指政治才能
與考試才能的不一致。當這些具備卓越考試才能的士子通過科舉進入官場，

〔註22〕　〔清〕顧炎武：《亭林文集》（台北：漢京文化事業有限公司，1984 年 3 月，
　　　　　四部刊要本），卷一〈生員論下〉，頁 24。

〔註23〕　〔清〕顧炎武撰、黃汝成集釋：《日知錄集釋》（台北：世界書局，1974 年 7
　　　　　月），卷八〈選補〉，頁 192。

本來可透過詮選制度考覈政治才能，定其升絀，藉此來澄汰不適任者。但是因為中國官場的人際網路極其複雜，甲可能與乙有地緣關係、乙又與丙有門生座主關係，丁又和甲有血緣關係，任何考覈結果都難免得罪他人。為了杜攸攸之口，孫丕揚想出了「掣籤之法」。顧炎武云：

> 于慎行《筆麈》言：太宰富平孫公丕揚，患中人請託，難於從違，大選外官，立為掣籤之法。一時宮中相傳，以為至公。下逮閭閻，翕然稱誦，而不知其非體也。〔註24〕

由抽籤來決定任所，僅止於表面的公平，事實卻並非如此〔註25〕。更何況，這一種方法無法甄別人才。所以顧炎武才會說：「不知其非體也」。顧炎武指出，人之才能、資格、治所等等的外在條件，是千差萬別的。一付之於籤，是無法知美惡、權輕重的。他說：

> 至於人才長短，各有所宜；資格高下，各有所便；地方繁簡，各有所合；道里遠近，各有所準。乃一付之於籤，是掩鏡可以索照，而折衡可以坐揣也。〔註26〕

既然一付之於籤，無法知美惡、輕重。而明朝一味講資格的作法又無法使人才脫穎而出，顧炎武有了新的做法，他說：

> 為今之急，誠宜大蠲弊法，簡拔異能，爵以功為先後，用以才為序次，無以積勤累勞者為高敘，無以深資久考者為優選。智愚以別，善否陳前，而萬事不治，庶功不熙者，臣愚未嘗聞也。〔註27〕

以功、以才，決定爵之先後、用之序次。讓功勞、才幹取代積勤、深資，以

〔註24〕〔清〕顧炎武撰、黃汝成集釋：《日知錄集釋》（台北：世界書局，1974 年 7 月），卷八〈選補〉，頁 191。

〔註25〕吏部掣籤之法，始自邇年孫富平太宰，古今所未有也。孫以風望起，與新建張相，尋端相攻，慮銓政鼠穴難塞，為張所持，乃建此議，盡諉其責于枯竹。初行時，主者既以權衡弛擔，幸謝揣摩，得者亦以義命自安，稍減怨懟，亦便計也。然其時有一陝西老明經，以推官掣得浙江杭州府，震慄求免。……此後則記認分別，陽則曰南北有分，遠近有分，原籍有分，各為一筒。遇無徑竇者，任其自取，而陰匿其佳者以待後來。〔明〕沈德符：《萬曆野獲編》（北京：中華書局，1959 年 2 月），卷十一〈掣籤授官〉，頁 288～289。

〔註26〕〔清〕顧炎武撰、黃汝成集釋：《日知錄集釋》（台北：世界書局，1974 年 7 月），卷八〈選補〉，頁 191。

〔註27〕〔清〕顧炎武撰、黃汝成集釋：《日知錄集釋》（台北：世界書局，1974 年 7 月），卷八〈停年格〉，頁 197。

之做爲升絀任用的標準。顧炎武的這一種辦法，的確可汰除一些無能的資深官員，進而使政壇新血得到重用。

（四）地方官赴任

顧炎武反對千里赴地方官之任。一則赴任所需之遷徙費用甚爲可觀，再則不熟悉治理地區的風土民情。他說：

> 宋政和六年，詔知縣注選，雖甚遠無過三十驛。三十驛者，九百里也。今之選人，動涉數千里，風土不諳，語音不曉，而赴任迎家之費，復不可量，是率天下而路也。欲除銓政之弊，豈必如此，而後爲至公邪？〔註28〕

顧炎武以爲，明朝地方官赴任動輒數千里，這不但造成赴任者不習於當地的風俗語言，也使得赴任的費用極爲高昂。他又說：

> 自南北互選之後，赴任之人，動數千里，必須舉債，方得到官。而土風不諳，語言難曉，政權所寄，多在猾胥。〔註29〕

南北互選，地方官舉債，必然造成官員貪墨；土風不諳，語言難曉，又造成胥吏竊權。官吏貪墨、胥吏竊權，都不符合設官的用意。於是顧炎武認爲，應令京官各舉所知之賢才而責其成效。也應以當地之秀異分子爲縣令。他說：

> 豈若廓然而大公，使人得舉其所知，而明試以功，責其成效於服官之日乎？……有明（原抄本：本朝）正統元年十一月乙卯，勅在京三品以上官，各舉廉潔公正明達事體堪任御史者一人。在京四品官及國子監翰林院堂上官，各部郎中員外郎，六科掌科給事中，各道掌道御史，各舉廉慎明敏寬愛民堪任知縣者一人。吏部更加詳察，而擢用之。夫欲救今時之弊，必如此。而後賢才可得，政理可興也。〔註30〕

又說：

> 漢宣帝時，盜賊並起。徵張敞拜膠東相。謂吏追捕有功效者，得壹

〔註28〕〔清〕顧炎武撰、黃汝成集釋：《日知錄集釋》（台北：世界書局，1974年7月），卷八〈選補〉，頁191。

〔註29〕〔清〕顧炎武撰、黃汝成集釋：《日知錄集釋》（台北：世界書局，1974年7月），卷八〈選補〉，頁192。

〔註30〕〔清〕顧炎武撰、黃汝成集釋：《日知錄集釋》（台北：世界書局，1974年7月），卷八〈選補〉，頁192。

切比三輔尤異。天子許之。上命尚書，調補縣令數十人。是漢時
縣令，多取郡吏之尤異者，是以習其事而無不勝之患。今則一以
畀之初釋褐之書生，其通曉吏事者十不一二，而偄弱無能者，且
居其八九矣。又不擇其人之材，而以探籌投鉤，爲選用之法，是以
百里之命，付之闍茸。不材之人，既以害民，卒至於自害。於是
煩劇之區，遂爲官人之陷穽。而年年更代，其弊益深，而不可振
矣。〔註31〕

地方官既然當地之人，自然可免因千里赴任而舉債之弊。同時，因地方官自
幼生於斯長於斯，對於當地之利弊得失瞭若指掌，所以能勝任政務。這比明
代將地方官之重任賦予一個剛剛通過科舉考試的士子——既不通吏事又軟弱
無能，好多了。馬克思·韋伯認爲，南北互選，三年一調的制度設計，是爲
了利於帝國的統一。他說：

對中央當局而言，爲了防止官吏變成封建家臣那樣擁有獨立的權
力，官吏被禁止就任於故鄉州省，並規定三年一調——如果不是調
任他省，至少是調任另一官職。這些措施有利於帝國統一的維持，
但其代價則是中央任命的官吏無法於其統轄的地區上紮根。〔註32〕

我們可以這麼認爲，中央任命的官吏無法紮根於地方是胥吏及紳權無法去
除，或者是日形重要的原因。

（五）行政效率與地方分權

1. 人與事必相應

顧炎武認爲，官員之多寡必須與政務之繁簡相應，不應一味地精簡人事。
他說：

光武中興，海內人民，可得而數。裁十二三，鄣塞破壞，亭燧絕滅。
或空置太守令長，招還流民。帝笑曰：「今邊無人，而設長吏治之，
如春秋素王矣。」以故省并郡國及官僚，屢見於史，而總之曰，兵
革既息，天下少事，文書調役，務從簡寡，至乃十存一焉。以此知
省官之故，緣於少事。今也文書日以繁，獄訟日以多，而爲之上者，

〔註31〕〔清〕顧炎武撰、黃汝成集釋：《日知錄集釋》（台北：世界書局，1974 年 7
月），卷八〈選補〉，頁 191。
〔註32〕韋伯著（Max Weber）、簡惠美譯：《中國的宗教：儒教與道教》（台北：遠流
出版社，2002 年，二版四刷），頁 98。

> 主於裁省，則天下之事，必將叢脞而不勝。不勝之極，必復增官，
> 而事不可爲矣。〔註33〕

東漢初立之時，漢光武帝鑑於人口流失了百分之七、八十，所以省併郡國及官僚。省併官僚是與人口政務的減少相應的。但是明朝末葉，文書日繁、獄訟日多，卻仍主張省官，就不合於實際了。若不顧實際情況而勉強省官，只會荒怠政務，最後仍免不了增官。但這時延誤政務所造成的嚴重後果，卻已無法彌補了。

2. 分權於縣

（1）分權於縣的人性基礎

顧炎武認爲：「天下之人各懷其家，各私其子」，是人情之常。既然爲己謀利是一種自然的人性，爲天下創制的聖人，可利用這種「各懷其家，各私其子」的自然人性，將其導入於制度之中，而使制度完善可久。他說：

> 天下之人各懷其家，各私其子，其常情也。……聖人者因而用之，
> 用天下之私，以成一人之公而天下治。夫使縣令得私其百里之地，
> 則縣之人民皆其子姓；縣之土地皆其田疇；縣之城郭皆其藩垣；縣
> 之倉廩皆其囷窌。爲子姓，則必愛之而勿傷；爲田疇，則必治之而
> 勿棄；爲藩垣囷窌，則必繕之而勿損。自令言之，私也。自天子言
> 之，所求乎治天下者，如是焉止矣。〔註34〕

顧炎武以爲，若縣令能擁有其轄地的自治權，他會將縣內的土地、人民、經濟收入視爲己有而愛護之、保養之。縣令的動機或許是「私」，但其呈現的治理效果及人民所享的福祉而言，則是「公」。筆者由顧炎武的公私論想到了西方的「道義論」及「功利主義」的爭論。康德的道義倫理學是唯動機論的，即一個行爲是否善良，是否符合道德，不是看一個行爲的後果，而是看一個行爲是否出自於善良意志，……也就是說，動機論是只強調動機的道德性，而不是看一個行爲是否帶來好的結果。效果論則相反，一個行爲是否善良，主要看一個行爲是否帶來好的結果。也就是說，只要一個行爲能夠帶來快樂（銘按：可理解爲好）的結果，那麼，這個行爲也就是合乎道德的行爲〔註35〕。

〔註33〕 〔清〕顧炎武撰、黃汝成集釋：《日知錄集釋》（台北：世界書局，1974 年 7
月），卷八〈省官〉，頁 190。

〔註34〕 〔清〕顧炎武：《亭林文集》（台北：漢京文化事業有限公司，1984 年 3 月，
四部刊要本），卷一〈郡縣論五〉，頁 14～15。

〔註35〕 龔群：《當代西方道義論與功利主義研究》（北京：中國人民大學出版社，2002

對照西方道義論及功利義之爭，我們可以說：顧炎武為使治制可行，已經向世俗儒學之「功利性」做了部分妥協。

（2）縣令之品秩及任用

《日知錄・守令》云：所謂天子者，執天下之大權者也。其執大權奈何？以天下之權，寄之天下之人，而權乃歸之天子。自公卿大夫，至於百里之宰，一命之官，莫不分天子之權，以各治其事，而天子之權乃益尊〔註36〕。可見顧氏主張「分權眾治」，〈郡縣論一〉也說：「寓封建之意於郡縣之中，而天下治矣」：

> 封建之失，其專在下；郡縣之失，其專在上。……今之君人者，盡四海之內為我郡縣猶不足也，人人而疑之，事事而制之，科條文簿日多於一日，而又設之監司、設之督撫，以為如此，守令不得以殘害其民矣。不知有司之官，凜凜焉救過之不給，以得代為幸，而無肯為其民興一日之利者。……然則尊令長之秩，而予之以生財治人之權，罷監司之任，設世官之獎，行辟屬之法，所謂寓封建之意於郡縣之中，而二千年以來之敝可以復振。〔註37〕

《日知錄・守令》亦云：

> 夫辟官、涖政、理財、治軍，郡縣之四權也。〔註38〕

其專在下或其專在上之「專」，指的是權力。權力在下，則可能有脅君之患，權力在上，則行政效率不彰。人人而疑之、事事而制之，設之監司、設之督撫，使得郡縣長官「凜凜焉救過之不給」，更別談行政效率了。顧炎武認為，要讓郡縣層級的政府機構能夠有所作為，應該尊令長之秩，給予他們財政權、行政權、軍事權。並且應罷監司，免除施政的顧忌。讓他能自擇屬官，以充分配合行政。他的具體作法如下：

> 其說曰：改知縣為五品官，正其名曰縣令。任是職者，必用千里以內習其風土之人。其初曰試令，三年，稱職，為真；又三年，稱職，

年3月），頁298。

〔註36〕　〔清〕顧炎武撰、黃汝成集釋：《日知錄集釋》（台北：世界書局，1974年7月），卷九〈守令〉，頁212。

〔註37〕　〔清〕顧炎武：《亭林文集》（台北：漢京文化事業有限公司，1984年3月，四部刊要本），卷一〈郡縣論一〉，頁12。

〔註38〕　顧炎武撰、黃汝成集釋：《日知錄集釋》（台北：世界書局，1974年7月），卷九〈守令〉，頁213。

封父母；又三年，稱職，璽書勞問；又三年，稱職，進階益祿，任
之終身。其老疾請休者，舉子若弟代，不舉若弟，舉他人者聽。……
所舉之人，復爲試令。三年稱職爲眞，如上法。……令有得罪於民
者，小則流，大則殺。其稱職者，既家於縣，則除其本籍。夫使天
下之爲縣令者，不得遷又不得歸，其身與縣終，而子孫世世處焉。
不職者流，貪以敗官者殺。夫居則爲縣宰，去則爲流人，賞則爲世
官，罰則爲斬絞，豈有不勉而爲良吏者哉！〔註39〕

在顧炎武的設想中，先將「知縣」由正七品升爲五品，並將「知縣」改爲「縣
令」。「知縣」可詮釋爲縣的管理者，管理者未必有實權；「縣令」爲縣中發號
施令者，發號施令必有實權。故以「縣令」代「知縣」，確有其必要。〈郡縣
論一〉已言應賦予縣令行政權及財政權。要讓行政權及財政權運作良好，必
奠基於通曉治理區域之風俗民情，必用千里以內習其風土之人就是基於這個
考量。其實，顧炎武設計「用千里以內習其風土之人」爲縣令，還有防止胥
吏作弊的目的〔註40〕。我們再來看看縣令的具體任用辦法：首膺其任曰試令，
三年稱職則正式爲縣令；再三年，稱職，封父母官；再三年，稱職，皇帝璽
書勞問。再三年，稱職，則爲終身職。換言之，由試令至終身職經過了十二
年的考驗。當縣令年老力衰時，可舉其子、其弟或他人代之，並接受由試令
開始的考驗，一如上法。一旦縣令有瀆職之情事，情節輕者流放、重者處死；
稱職者，則家於所轄之縣，子孫世世代代皆不得遷徙。以刑賞強烈對比，使
爲縣官者不得不勉力盡職。

（3）縣令之考覈

〈郡縣二〉已述及擔任縣令所面臨的刑賞兩極的待遇，於是有必要提出
一套能信服於人的考覈標準，他說：

何謂稱職？曰：土地闢、田野治、樹林蕃、溝洫修、城郭固、倉廩

〔註39〕〔清〕顧炎武：《亭林文集》（台北：漢京文化事業有限公司，1984年3月，
四部刊要本），卷一〈郡縣論二〉，頁13。

〔註40〕善乎葉正則之言曰：「今天下官無封建而吏有封建。」州縣之敝，吏胥窟穴其
中，父以是傳之子，兄以是傳之弟。而其尤桀點者，則進而爲院司之書吏以
掣州縣之權。上之人明知其爲天下之大害，而不能去也。使官皆千里以內之
人，習其民事，而又終其身任之，則上下辨而民志定矣，文法除而吏事簡矣。
官之力足以御吏而有餘，吏無所以把持其官而自循其法。〔清〕顧炎武：《亭
林文集》（台北：漢京文化事業有限公司，1984年3月，四部刊要本），卷一
〈郡縣論八〉，頁16。

實、學校興、盜賊屏、戎器完。而其大者則人民樂業而已。〔註41〕
土地闢、田野治、樹林蕃、溝洫修，屬於農業經濟領域；城郭固、戎器完、
盜賊屏，屬於治安及軍事領域；至於倉廩實，屬社會福利領域；學校則毫無
疑問爲教育領域。一個縣級的政府機構，能滿足以上需求，的確也就夠了。
可貴的是，顧炎武以客觀的農業、治安、軍事、教育、社會福利等考察縣令
是否稱職，這遠比以貪、酷、浮躁、不及、老、病、罷、不謹，評價政績來
得客觀且具體多了。但是去除監司、子弟相代等敏感問題，顧炎武亦有其說
法：

> 或曰：無監司，令不已重乎？子弟代，無乃專乎？千里以內之人，
> 不私其親故乎？夫吏職之所以多爲親故撓者，以其遠也。使並處一
> 城之內，則雖欲撓之而有不可者。……若以子弟得代而慮其專，蕞
> 爾之縣，其能稱兵以叛乎？上有太守，不能舉旁縣之兵以討之乎？
> 太守欲反，其五六縣者，肯舍其可傳子弟之官而從亂乎？……且今
> 之州縣無定守，民無定奉，是以常有盜賊戎狄之禍，至一州則一州
> 破，至一縣則一縣殘。不此之圖而慮令長之擅，此之謂不知類也。
> 〔註42〕

顧炎武以爲，若親族同在一縣，縣令稱職與否繫聯著家族之存滅，故而干預
政令之事應不會發生。再者，疑者以爲，縣令之職可傳子弟，將使權力過度
集中於一個家族。顧炎武則以軍事叛變不可能答之。筆者認爲，「專」亦可能
是經濟資源壟斷、教育資源壟斷，這一種壟斷最後可能使縣令的家族成爲地
方上最強勢的家族，並對往後非出於該家族的縣令形成威脅，這是縣令世官
制最可能產生的弊端。最後，顧炎武將盜賊戎狄之禍歸之於「州縣無定守」，
以爲縣令之家族皆在其縣治內則可免除「至一州則一州破」、「至一縣則一縣
殘」的局面。筆者以爲，顧炎武這種說法有一個前提——防守力足以抗敵。
若敵強我弱，軍力相差甚遠，而敵又以保全縣令之家族爲開城門之餌，縣令
開城乎？閉城乎？實在無法想像。黃秀政《顧炎武與清初經世學風》云：「郡
縣論爲炎武論政之重心，凡撰文九篇，以爲討論依據。其立說，如主『設世
官之獎』，不僅違背現代地方自治人人參與之精神，即以當時視之，亦不免有

〔註41〕〔清〕顧炎武：《亭林文集》（台北：漢京文化事業有限公司，1984 年 3 月，
　　　　四部刊要本），卷一〈郡縣論三〉，頁 13。
〔註42〕〔清〕顧炎武：《亭林文集》（台北：漢京文化事業有限公司，1984 年 3 月，
　　　　四部刊要本），卷一〈郡縣論四〉，頁 14。

復古思想之譏，期期難行。」〔註43〕但是細觀黃秀政分析顧炎武郡縣論之論述，卻未見隻字說明顧氏之郡縣論哪裏復古？哪裏期期難行？論斷誠不足以服人之心。

（4）鄉里之有效管理

顧炎武提倡眾治，鄉里自治也是眾治的制度之一。他說：

> 漢書百官表，縣令長皆秦官，掌治其縣。萬戶以上爲令，秩千石至六百石；減萬戶爲長，秩五百石至三百石，皆有丞尉。秩四百石至二百石，是爲長吏。百石以下有斗食佐史之秩，是爲少吏。大率十里一亭，亭有長。十亭一鄉，鄉有三老有秩。三老掌教化，嗇夫職聽訟，收賦稅，游徼徼循禁賊盜。……夫惟於一鄉之中，官之備而法之詳，然後天下之治，若網之在綱，有條而不紊。……後魏太和中，給事中李沖上言：「宜準古五家立一鄰長，五鄰立一里長，五里立一黨長。長取鄉人之強謹者。」……孝文從之，詔曰：「鄰里鄉黨之制，所由來久，欲使風教易周，家至日見，以大督小，從近及遠，如身之使手，幹之總條，然後口算平均，義興訟息。」史言立法之初，多稱不便，乃事既施行，計省昔有十餘倍，於是海內安之。〔註44〕

顧炎武舉《漢書‧百官表》言：漢代十里一亭，十亭一鄉；鄉有三老掌教化，嗇夫職聽訟、賦稅，游徼禁賊盜。也就是說，縣以下的鄉這一行政層級，仍能有效管理。他又舉後魏李沖建議孝文帝實施五家爲鄰、五鄰爲里、五里爲黨等層層相制的方法來管理地方爲例。這個建議得到孝文帝的採納，但在施行之初，執行者多稱不便，但是最後卻省卻了十多倍的行政資源，人民也欣然接受這個制度。《日知錄‧里甲》亦云：

> 常熟陳梅曰：《周禮》，五家爲比，比有長；五比爲閭，閭有胥；四閭爲族，族有師；五族爲黨，黨有正；五黨爲州，州有長；五州爲鄉，鄉有大夫。其間大小相維、輕重相制，綱舉目張，周詳細密，無以加矣。而要之自上而下，所治皆不過五人，蓋於詳密之中，而得易簡之意。此周家一代良法美意也。後世人才，遠不如古，乃欲

〔註43〕 黃秀政：《顧炎武與清初經世學風》（台北：商務印書館，1987 年 7 月），頁58。

〔註44〕 〔清〕顧炎武撰、黃汝成集釋：《日知錄集釋》（台北：世界書局，1974 年 7 月），卷八〈鄉亭之職〉，頁 181。

> 以縣令一人之身，坐理數萬戶口賦稅，色目繁猥，又倍於昔時，雖
> 欲不叢脞，其可得乎？愚故爲之說曰，以縣治鄉，以鄉治保，以保
> 治甲，視所謂不過五人者，而加倍焉。亦自詳密，亦自易簡。此斟
> 酌古今之一端也。〔註45〕

後魏的鄉→里→黨之設計雖與《周禮》的比→閭→族→黨→州→鄉不同，但
是卻都有大小相維，輕重相制，綱舉目張的優點。依社會學的觀點：在委員
會結構中，如果希望完成事情並快速達成決議，一般的原則是委員會的委員
不能超過六人，如果要產生一些新構想，便需要一個多於六名委員的委員會
進行集體研討〔註46〕。上述委員會的例子說明：若要讓一件事情迅速達成決
議，參與者不可多於六人。這是否也意味著「自上而下，所治皆不過五人」
會發揮最大的行政效率？顧炎武所謂的綱舉目張，周詳細密，應是指行政效
率良好而言。對照其所云：後世縣令以一人治數萬戶口賦稅，令政務叢脞，
筆者的推測應當無誤。這也說明了顧炎武以縣治鄉，以鄉治保，以保治甲等
層層分治的主張，是著眼於詳密、易簡的行政效率之上。

（六）任法之弊

黃宗羲將「法」分爲三代以上之法和三代以下之法。三代以上之法，每
個制度都是站在人民的需要而設計的，每個制度都大公無私。三代以下，制
度組織較三代更爲精密，但是卻是爲了皇室一人一家的利益。三代以下之法，
法越密，害越大。顧炎武和黃宗羲一樣，認爲法制過度嚴密，反而會產生許
多弊端，他說：

> 叔向與子產書曰：「國將亡，必多制」夫法制繁，則巧猾之徒，皆得
> 以法爲市。而雖有賢者，不能自用，此國事之所以日非也。善乎杜
> 元凱之解左氏也，曰，法行則人從法，法敗則法從人（原注：宣公
> 十二年傳解）。前人立法之初，不能詳究事勢，豫爲變通之地。後人
> 承其已弊，拘於舊章，不能更革，而復立一法以救之，於是法愈繁
> 而弊愈多。天下之事，日至於叢脞，其究也眊而不行。上下相蒙，
> 以爲無失祖制而已。此莫甚於有明之世，如勾軍、行鈔二事，立法

〔註45〕〔清〕顧炎武撰、黃汝成集釋：《日知錄集釋》（台北：世界書局，1974 年 7
月），卷八〈里甲〉，頁184。

〔註46〕鄧巴著、洪莉譯：《哈啦與抓虱的語言——從動物互相梳理、人類閒聊解讀語
言演化》（台北：遠流出版社，2002 年），頁242。

以救法，而終不善者也。〔註47〕

顧炎武引叔向「國將亡，必多制」來申明其「反對法制過於繁密」。他認爲「法制過於繁密」將使得狡猾的官吏，以繁縟的法律條文來刁難他人，並由此得利；但是卻使得守法之賢者困於繁縟的法律條文之中而不得申展其才能。造成這一種現象的最主要原因，在於制度創立之初無法預知後續之發展，所以一旦社會情勢改變，制度便無法適應新的社會情勢。但是又礙於「祖制」（銘按：祖制類似今之憲法）不可更，於是又在舊法之上另立新法以變通之，於是雖疊床架屋仍不適於用〔註48〕。拘守祖制之法而不敢變，結果就是法律制度變得日益複雜而難以知其詳，於是官員不得不倚重吏胥以爲之處理政務，顧炎武云：

> 天子之所恃以平治天下者，百官也。故曰臣作朕股肱耳目。又曰天工人其代之。今奪百官之權，而一切歸之吏胥，是所謂百官者虛名，而柄國者吏胥而已。……謝肇淛曰，從來仕宦法網之密，無如今日者（原抄本：本朝者）。上自宰輔，下自驛遞倉巡，莫不以虛文相酬應。而京官猶可，外吏則愈甚矣。大抵官不留意政事，一切付之胥曹，而胥曹之所奉行者，不過已往之舊牘，歷年之成規，不敢分毫踰越。而上之人，既以是責下，則下之人，亦不得不以故事虛文應之。一有不應，則上之胥曹，又乘隙而繩以法矣。故郡縣之吏，宵旦竭蹷，惟日不足，而吏治卒以不振者，職此之由也。〔註49〕

天子恃百官以治理天下，故呼臣爲股肱。但是又因法制煩瑣難曉，而實權乃落於吏胥之手。由此看來，百官徒有治國者之虛名，眞正治國者是：吏胥。謝肇淛（萬曆時人）曾言：從來沒有官制法規制定的比明朝更嚴密了，但是官制條文繁縟卻使京官及外吏不嫻熟政務細節，於是皆以虛文相酬應。相較

〔註47〕〔清〕顧炎武撰、黃汝成集釋：《日知錄集釋》（台北：世界書局，1974 年 7月），卷八〈法制〉，頁 189。

〔註48〕社會學認爲制度也有生命週期。制度的生命週期大略可以分爲四個階段：(1)形成階段、(2)成熟階段、(3)形式化階段、(4)消亡階段。形式化階段：定型化的功能模式可能會與功能目標脫節；消亡階段：制度的作用與社會的需要基本上不同。王思斌：《社會學（第二版）》（北京：北京大學出版社，2003年 9月），頁 200～201。筆者按：顧炎武所訾議的是，俗儒不明白制度有其成壞過程而拘泥不知變通。

〔註49〕〔清〕顧炎武撰、黃汝成集釋：《日知錄集釋》（台北：世界書局，1974 年 7月），卷八〈吏胥〉，頁 187～188。

於京官，外吏更加不熟悉政事（銘按：南北互選，風土語言不曉所致），於是吏胥掌握了更多的實權。顧炎武云：

> 自南北互選之後，赴任之人，動數千里。必須舉債方得到官，而土風不諳，語言難曉，政權所寄，多在猾胥。……（唐）文宗開成五年十一月，嶺南節度使盧均鈞奏：「伏以海嶠擇吏，與江淮不同。若非諳熟土風，即難搜求人瘼。且嶺中往日之弊是南選，今時之弊是北資。臣當管二十二州，唯詔廣二州官僚，每年吏部選授，若非下司貧弱令使，即是遠處無能之流。比及到官，皆有積債，十中無一，肯識廉恥。」〔註50〕

《日知錄・吏胥》所云「官不留意政事」，並不應全然歸咎於官員不敬業，南北互選制度，導致官員即使敬業也不得不在任期之初倚賴吏胥（土風不諳、語言難曉，如治何？）於是政權所寄，多在猾胥，也就不足爲怪了。更何況，南北互選，使官員千里赴任而不得不舉債。上任之後所處心積慮者，自然不外乎如何中飽私囊，以償夙債。「十中無一，肯識廉恥」，蓋一識廉恥，難償債之十一。制度促成貪污，錯並不全然在官。顧炎武又云：

> 自隋以來，令史之任，文案煩屑，漸爲卑冗，不參百官。至於今世，則品彌卑，權彌重。八柄詔王，乃不在官而在吏矣。……胥吏之權，所以日重而不可拔者，任法之弊，使之然也。開誠布公以任大臣，疏節闊目以理庶事，則文法省而徑竇清，人材庸而狐鼠退矣。〔註51〕

顧炎武探索胥吏之權日重的原因，將其歸諸「任法之弊」，即一切行政皆循法律規章而不得任意變通。顧炎武以爲，國君若開誠布公信任大臣，使其有權靈活運用法律規章，則可免去任法之弊。顧氏所言，極有道理，但是疏節闊目也會造成官員權力過大，任法與疏節闊目實是一個兩難的政治問題。

第二節　經濟領域

　　顧炎武在經濟制度上，關注的焦點集中於兩個方面：一是稅賦的公平性、

〔註50〕〔清〕顧炎武撰、黃汝成集釋：《日知錄集釋》（台北：世界書局，1974 年 7 月），卷八〈選補〉，頁 192～193。

〔註51〕〔清〕顧炎武撰、黃汝成集釋：《日知錄集釋》（台北：世界書局，1974 年 7 月），卷八〈都令使〉，頁 187。

靈活性以及尊重市場機制；一是貨幣的流通問題。本節將依序論述顧炎武所
關注的這兩個焦點。

一、公平的稅賦

　　經濟爲國家之命脈，國防、司法、教育、交通及各種公共事業，皆賴良
好經濟來支撐。經濟學所涉及的層面極廣，《經濟學的世界》一書中，放眼望
去即可看到經濟學中最爲人熟知的通貨膨脹、國際貿易、人力資源、供給需
求、賦稅、貨幣等問題的探討。顧亭林在「經濟學」的領域中，著墨最多的
是賦稅、貨幣的弊病，及其改善之道。

　　政府提供國防、司法、教育及其他種類的公共財，因此政府必須要有收
入來支應開銷，而稅收可以說是最大的收入來源。政府在收稅時，固然希望
稅收愈多愈好，但同時也要兼顧「效率」與「公平」的原則〔註52〕。其中「公
平」原則又分爲「垂直的公平」以及「水平的公平」。前者表示高收入者應繳
較多的稅，低收入者則應繳較少的稅；後者表示收入相同應繳相同的稅。課
稅公平原則可說是經濟公平中，最重要的原則之一〔註53〕。顧亭林極爲留意
賦稅的「公平」，《日知錄·州縣賦稅》條云：

> 王士性《廣志繹》曰：天下賦稅，有土地肥瘠，不甚相遠，而徵科
> 乃至懸絕者。當時國初草草，未定畫一之制，而其後相沿，不敢議
> 耳。如眞定之轄五州二十七縣；蘇州之轄一州七縣。無論所轄，即
> 其廣輪之數，眞定已當蘇之五。而蘇州糧二百三萬八千石，眞定止
> 一十萬六千石。然猶南北異也。若同一北方也，河間之繁富，二州
> 十六縣。登州之貧寡，一州七縣。相去殆若莛楹。而河間糧止六萬
> 一千。登州乃二十三萬六千。然猶直隸、山東異也。若在同省，漢
> 中二州十四縣之殷庶，視臨洮二州三縣之衝疲易知也。而漢中糧止
> 三萬，臨洮乃四萬四千。然猶各道異也。若在同道，順慶不大於保
> 寧，其轄二州八縣均也。而順慶糧七萬五千，保寧止二萬。然猶兩
> 郡異也。若在一邑，則同一西南充也，而負郭十里，田以步計，賦
> 以田起。二十里外，則田以縆量，不步矣。五十里外，田以約計，

〔註52〕 高希均、林祖嘉：《經濟學的世界（下）》（北京：生活·讀書·新知三聯書店，
　　　　1999 年 12 月），頁 404。
〔註53〕 高希均、林祖嘉：《經濟學的世界（下）》（北京：生活·讀書·新知三聯書店，
　　　　1999 年 12 月），頁 404～405。

不絅矣。官賦無定數，私價亦無定估，何其懸絕也。惟是太平日久，
異世相傳，民皆安之，以爲固然不自覺耳。夫王者制邑居民，則壤
成賦，豈有大小輕重不同若此之甚哉？〔註54〕

顧炎武以爲，造成賦稅嚴重不均的原因可能是：天下初定，日不暇給，沿元
之非，而至二三百年。他要後之王者，審形勢以制統轄，度幅員以界郡縣。
使田土以起，徵科乃平。

二、靈活的稅收及尊重市場機制

（一）靈活的稅收

呂坤《實政錄》云：「近見佃戶缺食，便向主家稱貸，輕則加三，重則加
五。穀花始收，當場扣取，勤動一年，依然凍餒。」〔註55〕顧炎武《日知錄·
蘇松二府田賦之重》亦云：「佃人竭一歲之力，糞擁（壅）工作，一畝之費可
一緡，而收成之日，所得不過數斗，至有今日完租而明日乞貸者。」〔註56〕
顧炎武可能看到江南佃戶辛苦一年，卻仍不免於借貸。而造成這一種現象的
原因可能是佃戶儲糧不足，向地主借貸購糧而造成的。江南佃戶的情形是個
人儲糧不足而需借貸，秦隴地區則是糧食納稅輸京後，不足以供全年之食用。
於是他建議，政府改變稅收方式，他說：

今有一言而可以活千百萬人之命，而尤切於秦隴者。苟能行之，則
陰德萬萬于公矣。請舉秦民之夏麥秋米及豆草，一切徵其本色，貯
之官倉。至來年青黃不接之時而賣之，則司農之金固在也，而民間
省倍蓰之出。且一歲計之不足，十歲計之有餘。始行之於秦中，繼
可推之天下。然謂秦人尤急者，何也？目見鳳翔之民舉債於權要，
每銀一兩，債米四石，此尚能支持歲月乎？捐不可得之虛計，猶將
爲之，而況一轉移之間，無虧於國課乎？〔註57〕

〔註54〕〔清〕顧炎武撰、黃汝成集釋：《日知錄集釋》（台北：世界書局，1974 年 7
　　　　月），卷八〈州縣賦稅〉，頁 176。

〔註55〕〔明〕呂坤：《實政錄》，卷二〈民務·小民生計〉。轉引自謝國楨選編、牛建
　　　　強校勘：《明代社會經濟史料選編（下）》（福州：福建人民出版社，2004 年 5
　　　　月），頁 188。

〔註56〕〔清〕顧炎武撰、黃汝成集釋：《日知錄集釋》（台北：世界書局，1974 年 7
　　　　月），卷十〈蘇松二府田賦之重〉，頁 241。

〔註57〕〔清〕顧炎武：《亭林文集》（台北：漢京文化事業有限公司，1984 年 3 月，
　　　　四部刊要本），卷三〈病起與薊門當事書〉，頁 49。

顧炎武建議，賦稅征收米、麥，貯之於官倉。及第二年青黃不接之時，發官
倉之儲賣之，此時米、麥價格必然較高，政府發官倉之儲賣之的收入應會高
於原本之稅收（不全收米、麥），但是由於政府出官倉所賣之米、麥，相較於
外地輸入少了大量的運輸成本，價格能較低廉，或許百姓就不必向權要舉
債。政府不虧本，百姓又能以較低的代價度過難關，是一個兩得其利的稅收
設計。

（二）尊重市場機能

在一個尊重市場機能的國家，是透過價格來決定供需的，價格高則需求
少。若政府用管制的手段干預市場，就是在扭曲以價格決定供需的「市場機
能」。明代行鹽之法，政府就有過多的管制干預，顧炎武云：

> 松江李雯論鹽之產於場，猶五穀之生於地。宜就場定額，一稅之
> 後，不問其所之，則國與民兩利。又曰：「天下皆私鹽，則天下皆官
> 鹽也。」此論鑿鑿可行。丘仲深（濬）《大學衍義補》言復海運，而
> 引子美詩云：「雲帆轉遼海，粳稻來東吳」（〈後出塞五首〉）爲證。
> 余於鹽法，亦引子美詩：「蜀麻吳鹽自古通」（〈夔州歌十絕句〉）其
> 七）又曰：「風烟渺吳蜀，舟檝通鹽麻。」（〈柴門〉）又曰：「蜀麻久
> 不來，吳鹽擁荊門」（〈客居〉）若如今日之法，各有行鹽地界，吳鹽
> 安得至蜀哉？……晏（唐・劉晏）以爲，鹽吏多則州縣擾。故但於
> 出鹽之鄉置鹽官，收鹽戶所煮之鹽，轉鬻於商人，任其所之。自餘
> 州縣，不復置官。其江嶺間，去鹽鄉遠者，轉官鹽於彼貯之，或商
> 絕鹽貴，則減價鬻之，謂之常平鹽。官獲其利，而民不乏鹽。始江
> 淮鹽利，不過四十萬緡，季年乃六百萬緡，由是國用充足，而民不
> 困弊。今日鹽利之不可興，正以鹽吏之不可罷，讀史者可以慨然有
> 省矣。〔註58〕

顧炎武先後引用李雯「就場定稅額，課稅後即不干預」及「天下皆私鹽，則
天下皆官鹽也」；杜甫〈夔州歌十絕句〉、〈柴門〉、〈客居〉及劉晏「鹽吏多，
州縣擾」、「鹽鄉置官，鬻鹽於商任其所之」之說，以表明他贊同「撤行鹽地
界」，政府課鹽稅之後，應完全尊重市場機能的看法。但是鹽畢竟是民生必需
品，雖窮鄉僻壤人民仍有食鹽之需求，爲了避免運輸成本太高致使人民無力

〔註58〕〔清〕顧炎武撰、黃汝成集釋：《日知錄集釋》（台北：世界書局，1974 年 7
月），卷十〈行鹽〉，頁 246～247。

購買食鹽，顧炎武亦有「常平鹽」的設計，這有些類似於今日之社會福利。
顧炎武進一步分析「行鹽地界」何以不可行，他說：

> 行鹽之地分，有遠近之不同。遠於官而近於私，則民不得不買私
> 鹽。既買私鹽，則興販之徒必興，於是乎盜賊多而刑獄滋矣。……
> 余少居崑山、常熟之間，為兩浙行鹽地，而民間多販淮鹽。自通州
> 渡江，其色青黑，視官鹽為善。及游大同，所食皆蕃鹽，堅緻精
> 好，此地利之便，非國法之所能禁也。明知其不能禁，而設為巡捕
> 之格，課以私鹽之獲，每季若干，為一定之額，此掩耳盜鐘之政
> 也。〔註59〕

顧炎武認為，當人民居住的地方距官鹽遠而近於私鹽時，則人民不得不購買
私鹽。私鹽有了需求，自然會有人供給，這種政府管制之外的非法供給一多，
為爭地盤、搶客戶而產生的治安問題自然也會增加。他並以崑山、常熟這一
帶區域為例，崑山、常熟為隸屬兩浙行鹽區，但是民間多販淮鹽。淮鹽由通
州渡江，鹽色青黑，品質較官鹽好，人民自然樂於購買私鹽。同樣的，山西
大同之民，食蕃鹽，而不食官鹽，也是出於蕃鹽品質好、易取得的考量。私
鹽之地近質佳對照官鹽之地遠質劣，人民自然知道應選擇何者。顧炎武認為
要取消「行鹽地界」，不再施行掩耳盜鈴、自欺欺人的政策。官鹽之弊，並非
無人知曉，無法改革的原因在於其中牽涉太多的利益。這些既得利益者，才
是改革鹽政最主要的障礙。《明史‧食貨四‧鹽法茶法》云：「天啟時，言利
者恣搜括，務增引超掣。魏忠賢黨郭興治、崔呈秀等，巧立名目以取之，所
入無算。」〔註60〕官鹽之利既為權貴所巧取豪奪，價高質劣自是必然的現象。
顧炎武要讓政府尊重鹽的市場機能，除了使執政者知道「價格決定供給需求」
的市場機能是無法抑制的自然法則之外，也可說服政府：若撤行鹽地界，並
將公鹽、私鹽皆課稅，所入之稅收可能更勝於以往。當然，最重要的還是特
權、營私舞弊的現象要充分控制，否則縱然將私鹽納入稅收可增加稅收，但
是因為稅收是入國庫而不是入私囊，也會遭受強烈的反對。亞當‧斯密云：
一切的特惠或限制的制度，一經完全廢除，最明白最單純的自由制度就會樹
立起來。每一個人，在他不違反正義的法律時，都應聽其完全自由，讓他采

〔註59〕〔清〕顧炎武撰、黃汝成集釋：《日知錄集釋》（台北：世界書局，1974年7
月），卷十〈行鹽〉，頁247。
〔註60〕〔清〕張廷玉：《明史》（北京：中華書局，1997年11月，二十四史縮印本），
卷八十一〈食貨四〉，頁1945。

用自己的方法，追求自己的利益，以其勞動及資本和任何其他人或其他階級相競爭〔註 61〕。自由制度或者市場機能之所以可行，是與限制特權相關的。無法限制特權，尊重市場機能根本無從談起。

三、貨　幣

顧炎武和黃宗羲一樣，都極爲重視貨幣問題。顧、黃二人，同時將關注點放在：銀短缺（銀力竭）、及銅錢不行等問題上。下文先探討銀，後探討銅。

（一）銀

1. 銀源短缺及納稅

黃宗羲曾指出納稅之時，田土、百貨之價不當平時的十分之一，原因就出在銀子短缺。顧炎武也觀察到同樣的現象，他說：

> 往在山東，見登、萊並海之人多言穀賤，處山僻不得銀以輸官。今來關中，自鄠以西至於歧下，則歲甚登、穀甚多，而民且相率賣其妻子。至徵糧之日，則村民畢出，謂之人市。問其長吏，則曰，一縣之鬻於軍營而請印者，歲近千人，其逃亡或自盡者，又不知凡幾也。何以故？則有穀而無銀也，所獲非所輸也，所求非所出也。夫銀非從天降也，礦人既停矣，海舶則既撤矣。中國之銀在民間者，已日消日耗，而況山僻之邦，商賈之所絕跡。雖盡鞭撻之力以求之，亦安所得哉！〔註62〕

山東登、萊穀賤之因，乃因銀少而增值，故穀賤。關中豐收穀多，人民卻相率賣其妻子、賣身從軍以完稅，原因乃是銀子短缺。於是顧炎武認爲，既然禁止開礦又施行海禁，銀子的數量自然會漸感不足，更何況是偏僻之處，所以他說：

> 先王之制賦，必取其地之所有。今若於通都大邑，行商麇集之地，雖盡徵之以銀，而民不告病。至於遐陬僻壤，舟車不至之處，即以十之三徵之而猶不可得。以此必不可得者病民，而卒至於病國，則曷若度土地之宜，權歲入之數，酌轉般之法而通融乎其間。凡州縣

〔註61〕〔英〕亞當‧斯密著；郭大力、王亞南譯：《國民財富的性質和原因的研究（下卷）》（北京：商務印書館，1974 年 6 月），頁 252。

〔註62〕〔清〕顧炎武：《亭林文集》（台北：漢京文化事業有限公司，1984 年 3 月，四部刊要本），卷一〈錢糧論上〉，頁 17。

之不通商者，令盡納本色。不得已以十之三徵錢，錢自下而上，則
濫惡無所容，而錢價貴。是一舉而兩利焉，無蠲賦之虧，而有活民
之實；無督責之難而有完逋之漸。今日之計，莫便乎此。〔註63〕

顧炎武在山東、陝西時，親眼見到納銀的弊端。他指出「銀」的來源不外乎
開採和海外輸入。但當明、清易代之際，既無開礦又無海外貿易，做爲貨幣
的白銀嚴重短缺，縱使以刑法迫之，百姓亦無銀可納。此時應衡量一地之商
業、交通狀況，視銀之流通量是否充足。若足，可納銀爲賦；若不足，除以
該地之產物爲賦（本色），並可酌納銅錢。這個主張是有道理的，因爲若做爲
貨幣的銀流通不足，則銀之價值必然增加。換言之，銀可交換的財貨增多了，
村民、農夫耕作所收穫之農產品，所能換得的銀兩必少於白銀充足之時，這
就形成變相的加稅。以銅錢做爲白銀流通不足的輔助，倒不失爲一個良法。
納銅爲稅，不但可藉此汰除劣幣，也能兼顧國庫收入，是一舉兩得的措施。
顧炎武以通商與否決定納銀、錢或本色，無疑較黃宗羲「廢金銀」更具可行
性及合理性。廢金銀之不可行，請參見黃宗羲貨幣部分。

2. 納錢解決銀子火耗及加稅

顧炎武認爲「火耗」之名，起於徵銀，應是正確的（筆者學力淺陋，僅
能假設「火耗」關乎賦稅，爲重要議題，故正史不應略而不論；不過，文人
筆記、稗官野史、方志……往往載錄重要民生經濟史料，限於學力精力，而
不及此）。筆者以「火耗」爲關鍵字，檢索中央研究院計算中心漢籍電子文獻
之二十五史，共計四十條相關段落。其中：一段爲《元史》之文，一段爲《明
史》之文，其餘三十八段皆《清史稿》之文。《元史》所云「火耗」，其時地
乃發生於產金之地，與民間賦稅無關。《明史》及《清史稿》之「火耗」才與
賦稅相關。再思明清稅制之創革，最重要者殆爲「一條鞭法」，而「一條鞭法」
以徵銀爲主。故「火耗」應是明中葉以後之事。顧炎武云：

自古以來，有國者之取於民爲已悉矣，然不聞有火耗之說。火耗之
所由名，其起於徵銀之代乎？此所謂正賦十而餘賦三者與？此所謂
國中飽而姦吏代富者與？此國家之所峻防，而汙官猾吏之所世守，
以爲子孫之寶者與？此窮民之根，匱財之源，啓盜之門，而庸懦在
位之人所目睹而不救者與？原夫耗之所生，以一州之賦繁矣，戶戶

〔註63〕〔清〕顧炎武：《亭林文集》（台北：漢京文化事業有限公司，1984年3月，
四部刊要本），卷一〈錢糧論上〉，頁18〜19。

而收之，銖銖而納之，不可以瑣細而上諸司府，是不得不資於火。

有火必有耗，所謂耗者，特百之一二而已。〔註64〕

顧炎武推測火耗起於徵銀，他批評火耗變相增加了 30% 的稅；他批評貪官猾吏中飽私囊，世代相傳作弊；他更控訴火耗使民窮財匱轉而為盜，但在位者卻視若無睹。顧炎武指出，為了便於運輸，將碎銀熔為單位較大的銀兩，確有其必要。熔銀的過程也不免有損耗，但損耗率僅百分之 1% ～2%。換言之，徵收之火耗超過 2%，即為變相加稅。有人欲私下加稅，又怕他人物議，於是以「火耗」為名目，而遂其私欲。顧炎武云：

> 有賤丈夫焉，以為額外之徵，不免干於吏議，擇人而食，未足厭其貪惏。於是藉火耗之名，為巧取之術，蓋不知起於何年，而此法相傳，官重一官，代增一代，以至於今。於是官取其贏十二三，而民以十三輸國之十；里胥輩又取其贏十一二，而民以十五輸國之十。其取則薄於兩而厚於銖，凡徵收之數。兩者，必其地多而豪有力，可以持吾之短長者也；銖者，必其窮下戶也，雖多取之，不敢言也。於是兩之加為十二三，而銖之加為十五六矣。薄於正賦而厚於雜賦。正賦，耳目之所先也；雜賦，其所後也。於是正賦之加焉，十二三；而雜賦之加焉，或至十七八矣。解之藩司，謂之羨餘，貢諸節使，謂之常例。責之以不得不為，護之以不可破，而生民之困，未有甚於此時者矣。〔註65〕

火耗不知起於何人，始於何年，但卻代增一代，相沿至今。於是人民（小民）納了 150% 的稅，以應原先 100% 的國稅。多餘的 30% 稅收，進了官員的口袋，20% 進了里胥的口袋。但這又有納銀及納錢的差別：由於納銀兩的必為勢家大族，里胥不敢造次，故勢家大族僅納 130% 的稅，多 30% 入官口袋。納銅錢的必為窮苦小民，里胥敢於侵吞，小民要納 150% 的國稅，多 30% 入官、多 20% 入胥吏。由「解之藩司，謂之羨餘，貢諸節使，謂之常例」看來，這是一個官場由上至下的共犯結構，所以必然官官相護，人民無所控訴。賦稅納銀之弊如此其甚，於是顧炎武主張納銅錢，他說：

> 愚嘗久於山東，山東之民無不疾首蹙額而訴火耗之為虐者。獨德州

〔註64〕〔清〕顧炎武撰、黃汝成集釋：《日知錄集釋》（台北：世界書局，1974 年 7 月），卷十一〈以錢為賦〉，頁 263。

〔註65〕〔清〕顧炎武撰、黃汝成集釋：《日知錄集釋》（台北：世界書局，1974 年 7 月），卷十一〈以錢為賦〉，頁 263。

則不然。問其故，則曰：「州之賦二萬九千。二爲銀，八爲錢也。錢則無火耗之加，故民力紓於他邑也。」非德州之官皆賢，里胥皆善人也，勢使之然也。……然則銀之通，錢之滯，吏之寶，民之賊也。〔註66〕

顧炎武以山東德州爲例，此州 20% 納銀、80% 納錢，錢無火耗，里胥官員無法以「火耗」的名義變相加稅，所以人民的負擔也就減輕了。

顧炎武除了注意到銀源短缺及火耗的問題外，他也提及「僞銀」的問題，他說：

今日上下皆用銀，而民間巧詐滋甚。非直給市人，且或用以欺官長。濟南人家專造此種僞物，至累十累百用之。……律凡僞造金銀者，杖一百，徒三年。爲從，及知情買使者，各減一等。其法既輕，而又不必行，故民易犯。〔註67〕

其實，杖一百，徒三年，刑罰已不輕了。因爲廷杖三十或四十就有可能致人於死，杖一百幾乎就等於死刑了，重點可能是「而又不必行」這五個字。製僞銀，風險雖高，但利潤更高，所以僞銀無法杜絕。亞當‧斯密《國富論》云：

如此粗糙的金屬當作金錢使用，會有兩個不算小的麻煩。第一個麻煩發生在要秤它們重量的時候。第二個麻煩發生在要評鑑成分的時候。〔註68〕

亞當斯密認爲，由於每次交易都得精準的秤重及確認純度，所以才會有由政府將人民常用以購物的金屬，選取若干重量，蓋上一個象徵公信力的戳印，成爲錢幣〔註69〕。筆者以爲，杜絕僞銀除了要落實刑罰之外，銀幣或許可行。但是無庸諱言的是，銀幣的發行奠基於政府的公信力（公印得到信任）、執法力（抓僞幣）、適當的貨幣政策（適當的貨幣數量）及幣值與銀價相當（熔幣無利可圖）之上，否則銀幣必不可行。

〔註66〕 〔清〕顧炎武：《亭林文集》（台北：漢京文化事業有限公司，1984 年 3 月，四部刊要本），頁 19～20。

〔註67〕 〔清〕顧炎武撰、黃汝成集釋：《日知錄集釋》（台北：世界書局，1974 年 7 月），卷十一〈僞銀〉，頁 277。

〔註68〕 亞當‧斯密著；謝宗林、李華夏譯：《國富論》（台北：先覺出版社，2000 年 8 月），頁 43。

〔註69〕 亞當‧斯密著；謝宗林、李華夏譯：《國富論》（台北：先覺出版社，2000 年 8 月），頁 44～45。

（二）銅幣的流通與政府角色

古典經濟學派的李嘉圖認為：作為流通手段的貨幣包括紙幣和金幣，都是在流通中盡職的，當流通中的貨幣數量多於正常需要水平時，商品價值就以多數貨幣來表現，於是商品價格上漲。相反，當流通中貨幣少於正常需要水平時，商品價格就以少量貨幣來表現，於是商品價格下跌〔註 70〕。李嘉圖所論貨幣與商品價格之關係，有助吾人理解白銀短缺，何以造成變相加稅。同時也說明了適當的貨幣流通量才能穩定物價。《明史·食貨五》云：

> （萬曆四年）戶部言：「錢之輕重不常，輕則斂，重則散，故無壅閼匱乏之患。初鑄時，金背十文直銀一分，今萬曆金背五文，嘉靖金背四文，各直銀一分，火漆鏇邊亦如之。僅踰十年，而輕重不啻相半，錢重而物價騰踴，宜發庫貯以平其直。」從之。〔註71〕

顧炎武亦云：

> 古人制幣，以權百貨之輕重，錢者幣之一也。將以導利而布之上下，非以為人主之私藏也。〈食貨志〉言，民有餘則輕之，故人君斂之以輕。民不足則重之，故人君散之以重。凡輕重斂散之以時則準平。〔註72〕

所謂的輕重不常，並不是指銅錢的重量，而是指銅錢的價值。銅錢數量少於正常需要水平，銅錢的價值增加，物價下跌——錢重（按：〈食貨五〉錢重而物價騰踴之說恐誤）；銅錢數量多於正常需要水平，銅錢的價值降低，物價上漲，錢輕。錢輕（銅錢數量多於正常需要水平），朝廷就要將多於正常所需的銅錢，收歸中央（斂）；反之，錢重（銅錢數量少於正常需要水平）時朝廷就要將庫藏散入民間。或斂或散，都是為了物價的穩定。調節貨幣流通量，與現今中央銀行的功能略相似。貨幣貴其流通，皇帝每年將數百萬兩之銀貯於京庫，這會使貨幣流通量減少，造成物價下跌，農民的耕作收入也因而縮水。他說：

> 唐憲宗時，白居易策言：「今天下之錢日以減耗，或積於內府，或滯於私家，若復日月徵收，歲時輸納，臣恐穀帛之價轉賤，農桑之業

〔註70〕 馬濤：《經濟思想史教程》（上海：復旦大學出版社，2002 年 1 月），頁 174。

〔註71〕 〔清〕張廷玉：《明史》（北京：中華書局，1997 年 11 月，二十四史縮印本），卷八十一〈食貨五〉，頁 1968。

〔註72〕 〔清〕顧炎武撰、黃汝成集釋：《日知錄集釋》（台北：世界書局，1974 年 7 月），卷十二〈財用〉，頁 278。

益傷，十年以後，其弊必更甚於今日。」……今日之銀，猶夫前代
之錢也。乃歲歲徵數百萬貯之京庫，而不知所以流通之術。於是銀
之在下者，至於竭涸，而無以繼上之求，然後民窮而盜起矣。單穆
公有言，絕民用以實王府，猶塞川源而爲潢汙也。自古以來，有民
窮財盡，而人主獨擁多藏於上者乎？此無他，不知錢幣之本爲上下
通共之財，而以爲一家之物也。〔註73〕

顧炎武以白居易之策，說明銀積於內府或滯於私家將導致穀帛之價轉賤，而
農桑之業益傷。最後，民窮而爲盜而叛亂（銘按：中國學者常稱農民起義），
人主之藏也將瞬間化爲烏有。

1. 以銅代銀上下通行

　　顧炎武認爲，銀源短缺及「火耗」都會增加人民的負擔，以白銀爲主要
流通貨幣，並不理想。白銀既然不是理想的貨幣，可選擇的只剩紙幣及銅幣
兩種。顧炎武反對用「鈔」（紙幣），他說：

是國初（銘按：明朝）造鈔之後，不過數年，而其法已漸壞不
行。……蓋昏爛倒換，出入之弊，必至於此。乃以鈔之不利，而並
錢禁之，廢堅剛可久之貨，而行頓熟易敗之物，宜其弗順於人情，
而卒至於滯閣。後之興利之臣，愼無言此可也。〔註74〕

白銀、紙幣都不宜做爲主要流通貨幣，只有銅幣能承擔主流貨幣的任務。顧
炎武云：

莫善於國朝之錢法，莫不善於國朝之行錢。……國朝自洪武至正德，
十帝而僅四鑄，以後帝一鑄，至萬歷（曆）而制益精，錢式每百重
有十三兩，輪廓周正，字文明潔。……市價有恆，錢文不亂，民稱便
焉。此錢法之善也。然至於今，物日重錢日輕，盜鑄雲起，而上所
以操以衡萬物之權，至於不得用，何哉？蓋古之行錢者，不獨布之於
下，而亦收之於上。……今之錢，則下而不上，僞錢之所以日售，
制錢所以日壅，未必不由此也。請略仿前代之制，凡州縣之存留支
放，一切以錢代之。使天下非制錢不敢入於官而錢重，錢重，而上

〔註73〕　〔清〕顧炎武撰、黃汝成集釋：《日知錄集釋》（台北：世界書局，1974 年 7
　　　　月），卷十二〈財用〉，頁 278。
〔註74〕　〔清〕顧炎武撰、黃汝成集釋：《日知錄集釋》（台北：世界書局，1974 年 7
　　　　月），卷十一〈鈔〉，頁 276。

之權重〔註75〕。賈山有言:「錢者,無用器也,而可以易富貴。富貴者,人主之操柄也。」……,今市肆之錢惡,而制錢亦與俱惡。以故市肆之錢賤,而制錢亦與俱賤。是上無權,以下爲權也。……此無他,上不收錢,錢不重也。愚故曰:莫不善於今之行錢。〔註76〕

這裏的「錢法」指鑄錢之法,「行錢」指流通之法。顧炎武認爲,自洪武至正德歷經十帝,僅鑄四次幣。萬曆以後,每帝一鑄。萬曆時所鑄之幣最爲精良,輪廓周正,字文明潔,且幣值穩定。今日(銘按:應指啓禎及南明時期)幣值不斷下貶,盜鑄甚多,顧炎武認爲根本的原因在於朝廷稅收不收錢而收銀,於是政府失去了管制貨幣的功能。我們以經濟學的知識來看「今之錢,則下而不上,僞錢之所以日售,制錢所以日壅,未必不由此也。」是否有理。既然銅錢下而不上,民間所流通的銅錢必然多於正常流通所需,亦即:銅錢必然貶值。若銅錢貶值,則鑄幣之銅料變得有利可圖。民眾熔幣取銅,或熔幣製造僞幣以倖利的現象必然增多。若中央「凡州縣之存留支放,一切以錢代之。使天下非制錢不敢入於官」,僞錢自然無法流通,而民間流通的銅幣數量:一則因入於官,一則因僞錢不流通,銅幣的價值就會增加。以此觀之,顧炎武行錢之法確然可行。

2. 各地銅幣應流通

顧炎武也主張,銅錢的行使範圍應擴及全國,不應有不同地區不相流通的現象,他說:

近日河南、陝西,各自行錢,不相流通。既非與民同利之術,而市肆之猾乘此以欺愚人,窘行旅。鹽鐵論言幣數變而民滋僞。亮哉斯言矣!〔註77〕

〔註75〕 《明史·食貨五》:隆慶初,錢法不行,兵部侍郎譚綸言:「欲富民,必重布帛菽粟而賤銀;欲賤銀,必制錢法以濟銀之不足。今錢惟布於天下,而不以輸於上,故其權在市井。請令民得以錢輸官,則錢法自通。」於是課稅銀三兩以下復收錢,民間交易一錢以下止許用錢。時錢八文折銀一分,禁民毋得任意低昂。顧炎武之建議與譚綸之主張極近似,不知是否受到譚綸啓發?〔清〕張廷玉:《明史》(北京:中華書局,1997年11月,二十四史縮印本),卷八十一〈食貨五〉,頁1967。

〔註76〕 〔清〕顧炎武:《亭林文集》(台北:漢京文化事業有限公司,1984年3月,四部刊要本),卷六〈錢法論〉,頁126~127。

〔註77〕 〔清〕顧炎武撰、黃汝成集釋:《日知錄集釋》(台北:世界書局,1974年7月),卷十一〈錢法之變〉,頁267。

顧炎武於此只言河南、陝西各自行錢，致使「市肆之猾乘此以欺愚人，窘行旅」，而不見具體情節。筆者猜想：既然不同地區所行之錢不同，往返河南、陝西二地之行旅，必然要面臨兌幣的問題。兌幣時之匯率，若無政府機構把關，市肆之猾者自然能以高於市面之匯率來欺騙不曉行情之愚人、行旅。顧炎武所指的，或許是由匯率而引起的弊端吧！許蘇民於《顧炎武評傳》解析「近日河南陝西，各自行錢」這一段云：

> 在顧炎武看來，貨幣統一是建立統一的國內市場的基本條件，而各自行錢則人為地阻礙了地區之間的商品貿易，也給奸商行其詐偽以可乘之機。顧炎武的這一論述，反映打破地域壁壘、建立統一全國貿易市場的時代要求。〔註78〕

筆者實在不知如何可由「近日河南陝西，各自行錢」這一段，得知顧炎武認為貨幣統一是建立統一的國內市場的基本條件。也不知這一段為何「反映打破地域壁壘、建立統一全國貿易市場的時代要求」。筆者認為，來往河南、陝西二地的，絕不限於商人，受幣制不同之害的也絕不止於商人。不具商人身分之平民，可能為了依親、赴考、訪友，而途經二地，他們雖不經營生意，但仍需兌換錢幣。「行旅」指來往的旅客。若云「窘行旅」則顧炎武所指必然不是「阻礙了地區之間的商品貿易」這件事，而應是匯率的問題。

3. 錢文不鑄年號

錢法之弊，除了上述「下而不上」之外，銅錢上的年號也是一大問題。顧炎武云：

> 錢者歷代通行之貨，雖易姓改名而不得變古。後之人主，不知此義，而以年號鑄之錢文。於是易代之君，遂以為勝國之物，而銷毀之。自錢文之有年號始也。嘗考之於史，年號之興，皆自季世。宋孝武建初，鑄四銖，文曰孝建。一邊為四銖，其後稍去四銖，專為孝建；廢帝景和二年，鑄二銖錢，文曰景和。魏孝文帝太和十九年，更銖錢，文曰太和五銖。孝莊帝永安二年，更鑄永安五銖。此非永世流通之術，而高道穆乃以為論今據古，宜載年號，何其愚也。〔註79〕

〔註78〕 許蘇民：《顧炎武評傳》（南京：南京大學出版社，2006年3月），頁613。
〔註79〕 〔清〕顧炎武撰、黃汝成集釋：《日知錄集釋》（台北：世界書局，1974年7月），卷十一〈錢法之變〉，頁267。

顧炎武認為，錢主要作為通貨之用，不得因改朝換代就要求重新鑄幣。他並推究凡是改朝換代就要鑄新幣的原因，主要是因為「年號」鑄於錢文。新任之君見鑄有前朝年號之錢幣，情感上會認為該錢乃前代之物，在自己治下自然要有鑄有自己年號之新幣，於是銷毀舊幣而鑄新幣。這種做法，滿足君主的尊榮感，但卻苦了百姓，因為原先所擁有的財產（錢幣）瞬間就一文不值，若政府無合理的換幣措施，等於是搶劫了人民的財產；縱然有合理的換幣措施，也極度擾民。顧炎武並考察歷史上在錢幣上鑄年號的帝王，都是衰世之主，這也證明了於錢文載年號無助於國運。高道穆引古衰世之君於錢文鑄年號做為鑄錢宜載年號之證，是非常不智的。

第三節　軍事與社會控制

一、軍事領域

顧炎武認為，人民對國家的認同能夠形成一種無形的戰力，使防守固若金湯。但是戰爭的勝負仍有賴於軍紀的整肅，而軍紀的整肅則有賴於軍人知禮義廉恥。至於邊境之軍事，顧炎武主張墾田實邊、邊縣自治、邊民自禦。對於軍籍失實問題，他要求清查軍籍、汰換老弱。

（一）人民的認同及軍紀

《孫子兵法・始計》云：「孫子曰：『兵者，國之大事，死生之地，存亡之道，不可不察也。故經之以五事，校之以計，而索其情，一曰道，二曰天，三曰地，四曰將，五曰法。』」孫武將「道」置於「天」、「地」、「將」、「法」之前，可見「道」是兩軍勝負最重要的關鍵因素。何為「道」？孫子曰：「道者，令民與上同意者也，可與之死，可與之生，而不畏危也。」「道」，是全國上下有共同的信念，並由信念而產生不畏生死危險的精神力量。孫武看到了「道」的力量，顧炎武也看到了，他說：

> 乃積乃倉，乃裹餱糧，于橐于囊。國所以足食，而不待齒土之行也；備乃弓矢，鍛乃戈矛，礪乃鋒刃，無敢不善。國所以足兵，而不待淮夷之役也。苟其事變之來，而有所不及備，則欋鉏白梃，可以為兵，而不可闕食以修兵矣。糠覈草根，可以為食，而不可棄信以求食矣。……明此義，則國君死社稷，大夫死宗廟，至於輿台牧圉之賤，莫不親其上，死其長。所謂聖人有金城者，比物此志也，豈非

爲政之要道乎。〔註80〕

「乃積乃倉，乃裹餱糧，于橐于囊」語出《詩・大雅・公劉》，《孟子・梁惠王下》亦引之，孟子用公劉好貨「故居者有積倉，行者有裹糧」爲例，說明若與百姓同之的好貨是無妨的，顧炎武則用以說明糧食於平日即備足。「備乃弓矢，鍛乃戈矛，礪乃鋒刃，無敢不善」語出《尚書・周書・費誓》，顧炎武則用以說明人民於平日即修繕兵器，以備戰事。換言之，食與兵二者早於平日即準備妥當，而非於遠行或戰爭之際方倉卒張羅。及發生戰爭——「苟其事變之來，而有所不及備，則耰鉏白梃，可以爲兵，而不可闕食以修兵矣。糠籺草根，可以爲食，而不可棄信以求食矣。」，「信」重於「食」，「食」重於「兵」。這一序列「信」→「食」→「兵」之形成，又是奠基於平日「乃積乃倉，乃裹餱糧，于橐于囊」（民能足食）及「備乃弓矢，鍛乃戈矛，礪乃鋒刃」（民能治兵）之上的。亦即，顧炎武認爲：國家在治理人民時若能使人民「足食」，同時又「足兵」，就能使全國上下形成一種同質性的政治文化——對於政治信念、價值取向及政治規範都能高度認同——「國君死社稷，大夫死宗廟，至於輿台牧圉之賤，莫不親其上，死其長」。這種認同，在戰時就會形成一種如「金城」的穩固戰力。除了凝聚全國上下之政治文化之外，軍人本身的軍紀亦是戰爭勝負的重要關鍵。顧炎武云：

> 古人治軍之道未有不本於廉恥者。《吳子》曰：「凡制國治軍，必教之以禮，勵之以義，使有恥也。」夫人有恥，在大足以戰，在小足以守矣。《尉繚子》言：「國必有孝慈廉恥之俗，則可以死易生。」而太公對武王，將有三勝：一曰禮將，二曰力將，三曰止欲將。故禮者所以班朝治軍，而兔罝之武夫，皆本於文王后妃之化。豈有淫芻蕘，竊牛馬，而爲暴於百姓者哉？〔註81〕

顧炎武引吳子、尉繚子、太公等著名軍事專家之語，說明軍人具備禮、義、廉、恥等德性，是能戰能守，置之死地而後生的重要條件。素質高、軍紀嚴的軍隊，絕對不會姦淫婦女、竊民牛馬，殺百姓以冒功。顧炎武重視軍人的德性除了見於〈廉恥〉，〈武學〉亦有類似的說法，文云：

> 《太祖實錄》：「洪武二十七年七月，禮部請如前代故事，立武學、

〔註80〕〔清〕顧炎武撰、黃汝成集釋：《日知錄集釋》（台北：世界書局，1974 年 7 月），卷七〈去兵去食〉，頁 157。

〔註81〕〔清〕顧炎武撰、黃汝成集釋：《日知錄集釋》（台北：世界書局，1974 年 7 月），卷十三〈廉恥〉，頁 315。

　　用武舉，仍祀太公，建昭烈武成王廟。」上曰：「太公周之臣，若以
　　王祀之，則與周天子並矣。加之非號，必不享也。至於建武學，用
　　武舉，是分文武爲二塗，輕天下無全才矣。古之學者，文武兼備，
　　故措之於用，無所不宜。豈謂文武異科，各求專習者手？」……夫
　　緩胡之纓，短後之衣，瞋目而語難，按劍而疾眡者，此所謂勇力之
　　人也。……成化五年，掌武學國子監監丞閭禹錫言：「古者廟有學，
　　學成獻馘於中，欲其先禮義而後勇力也。今本學見有空堂數楹，乞
　　敕所司改爲文廟。」可謂得禮之意。〔註82〕

由這一段引文，吾人可以得到幾個訊息。禮部於洪武二十七年曾請立武學、
用武舉、祀太公，建昭烈武成王廟。但是卻被朱元璋所否決了，理由是：太
公臣子，以若王祀之，則與周天子的地位相當，不宜；建武學、用武舉，是
分文武爲二，以爲天下無全才。朱元璋不許祀太公建昭烈武成王廟，並假設
加之非號，必不享也。這顯現朱元璋君尊臣卑的觀念是極根深柢固的。再
者，建武學、用武舉，並不必然輕視天下無全才，反而可以使軍事學習更專
業化、系統化。《明史·選舉二》：「成化十四年（1478）從太監汪直請，設武
科鄉、會試，悉視文科例。弘治六年（1493）定武舉六歲一行，先策略，後
弓馬。」〔註83〕武舉制度的完備，竟然已是開國 125 年後之事。由此可見明
朝對於軍事人才的培育選拔是何等輕忽？這種現象可能是當時之人誤將孔武
有力者等同於軍事人才有關，顧炎武則將這類人稱爲「勇力之人」。軍人除了
勇力外，尚需禮義。顧炎武贊同，閭禹錫先禮義而後勇力之主張，並稱許其
深得禮意。對軍人文化要求，顧炎武、黃宗羲是相同的。

（二）邊境軍事自治

1. 墾　田

　　顧炎武之所以肯定「墾田」，乃基於其「用天下之私，以成一人（銘按：
君王、國家）之公而天下治。」（〈郡縣論五〉）的假定，即人人爲私利，正足
以成就國家之公利。亞當·斯密斯曾說：「如果土地的管理交給政府，將得不
到現有產量的四分之一。」其原因是「政府的代辦人和代理人的管理是疏忽

〔註82〕〔清〕顧炎武撰、黃汝成集釋：《日知錄集釋》（台北：世界書局，1974 年 7
　　　　月），卷十七〈武學〉，頁 416～417。
〔註83〕〔清〕張廷玉：《明史》（北京：中華書局，1997 年 11 月，二十四史縮印本），
　　　　卷七十〈選舉二〉，頁 1708。

的、浪費的和專橫的」〔註84〕宋朝魏了翁指出，在戰亂之後招徠民眾「墾田」之收穫，往往多於軍人之「屯田」，與亞當・斯密的說法正同。顧炎武引用魏了翁「墾田」法之後，雖以「三難」而言其不易施行，但是所提出「勸農之官」，在精神上是與「墾田」相同的。魏了翁之「墾田」說及顧炎武之「勸農之官」說，見於下文：

> 事有策之甚迂，為之甚難，而卒可以并天下之國，臣天下之人者，莫耕若。嘗讀宋・魏了翁疏，以為：「古人守邊備塞，可以紓民力而老敵情，唯務農積穀為要道。」又言：「有屯田、有墾田。大兵之後，田多荒萊，諸路閑田當廣行招誘，令人開墾，因可復業，則耕穫之實效，往往多於屯田。」〔註85〕

耕之所以能「併天下之國」、「臣天下之人」。在於農業社會中，能良好耕作，即代表著財源及民生需求的滿足。顧炎武引魏了翁（1178～1237）「守邊備塞，務農積穀」之說，可見他也同意守邊要先務農積穀的看法。但是務農積穀又分政府屯田及人民墾田二法，顧炎武肯定魏了翁的「墾田法」，但卻認為墾田法於南明（銘按：〈田功論〉為乙酉（1645）四論之一）施行有「三難」。所以他提出「勸農之官」的方法，他說：

> （魏了翁云：）蓋並邊之地，久荒不耕則穀貴，貴則民散，散則兵弱；必地闢耕廣則穀賤，賤則人聚，聚則兵強。請無事屯田之虛名，而先計墾田之實利。募土豪之忠義者，官為給助，隨便開墾，略計所耕，可數千頃。明年此時便收地利，可食賤粟。況耕田之甿，又皆可用之兵，萬一有警，家自為守，人自為戰，比於倉卒遣戍，亦萬不侔。無屯田之名，而有屯田之實；無養兵之費，而又可潛制驕悍之兵。不惟可以制虜，而又以防他盜之出入。不數年間，邊備隱然，以戰則勝，以守則固。愚（顧炎武）以為此正今日之急務。……愚請捐數十萬之金，予勸農之官，毋問其出入，而三年之後，以邊粟之盈虛貴賤為殿最。此一人者，欲邊粟之盈，必疾耕，必通商，必還定。安集邊粟而盈，則物力豐，兵丁足，城圉堅，天子收不言

〔註84〕〔英〕亞當・斯密：《國民財富的性質和原因的研究（下卷）》（北京：商務印書館，1983 年），頁 27～28。轉引自馬濤：《經濟思想史教程》（上海：復旦大學出版社，2002 年 1 月），頁 128。

〔註85〕〔清〕顧炎武：《亭林文集》（台北：漢京文化事業有限公司，1984 年 3 月，四部刊要本），卷六〈田功論〉，頁 125。

　　之利，而天下之大富積此矣。〔註86〕

魏了翁分析「墾田」之可行性，指出：邊地久荒不耕，穀物必須自外輸入，穀價必然高昂。穀價高昂，人民生活成本增加則遷至外地，人民遷至外地則軍力弱（人民戰時亦爲可靠的軍力）。由於穀價之高低，決定了人民的聚散，魏了翁建議給予土豪適當的幫助，令其開墾數千頃之地，第二年穀價就會下跌。此外，由於開墾之土豪，必具備強健之體魄及冒險之精神，萬一軍情危急，這些人就會起而保家衛國，相較於朝廷倉卒調遣之兵，戰力更勝一籌。於是任民墾邊，無屯田之名卻有屯田之效。況且，這些邊民平時爲農、戰時爲兵，可以節省國家養兵之費，又可以去平抑遣戍而來之兵的驕悍之氣（銘按：全民皆可戰、知戰，則兵不驕）。顧炎武以大農告絀、不能久任、豐凶不常爲民間墾田之三難，於是他主張政府給「勸農之官」數十萬金，予以三年之時間，使其自由發揮，再以墾田之成績決定昇絀。顧炎武設想：勸農之官得到數十萬金之後，必定努力達成朝廷所賦予之任務，以得到高官厚祿；朝廷也能使所付出的金錢得到最有效率的運用，如此便成一個雙贏的局面。

2. 藩　鎮

　　黃宗羲《明夷待訪錄・方鎮》云：「唐之所以亡，由方鎮之弱，非由方鎮之強也。是故封建之弊，強弱吞併，天子之政教有所不加；郡縣之弊，疆場之害苦無已時。欲去兩者之弊，使其並行不悖，則沿邊之方鎮乎？」〔註87〕黃宗羲「唐之所以亡，由方鎮之弱，非由方鎮之強也。」同於宋・尹源「故唐之弱者，以河北之疆也；唐之亡國，以河北之弱也。」的說法。顧炎武既引尹源之說而無訾議，可見其同意唐之亡與藩鎮之弱有關。顧炎武「用天下之私，以成一人之公」，試圖藉由「人性自私」（銘按：這裏的自私僅指謀求自己的利益，並不必然損人利己）的人性特點，將其導向於政治制度以成就「國家利益」。他說：

　　　　明代（原抄本：國朝）之患，大略與宋同。……文天祥言：「本朝懲五季之亂，削除藩鎮，一時雖足以矯尾大之弊，然國以寖弱，故敵至一州則一州破，至一縣則一縣殘。今宜分境內爲四鎮，使其地大

〔註86〕〔清〕顧炎武：《亭林文集》（台北：漢京文化事業有限公司，1984年3月，四部刊要本），卷六〈田功論〉，頁125～126。

〔註87〕〔清〕黃宗羲：《明夷待訪錄》；沈善洪、吳光編：《黃宗羲全集》（杭州：浙江古籍出版社，2005年），〈方鎮〉，頁21。

力眾，足以抗敵，約日齊奮，有進無退。彼備多力分，疲於奔命，
而吾民之豪傑者，又伺間出於其中，則敵不難卻也。」嗚呼，世言
唐亡於藩鎮，而中葉以降，其不遂并於吐蕃、回紇，滅於黃巢者，
未必非藩鎮之力。……尹源《唐說》曰：「世言唐之所以亡，由諸侯
之彊，此未極於理。夫弱唐者，諸侯也。唐既弱矣，而久不亡者，
諸侯維之也。」……故唐之弱者，以河北之彊也；唐之亡國，以河
北之弱也。……《宋史》：「劉平爲鄜延路副總管。上言：『五代之末，
中國多事，惟制西戎爲得之。中國未嘗遣一騎一卒遠屯塞上，但任
土豪爲眾所服者，封以州邑，征賦所入，足以贍兵養士，由是無邊
鄙之虞。』」……《黃氏日抄》曰：「太祖時，不過用李漢超輩，使
自爲之守，而邊烽之警，不接於廟堂。三代以來，待夷狄之得，未
有如我太祖者也。不使守封疆者久任世襲，而欲身制萬里，如在目
睫，天下無是理也。」〔註88〕

顧炎武以爲，明代所面臨的禍患和宋朝是類似的——郡縣的軍事權及財政權
弱化。郡縣軍事權與財政權弱化，造成無法有效抵禦敵人，即「敵至一州則
一州破，至一縣則一縣殘」。所以顧炎武爲「藩鎮」翻案，認爲：藩鎮固然弱
唐，但也保唐。他又引《宋史》劉平「任土豪，無邊虞」，黃震「太祖任李漢
超」之說，表明其贊同邊郡久任世襲之作法，這點與其郡縣長官久任世襲的
主張一致。「任土豪」，使土豪享有了政經資源——利用「人性自私」的特點，
使土豪不得不爲宋朝抵禦外患，宋朝因而「無邊虞」——成就國家利益。他
批評宋太祖「罷節度」之失策，他說：

〔王禹偁上言（宋眞宗咸平三年，1000 A.D）〕今江淮諸州大患有三：
城池隳圮，一也；兵仗不完，二也；軍不服習，三也。望陛下特紆
宸斷，許江淮諸郡，酌民戶眾寡，城池大小，並置守軍士，多不過
五百人，閱習弓劍，然後漸葺城壁，繕完甲冑，則郡國有禦侮之備，
長吏免剽掠之虞矣。」嗚呼！人徒見藝祖罷節度，爲百年之利，而
不知奪州之兵與財，其害至於數百年而未已也！陸士衡所謂「一夫
從橫，而城池自夷」，豈非崇禎末年之事乎？〔註89〕

〔註88〕　〔清〕顧炎武撰、黃汝成集釋：《日知錄集釋》（台北：世界書局，1974 年 7
　　　　　月），卷九〈藩鎮〉，頁 220～222。
〔註89〕　〔清〕顧炎武撰、黃汝成集釋：《日知錄集釋》（台北：世界書局，1974 年 7

王禹偁所云江淮諸州之患：城池墮圮，屬防禦工事；兵杖不完，屬防禦器具；軍不服習，屬防禦主體。防禦工事、防禦器具、防禦主體，正好構成軍事最重要的三個面向。這三個軍事面向的不完善，等於宣告軍事防禦系統是脆弱不堪的。於是王禹偁要求：置守軍、葺城壁，繕甲冑，以加強軍事防禦力量。顧炎武爭針對王禹偁之建議，認為世人只見宋太祖「罷節度」的表面利益，卻不知奪州縣之兵與財，將會嚴重削弱地方的防禦力量。顧炎武感嘆，崇禎末年張獻忠、李自成所經之地，無不望風而降，即與地方軍事防禦薄弱有極大的關係。

3. 邊　縣

前面所探討的不論是「人民認同」、「墾田」、「藩鎮」，皆著眼於正式的政治制度。〈邊縣〉則著眼於組織邊民之防衛力量，顧炎武云：

> 宋元祐八年（1093），知定州蘇軾言：「漢鼂錯與文帝畫備邊策，不過二事，其一曰徙遠方以實廣虛，其二曰制邊州以備敵國。今河朔西路被邊州軍，自澶淵講和（1005）以來，百姓自相團結，為弓箭社，不論家業高下，戶出一人。又自相推擇，家資武藝，眾所服者，為社頭、社副、錄事，謂之頭目。帶弓而鋤，佩劍而樵。出入山坂，飲食長技，與北虜同。私立賞罰，嚴於官府，分番巡鑼，鋪屋相望。若透漏北賊及本土強盜不獲，其當番人皆有重罰。遇有警急，擊鼓集眾，頃刻可致千人。器甲鞍馬，常若寇至。蓋親戚墳墓所在，人自為戰，虜甚畏之。」……〔顧炎武〕有國家者，能於閒暇之時，而為此寓兵於農之計，可不至如崇禎之末（原抄本：先帝之末），課責有司，以修練儲備之紛紛矣。〔註90〕

蘇軾以澶淵之盟（1005）至元祐八年，八、九十年間，邊郡之民自相團結，為「弓箭社」，立社頭、社副、錄事，稱為頭目。隨時警戒，「帶弓而鋤，佩劍而樵」，各種技能皆與遼同。他們所立下的規範，嚴於政府之規定，一旦遼人潛入或者有盜不獲，當值之人有重罰。由於生存環境險惡，規範嚴、警戒高、戰技好，一旦有警急狀況，頃刻之間就可聚集數千人。顧炎武認為，若國家能於平時即加強邊民之自衛能力，應可避免崇禎末年於戰事危急時才臨

月），卷九〈藩鎮〉，頁 222～223。

〔註90〕　〔清〕顧炎武撰、黃汝成集釋：《日知錄集釋》（台北：世界書局，1974 年 7 月），卷九〈邊縣〉，頁 223～224。

時整軍之窘迫。

（三）清軍伍汰老弱

筆者在論述黃宗羲關於「明朝兵制之缺失及替代方案」的主張時，曾引黃仁宇「明初屯田自給被過度誇大了」之說，以說明明初時軍屯就無法自給的事實。在顧炎武認知中，「明太祖確曾養兵百萬而不費民間一粒」，但是他關注的重點在於：固然明初屯田可給軍糧，但時移事遷，屯田自給已難實施，故不可死守已不可行的制度而不知變通。他說：

> 法不變，不可以救今，已居不得不變之勢，而猶諱其變之實，而姑守其不變之名，必至於大弊。……高皇帝云：「吾養兵百萬，不費民間一粒。」自今言之，費乎？不費乎？百萬之兵安在乎？而猶以為祖制則然，此所謂相蒙之說也。嘗考古《春秋》、《周禮》寓兵于農之說，未嘗不喟然太息，以為判兵與農而二之者，三代以下之通弊；判軍與兵而又二之者，則自國朝始。夫一民也，而分之以為農，又分之以為兵，是一農而一兵也，弗堪；一兵也，而分之以為軍，又分之以為兵，是一農而二兵也，愈弗堪；一兵也，而分之以為衛兵，又分之以為民兵，又分之以為募兵，是一農而三兵也，又益弗堪。不亟變，勢不至盡歐民為兵不止，盡歐民為兵，而國事將不忍言矣。……舉尺籍而問之，無缺伍乎？缺者若干人？收其田，以新兵補之。大集伍而閱之，皆勝兵乎？不勝者免，收其田，以新兵補之。五年一閱，汰其羸，登其銳，而不必世其人。若然，則不費公帑一文，而每衛可得若干人之用，推之天下，二百萬之兵可盡復也。〔註91〕

顧炎武〈軍制論〉為乙酉四論之一，所論皆為當時復明所面臨的最急迫問題。軍事制度，就是當時最急迫的問題之一。當時的「軍屯」早就名存實亡，但由於明太祖將「軍屯制」神化為「養兵百萬，不費民間一粒」的制度典範。綜觀《明史》，知屯田制至崇禎年間仍施行不廢，但是顧炎武卻一針見血地指出，「軍屯不費民間一粒」，在今日已不可能實行，死守祖制而不肯變，只是自欺欺人。顧炎武贊同《春秋》、《周禮》「寓兵於農」之說，慨嘆後世將兵、農分離，更加慨嘆明代分農、兵、軍為三，一農、一兵，耕者減少而食者增

〔註91〕〔清〕顧炎武：《亭林文集》（台北：漢京文化事業有限公司，1984年3月，四部刊要本），卷六〈軍制論〉，頁122～123。

多，已令人難以忍受了；一農、一兵、一軍，食者越多而更令人難以忍受。顧炎武以為，分兵為衛兵、民兵、募兵，最後無人為農，而國家必然滅亡。筆者以為，顧炎武之說有斟酌之必要，兵種增加不必然代表軍人總數之增加，惟有在軍人總數增加的情況下才會加重人民的負擔。但是明末普遍存在一個事實，軍籍嚴重失實，戰爭時為確保足夠的戰力，不得不募兵。及至戰後，實際在軍之軍人是否與軍籍資料相符？恐怕大有疑問。所以顧炎武才會主張，清查軍籍與軍人是否相符，軍籍有其人而實無其人之存者，收其田，補充新兵。審查部隊之軍人是否皆具戰鬥力，不具戰鬥力者令其退伍而以新兵補之。每五年一次大清查，務使戰力維持在最佳的狀態。

二、社會控制

《社會學辭典》將「社會控制」定義為：各類社會群體用以強制或鼓勵從眾，和處置違反公認規範之行為的措施。社會學家將社會控制的基本過程分為兩類：(1)規範和價值觀的內化。社會化過程十分注意把社會認可的行為方式當作理所當然的、毫無疑義的規則或當社會慣常行為來學習。(2)對違反法規和不遵守法規的行為使用制裁辦法〔註92〕。換言之，「社會控制」是強制或鼓勵社會成員遵守社會規範及對違反社會規範者處置的措施。社會控制依規範形態的不同，又可分為正式控制和非正式控制。正式控制主要用法律、條例、規章等來約束社會成員。非正式控制主要用道德、信任、群體壓力等一類看不見、摸不著但卻感覺得到的手段來約束其成員〔註93〕。筆者以為，顧炎武論廉恥、論宗族、論清議、論名教等等，其核心關懷就是「社會控制」。

（一）官俸與貪風（附民）

筆者於〈明末社會文化〉一節，曾述及「財多而光榮」成為明中葉後社會普遍認同的價值，社會風氣變得唯利是視，官員為了自尊，只得貪污了。由於明代的官俸極其微薄，純靠官俸之收入，不足以贍養父母、妻子。我們可以假設一個情境：有一個人，家族傾其全力來培養他，經過了十年寒窗苦

〔註92〕 David Jary、Julia Jary 著；周業謙、周光淦譯：《社會學辭典》（台北：貓頭鷹出版社，2005 年 1 月），頁 613。

〔註93〕 王思斌：《社會學（第二版）》（北京：北京大學出版社，2003 年 9 月），頁 232。

讀，好不容易中了進士、成了大官。卻要他告訴家人：對不起！我養不起你們，這真是情何以堪？換言之，若投入的時間資本＋人力資本與所獲致的政治資本（官位及其所帶來的報酬）落差太大。只有兩種可能：(1)人們不再願意從政，改投入於其他報酬率較高的職業。(2)設法使投入的資本與報酬相符。明代官吏的貪污現象，實可視爲官吏追求投資與報酬相符的行爲。筆者所云時間資本＋人力資本＝政治資本的概念，得自林南《社會資本》的啓發，上述兩種可能也只是筆者所猜想的對應方法，但以之解釋官貪的現象，或許是可行的。顧炎武云：

> 今日貪取之風，所以膠固於人心而不可去者，以俸給之薄，而無以贍其家也。昔者武王克殷，庶士倍祿。〈王制〉：「諸侯之下士，視上農夫，中士倍下士，上士倍中士，下大夫倍上士。」漢宣帝神爵三年，詔曰：「吏不廉平則治道衰，今小吏皆勤事而俸祿薄，欲其毋侵漁百姓難矣。」〔註94〕

顧炎武不以道德面（道德教條）譴責官鍼不佳貪墨成風的現象，反由經濟面說明貪取之風之所以根深柢固，是因爲：俸給不足以贍家→貪污。如此敘述，表明官員貪污，不純然是道德墮落，不合理的官俸才是導致官貪的決定因素。顧炎武又分析明朝之官俸何以低到不合理的地步，他說：

> 《大明會典》，官員俸給條云：「每俸一石該鈔二十貫，每鈔二百貫折布一匹。後又定布一匹折銀三錢，是十石之米折銀僅三錢也。」國初民間所納官糧皆米麥也，或折以鈔布。百官所受俸亦米也，或折以鈔。其後鈔不行而代以銀，於是糧之重者愈重，而俸之輕者愈輕。其弊在於以鈔折米，以布折鈔，以銀折布，而世莫究其源流也。〔註95〕

顧炎武以爲，明朝官俸微薄的根本原因在於官俸折鈔，再以鈔折米；以布折鈔，以銀折布。由於明代紙鈔貶值極爲嚴重，以鈔給官俸，等於官俸嚴重縮水，官員以手中拿到的鈔折換任何物品，都等於變相減薪。在這種情形下，解決之法有二：一是以民間通行的白銀給薪，使官員手中的薪資能夠保值；二是增加所給的紙鈔總額，使官員有較多的實質收入（筆者按：第二種方法

〔註94〕 〔清〕顧炎武撰、黃汝成集釋：《日知錄集釋》（台北：世界書局，1974 年 7 月），卷十二〈俸祿〉，頁 285。

〔註95〕 〔清〕顧炎武撰、黃汝成集釋：《日知錄集釋》（台北：世界書局，1974 年 7 月），卷十二〈俸祿〉，頁 287。

不如第一種，因爲經過一段時間後，會因紙鈔發行太多，而更加貶值）。正統六年，巡按山東監察御史曹泰看到官俸不足贍家的情況，他建議：

> 正統六年二月戊辰，巡按山東監察御史曹泰奏：「臣聞之書曰，凡厥正人，既富方穀。今在外諸司，文臣去家遠任，妻子隨行，祿厚者月給米不過三石，薄者一石二石，又多折鈔。九載之間，仰事俯育之資，道路往來之費，親故問遺之需，滿罷閒居之用，其祿不贍，則不免失其所守，而陷於罪者多矣。乞勑廷臣會議，量爲增益，俾足養廉。如是仍有貪污，懲之無赦。」，事下行在戶部，格以定制不行。〔註96〕

一個國家官員的收入竟不足以滿足仰事俯育、親故問遺之需，這是何等的荒謬？在傳統中國，雖然有極高的人口比例僅能維持溫飽（銘按：多爲農工階級），但是一個中等商人要求溫飽卻是不成問題的。中等商人，可能僅是粗識文字，可能早於青年時期就能經商自給，即投入的時間資本、人力資本，並不高。相較於商人，官員的養成，可能要花費一個人十數年甚至是數十年的青春（投入的時間資本＋人力資本極高），但是最終結果卻是不能滿足仰事俯育、親故問遺的需求（報酬極低），所以筆者以荒謬形容明朝官俸之水平。曹泰有能力看到官俸不足的問題，也有勇氣提出增加官俸的建議，但是卻被僵死的制度所否決了（銘按：社會學認爲，制度是因應社會發展而產生的。社會不斷在變遷之中，制度也會有形成至毀壞的過程。亦即，沒有不可變、不可棄的制度）。由上可知，合理的官俸是良好政風的基本要素。

官員有豐厚的政治資源，官俸不足自然會以「火耗」、「羨餘」、「常例」等法外收入贍養父母，因而不致於因經濟因素影響親情倫理。但是身處被統治階層的小民，一旦經濟陷入生存邊緣的困境，再也無餘力講求倫理、道德。顧炎武云：

> 治化之隆，則遺秉滯穗之利及於寡婦。恩情之薄，則擾鋤箕帚之色，加於父母。故欲使民興孝、興弟，莫急於生財。以好仁之君，用不肯聚斂之臣，則財足而化行。人人親其親而長其長，而天下平矣。〔註97〕

〔註96〕〔清〕顧炎武撰、黃汝成集釋：《日知錄集釋》（台北：世界書局，1974 年 7月），卷十二〈俸祿〉，頁 287。

〔註97〕〔清〕顧炎武撰、黃汝成集釋：《日知錄集釋》（台北：世界書局，1974 年 7

顧炎武所云「治化之隆」、「恩情之薄」，皆就政府而言。政府治化隆，百姓安居樂業，能將愛心施於寡婦；政府恩情薄（剝削百姓），百姓也無法給父母好臉色。這一種現象使筆者想起了心理學家馬斯洛所提出「需求理論」。馬斯洛將人的需求由低層至高層分爲：生理需求、安全需求、愛與歸屬需求、自尊需求、自我實現需求五個層次。馬斯洛指出，只有在低層的需求獲得滿足之後，才會發展較高層級的需求。以此審視上述引文：治化之隆（百姓衣食足，生理需求獲得滿足）→愛心施於寡婦（愛與歸屬需求）；恩情之薄（百姓無衣無食，生理需求不得滿足）→無法發展出愛與歸屬的需求（對父母不孝或態度不佳），是兩相符合的。周可眞分析「故欲使民興孝、興弟，莫急於生財。以好仁之君，用不肯聚斂之臣，則財足而化行。人人親其親而長其長，而天下平矣。」後，云：顧炎武主張發展經濟，其根本目的並不是爲著提高人民的物質生活水平，而是爲了提高他們的倫理道德水平〔註98〕。筆者以爲，周氏之說甚無謂，提高物質水平只是通往幸福的工具，決不能是目的。顧氏所云「財足而化行，人人親其親而長其長，而天下平矣」所強調的也不在倫道德水平，而是強調道德倫理奠基於經濟基礎。

（二）宗　族

顧炎武極重視宗族。他認爲，國有彊宗則存，國有宗法則刑措。宗族是一個結合軍事、治安、教化、經濟的自治單位。地方有強宗大族，將有利方地方之穩定。若以今日演化生物學檢視顧炎武之「宗族」說是否合理，將會發覺顧炎武的主張隱然與演化生物學相合。紐西蘭昆蟲學家漢密爾頓指出，個體有兩種方式可以確保本身的基因被遺傳至下一代，即藉由自身的繁殖或是協助帶有相同基因的親屬更成功的繁殖，這項原則稱爲「漢密爾頓法則」。大多數的高等生物（包括人類）對親屬都顯示強烈的偏愛，一般來說，人類寧可選擇住在親戚附近，而不是與非親屬爲鄰。幾乎每一個人類文化都有「血濃於水」的看法，阿拉伯諺語云：「我與我的兄弟對立；我和我的兄弟與堂兄弟對立；我和我的兄弟及堂兄弟與我們共同的敵人對立。」克拉克、赫斯特、鄧巴三人，共同研究十三世紀維京人的冒險故事。他們發覺，維京人明顯地不願意謀殺親近的親屬。加拿大及美國的謀殺統計也顯示，人們謀殺住在一

月），卷六〈未有上好仁而下不好義者也〉，頁147。
〔註98〕周可眞：《顧炎武哲學思想研究》（北京：當代中國出版社，1999年12月），頁183。

起但無血親關係者的比例，是有遺傳相關者的二十倍〔註99〕。也就是說，血緣相近者同居一處，雖不免小有齟齬，但卻更安全，也能共禦外患，這是由演化遺傳而來，不待學習的天性。顧炎武云：

> 人君之於天下，不能以獨治也，獨治之而刑繁矣，眾治之而刑措矣。古之王者，不忍以刑窮天下之民也。是故一家之中，父兄治之；一族之間，宗子治之。其有不善之萌，莫不自化於閨閣之內。而猶有不帥教者，然後歸之士師，然則人君之所治者約矣。然後原父子之親，立君臣之義以權之，意論輕重之序，慎測淺深之量以別之。悉其聰明，致其忠愛以盡之。夫然刑罰焉得而不中乎？是故宗法立而刑清，天下之宗子，各治其族，以輔人君之治，周攸兼于庶獄，而民自不犯于有司。〔註100〕

顧炎武以為國君不能獨治天下，獨治必以法律、規章等「正式的社會控制」來管理人民，人民因而極易觸犯刑法；眾治則以宗族、社區（大宗族共居一地，即形成社區）的關懷、倫理道德觀念來進行「非正式的社會控制」。所謂的「一家之中，父兄治之；一族之間，宗子治之」，即以關懷及倫理道德使家族成員遵守規範。當家族成員想違背社會規範時，可能立即被其他家族成員發現並適時加以關懷或施以社會排斥的壓力（銘按：如逐出家門），這即所謂「自化於閨閣之內」。如果非正式的社會控制不能奏效，再訴諸正式的社會控制「猶有不帥教者，然後歸之士師」。如此一來，國君治理的負擔就輕了。由「宗法立而刑清」，及「天下之宗子，各治其族」看來，顧炎武贊同宗族有相當的自治權。宗族之於社會秩序，功效已見於上，然而宗族的社會功能尚不止於此，宗族在經濟上的意義絕對不可忽略。顧炎武云：

> 民之所以不安，以其有貧有富。貧者至於不能自存，而富者常恐人之有求，而多為吝嗇之計。於是乎有爭心矣。夫子有言：「不患貧而患不均」。夫惟收族之法行，而歲時有合食之恩，吉凶有通財之義，本俗六，安萬民。三曰聯兄弟，而鄉三物之所興者。六行之條，曰睦曰恤，不待王政之施，而矜寡孤獨廢疾者，皆有所養矣。此所謂

〔註99〕 鄧巴著、洪莉譯：《哈啦與抓虱的語言——從動物互相梳理、人類閒聊解讀語言演化》（台北：遠流出版社，2002年），頁202～205。

〔註100〕〔清〕顧炎武撰、黃汝成集釋：《日知錄集釋》（台北：世界書局，1974年7月），卷六〈愛百姓故刑罰中〉，頁142。

均無貧者，而財用有不足乎？〔註101〕

一個社會有貧有富是再自然不過的現象了，但是顧炎武卻說「民之所以不安，以其有貧有富」，這種說法似乎有些大驚小怪。但是接著看下去才知道何以顧炎武會認爲貧富會造成不安，因爲貧與富相差太過懸殊了。貧者不能自存，富者卻吝於施與。社會學告訴我們，當一個社會各階層間所享有的資源極度不平等，就會產生「相對剝奪感」（relative deprivation），而相對剝奪感正是越軌（安東尼・吉登斯定義越軌行爲：對某一團體或社會中被絕大多數人所接受的一系列特定規範的不遵從）行爲中的一個重要成分〔註102〕。於是「歲時有合食之恩」、「吉凶有通財之義」，「矜寡孤獨廢疾者，皆有所養」其實可以視爲將「相對剝奪感」降低，使越軌行爲減少的措施，同時也合於「血濃於水」天性。

顧炎武與宗族相關論述，可見於〈裴村記〉、〈萊州任氏族譜序〉，他說：

> 自治道愈下而國無彊宗，無彊宗，是以無立國，無立國，是以內潰外畔而卒至於亡。然則宗法之存，非所以扶人紀而張國勢者乎？余至聞喜縣（山西）之裴村，拜於晉公之祠，問其苗裔，尚一二百人，有釋耒而陪拜者。出至官道旁，讀唐時碑，載其譜牒世系，登隴而望，十里之內邱墓相連，其名字官爵可考者，尚百數十人。蓋近古氏族之盛，莫過於唐，而河中爲唐近畿地。其地重而厚族。……此非三代之法猶存，而其人之賢者又率以保家亢宗之道，胡以能久而不衰若是。……至於五代之季，天位幾如奕碁，而大族高門，降爲皁隸。靖康之變，無一家能相統帥以自保者。夏縣之司馬氏舉宗南渡，而反其里者，未百年也。嗚呼！此治道之所以日趨於下，而一旦有變，人主無可仗之大臣，國人無可依之巨室，相率奔竄，以求苟免，是非其必至之勢也與。是以唐之天子，貴士族而厚門蔭，蓋知封建之不復，而寓其意於士大夫，以自衛於一旦倉黃之際，固非後之人主所能知也。予嘗歷覽山東、河北，自兵興以來，州縣之能不至於殘破者，多得之豪家大姓之力，而不盡恃乎其長吏。〔註103〕

〔註101〕〔清〕顧炎武撰、黃汝成集釋：《日知錄集釋》（台北：世界書局，1974年7月），卷六〈愛百姓故刑罰中〉，頁142。

〔註102〕相關論述可參看〔英〕安東尼・吉登斯：《社會學第四版》（北京：北京大學出版社，2003年12月），頁254～309。

〔註103〕〔清〕顧炎武：《亭林文集》（台北：漢京文化事業有限公司，1984年3月，

顧炎武於〈裴村記〉之首，就將彊宗視爲立國之本，認爲宗法可以維持道德風俗（人紀）及擴張國勢（國家國力）。他贊同唐朝貴士族、厚門蔭，寓封建之意於宗族之中，使一旦朝廷軍力無以防衛地方時，可由強宗勢族來自衛。唐之後，已無足以保衛地方之世家大族，及至北宋靖康之變時，無一勢家大族可挺身而出。顧炎武考察歷史之後，又由山東、河北的親身經歷，說明州縣之所以能夠保存，與豪家大姓有相當的關聯。顧炎武於〈裴村記〉開頭強調宗法有：扶人紀、張國勢兩個功能，但通觀全文，他似乎更強調「張國勢」（保衛地方）的功能。我們再來看〈萊州任氏族譜序〉，文云：

> 余頃至東萊主趙氏、任氏，入其門，而堂軒几榻無改於其舊：與之言，而出於經術節義者，無變其初心：問其恆產，而亦皆支撐以不至於頹落。余於是欣然有見故人之樂，而歎夫士之能自樹立者，固不爲習俗之所移。任君唐臣因出其家譜一編，屬余爲之序。其文自尊祖睦族以至於急賦稅、均力役，諄諄言之，豈不超出於山東之敝俗者乎。……天下之久而不變者，莫若君臣父子，故爲之賦稅以輸之、力役以奉之，此田宅之所以可久也。非其有不取，非其力不食，此貨財之所以可久也。爲下不亂，在醜不爭，不叛親，不侮賢，此鄰里宗族之所以可久也。夫然，故名節以之而立，學問以之而成。忠義之人、經術之士，出乎其中矣。〔註104〕

入其門，堂軒几榻無改於其舊，這代表著謹愼保護列祖列宗所遺之器物。但這不代表仍謹守祖宗留給後代的價值觀，及「與之言，而出於經術節義者，無變其初心」，才可確定仍謹守家法祖訓，而不與流俗等。再問其營生方式，也足以維持家道不墜——「亦皆支撐以不至於頹落」。愛物、守訓、經濟來源，這三個條件，使得任唐臣家族能樹立自己的家風，而不爲習俗所移。顧炎武看了任唐臣家族的族譜後，發覺族譜的內容著墨於：尊祖睦族、急賦稅、均力役等幾個面向，顧以急賦稅、均力役，故田宅可久（納稅，政府不找麻煩）；了結家族與政府的繫聯，納稅。再來就是家族之產權及營生的安排：「非其有不取，非其力不食」即代表著人人各盡所能，各取所需；一個大的宗族，又可分爲若干家族。這些家族間，推而上之，雖皆可溯出較親近的

四部刊要本），卷五〈裴村記〉，頁 100～101。
〔註104〕〔清〕顧炎武：《亭林文集》（台北：漢京文化事業有限公司，1984 年 3 月，四部刊要本），卷二〈萊州任氏族譜序〉，頁 37。

血緣關係。但是不可否認的，傳承幾代之後，彼此之間的感情不免疏離。於是要有等級制度維持、規定各人的身分角色，來保持家族的合諧。所謂「爲下不亂，在醜不爭，不叛親，不侮賢」可視爲各人對所規定身分角色的遵守，同處一社區的宗族成員人人遵守所賦予的身分及角色規定，自然是鄰里宗族可長久維持了。相較於〈裴村記〉，〈萊州任氏族譜序〉所重視的，更傾向於扶人紀的面向。若以現代的角度來看，「張國勢」即強調宗族在軍事及治安的功能；「扶人紀」即強調宗族在經濟及道德風俗的功能。若上述分析不錯，宗族事實上已具備了地方政府的功能了。換言之，在顧炎武的「鄉里自治」設計中，分爲正式的政府機構如：比→閭→族→黨→州→鄉，及民間的宗族自治。由於比→閭→族→黨→州→鄉，屬正式政府機構，僅涉及政治制度，故筆者將之置於政治制度中敘述。宗族自治，成分較雜、功能較多，故置於社會控制中敘述。

（三）社會風氣

一個文化所認定最重要的思想觀念，就是這個文化的主流價值。規範則是反應和體現一個文化的價值的行爲規則。價值和規範共同塑造了一個文化的成員在其環境中的舉止。一個社會成員學習那個社會的生活方式（銘按：生活方式也包括了價值觀及規範）的過程被稱爲社會化。社會化是一個終身的過程，在這一過程中，人類行爲不斷被社會互動所形塑。初級社會化發生在幼年和童年時期，家庭是這一階段最主要的社會化機構〔註105〕。個人在社會的過程中，同時也學習了該文化文化的價值與規範。但是個人的社會化又是奠基於與其他社會成員間的互動之上，若其他社會成員漸漸認同或肯定某種價值觀念（例如：笑貧不笑娼，有錢是老大），則可能會影響個人的價值認同或行爲規範。筆者以爲，社會風氣的好壞或許可以界定爲：一個社會（無特定目的集結而成的社會）的大多數成員所認同的價值及規範，能否爲這個社會所有成員帶來最大的利益。若能，代表著此價值規範在此社會有極大的適用性、普遍性，即是好風氣。反之，一個社會的大多數成員所認同的價值及規範，僅爲少數社會成員帶來利益，即是壞風氣。

上段曾敘及家庭是初級社會化最重要的機構，亦即家庭在社會成員價值觀的形成，扮演極其重要的角色。傳統中國社會，教育並不普及，但是經濟

〔註105〕〔英〕安東尼‧吉登斯：《社會學第四版》（北京：北京大學出版社，2003年12月），頁30～37。

較佳的家族，往往會延請塾師來教育子弟。教學的教材，除了《四書》、《五經》之外，還有所謂的蒙學讀本，如：《三字經》、《百家姓》、《千字文》、《昔時賢文》、《幼學瓊林》等。《三字經》、《百家姓》、《千字文》、《昔時賢文》、《幼學瓊林》等都是極為普遍的蒙學教材。在《增廣昔時賢文》中，我們可以看到「家無讀書子，官從何處來？」、「為官須作相，及第必爭先。」、「書中自有千鍾粟，書中自有顏如玉。」這類的句子，這代表在在顧炎武所處的時代裏，民間家庭教育中有極強的「功利性」。讀書與作官、發財緊密結合。在這樣的教育環境下所教育出來的小孩，當然會將作官的目的定位為：獲取財富名位，而不是為民興利。顧炎武對於蒙學教材，有著極為矛盾的看法，一方面他肯定蒙學在倫理教育的意義，但同時他又反對居官「功利化」的傾向。顧炎武云：

> 《呂氏千字文》者，待詔餘姚呂君栽之之所作也。蓋小學之書，自古有之。……夫小學，固六經之先也，使人讀之而知尊君親上之義，則必自其為童子始，故余於是書也樂得而序之。〔註106〕

又云：

> 乃以今觀之，則無官不賂遺，而人人皆吏士之為矣！無守不盜竊，而人人皆僮豎之為矣！自其束髮讀書之時，所以勸之者，不過所謂千鍾粟，黃金屋。而一旦服官，即求其所大欲。君臣上下，懷利以相接，遂成風流，不可復制。〔註107〕

顧炎武顯然認為教育兒童書中自有「千鍾粟，黃金屋」，與官箴敗壞有相當程度的關聯。蒙學教材，如《呂氏千字文》，固然可教人「尊君親上」；但是同為蒙學教材的《增廣昔時賢文》，卻也教人讀書在求黃金屋、千鍾粟。顧炎武雖沒有指明家長之勸子弟「千鍾粟，黃金屋」，出於童蒙書，但是不可否認的是：許多童蒙書都在灌輸「讀書的功利性」——財富、地位。既然焚膏繼晷，皆為利來，孜孜矻矻，皆為利往，已成為普遍的現象，顧炎武也只能因勢「利」導了。顧炎武「無官不賂遺，無守不盜竊」之說，或許稍嫌誇張。但是若說「官員賄賂」、「守衛盜竊」極為普遍，應該符合實情。稍前筆者曾提及明朝官俸微薄，但是社會卻普遍認知「書中自有千鍾粟」。既然社會認知當官可以

〔註106〕〔清〕顧炎武：《亭林文集》（台北：漢京文化事業有限公司，1984年3月，四部刊要本），卷二〈呂氏千字文序〉，頁37～38。

〔註107〕顧炎武撰、黃汝成集釋：《日知錄集釋》（台北：世界書局，1974年7月），卷十三〈名教〉，頁312。

致富，既代表著社會對於爲官者適度貪污是默許的〔註108〕。但是我們知道，一旦貪欲萌生，貪污程度是無法節制的。於是顧炎武主張由合理的官俸來養廉（銘按：顧炎武似不曾提出官員加薪的主張），但由「吏不廉平則治道衰，今小吏皆勤事而俸祿薄，欲其毋侵漁百姓難矣。」看來，合理的官俸應是顧氏所肯定的。除了合理的官俸之外，顧炎武也試圖由價值觀改善貪污現象，他說：

> 後之爲治者，宜何術之操？曰：唯名可以勝之。名之所在，上之所庸，而忠信廉潔者，顯榮於世；名之所去，上之所擯，而怗侈貪得者，廢錮於家。即不無一二矯僞之徒，猶愈於肆然而爲利者。……故昔人之言，曰名教，曰名節，曰功名，不能使天下之人以義爲利，而猶使之以名爲利，雖非純王之風，亦可以救積汙之俗矣。〔註109〕

國君將「忠信廉潔者，顯榮於世」，「怗侈貪得者，廢錮於家」，等於宣告「忠信廉潔」是國君最重視的價值。居官者不論是出於肯定「忠信廉潔」這一價值，抑或是出於保官位之考量，都必然不敢恣意貪污。顧炎武認爲，這一種藉外在賞罰爲手段的「以名爲利」，雖然在境界上不若發自道德之「以義爲利」，但卻可以達到挽救隳壞政風的目的。林南曾云：

> 在一個財富與名譽都很豐富的社區（銘按：指國家、社會）中，每一個選擇——努力獲取更多的財富或名聲——都是理性的。獲得一種類型的資本會提高另一種類型的可能性。因此，在一個擁有豐富物質與經濟資源的穩定社區中，財富與名聲都是重要的，它們之間是互補的。〔註110〕

筆者以爲，明中葉以後尤其是江南地區，無疑是一個財富與名譽都很豐富的社區。國君或許可在合理官俸、以名爲利等措施之外，另外給予政績卓著之官員額外的榮譽，並廣爲宣揚。如此一來，這些政績卓越之官員，除了享有更高的名望，或許也能間接增進其財富（例如：字畫、碑傳、壽序之收入），

〔註108〕嘉靖時人黃佐指出當時之人「聞人仕，眾必問曰好衙門否？聞人退，眾必曰有收拾否？」張萱：《西園聞見錄》，卷十三〈廉潔〉。由此可見民間默許貪污。

〔註109〕〔清〕顧炎武撰、黃汝成集釋：《日知錄集釋》（台北：世界書局，1974 年 7月），卷十三〈名教〉，頁 312。

〔註110〕〔美〕林南：《社會資本——關於社會結構與行動的理論》（上海：上海人民出版社，2005 年 2 月），頁 165。

進而減少貪污現象。

　　前文曾言及，與其他社會成員間的互動會形塑個人的社會化。然而，不同社會成員影響力並不相同，一般來說：社經地位愈高者，其影響力愈大，但不論社經地位高下，又都同時受到社會大環境的影響。中國傳統社會，人民常將官員視爲天上星宿之謫凡者，如《幼學瓊林》云：「三公上應三台，郎官上應列宿。」《儒林外史》第三回〈周學道校士拔眞才　胡屠戶行兇鬧捷報〉有一段范進中舉卻痰迷心竅，眾人央胡屠戶打范進巴掌的對話。胡屠戶作難道：「雖然是我女婿，如今卻做了老爺（中舉），就是天上的星宿。天上的星宿是打不得的！」〔註 111〕試想，官員若被視爲天上的星宿，其言其行自然易被小民視爲效法的對象、楷模。《論語・顏淵》亦云：「君子之德風，小人之德草；草上之風，必偃。」可見，君子（居官者）影響力大於小人（平民）。顧炎武〈廉恥〉探討了朝廷教化、士人廉恥與風俗之間的關係，文云：

> 禮義治人之大法，廉恥立人之大節。蓋不廉則無所不取，不恥則無所不爲。人而如此，則禍敗亂亡，亦無所不至。況爲大臣，而無所不取，無所不爲，則天下其有不亂，國家其有不亡者乎？……故士大夫之無恥是謂國恥。……羅仲素曰：教化者，朝廷之先務；廉恥者，士人之美節；風俗者，天下之大事。朝廷有教化，則士人有廉恥；士人有廉恥，則天下有風俗。〔註 112〕

顧炎武認爲，不廉將會無所不取，不恥將會無所不爲。一個人、一個大臣若不知廉恥爲何物，將會導致個人之禍敗或天下國家之亂亡。他又認爲，朝廷的教化可使士人有廉恥，士人有廉恥，社會風氣就好。這一種講法，大抵是對的，但是士人是否具「士人有廉恥，則天下有風俗」這樣的影響力？則有待商榷。千萬不要忽略，士人階層也是成長於民間，成長地區的習俗風尚，會形塑其價值觀，於是士人之價值觀應與庶民相差不遠。除非，此士人博通今古今，通曉古今治亂之幾，能超脫習焉不察、無所不在的習俗風尚，並將所學所思，化爲學說、形諸行動，才能改善天下之風俗。但是這樣的大儒又有幾人？或許只能這麼說：社會風尚形塑士人，士人舉止又反饋於社會風尚（強化或弱化，多數情況應是強化）。例如：社會風氣奢，士人儉→弱化奢

〔註 111〕〔清〕吳敬梓：《儒林外史》（台北：聯經出版公司，1991 年 11 月），頁 32。
〔註 112〕〔清〕顧炎武撰、黃汝成集釋：《日知錄集釋》（台北：世界書局，1974 年 7 月），卷十三〈廉恥〉，頁 314～315。

風；社會風氣奢，士人奢→強化奢風。朝廷有教化，此教化可以由合理薪資、提倡「名教」著手，即給予合理薪資及強調忠信廉潔。如此士人就容易有廉恥，士人有廉恥，社會風氣可能會變得稍好。顧炎武認爲人心風俗是國家治亂的根源，而轉移人心、整頓風俗的方法則有賴教化及規範，他說：

> 目擊世趨，方知治亂之關必在人心風俗。而所以轉移人心、整頓風俗，則教化紀綱爲不可闕矣。百年必世養之而不足，一朝一夕敗之而有餘。〔註113〕

要靠長期教化規範的積累才能成爲社會風氣及民俗，但是所形成的風氣及民俗卻極易於短時間就轉移改變了。儘管如此，事情總要有個開始，顧炎武云：

> 今日所以變化人心，滌蕩污俗者，莫急於勸學獎廉二事。天下之士有能篤信好學，至老不倦，卓然可當方正之舉者，官之以翰林國子之秩，而聽其出處。則人皆知向學而不競於科目矣。庶司之官有能潔己愛民以禮告老，而家無儋石之儲者，賜之以五頃十頃之地，以爲子孫世業，而除其租賦，復其丁徭，則人皆知自守而不貪於貨賂矣。〔註114〕

勸學、獎廉，當然是一個變化人心的良方。但是筆者非常懷疑顧炎武所提出的方法是否可行？《儒林外史》第八回〈王觀察窮途逢世好　婁公子故里遇貧交〉婁公子與王太守有一段對話。王太守笑道：「可見『三年清知府，十萬雪花銀』的話，而今也不甚確了。」〔註115〕被人民認爲清廉之知府，一任尙可獲利十萬雪花銀。換言之，當時人們所認知的清廉知府一年獲利三、四萬兩是被默許的。篤信好學，至老不倦，少說也耗去二、三十年的時間吧！官之以翰林國子之秩，其所獲得之名望、財富能值數十萬兩之銀乎？若不能，如何能期望翰林國子之秩能產生使人皆知向學之作用？其次，庶司之官有能潔己愛民以禮告老，而家無儋石之儲者，才賜五頃、十頃之地。五頃、十頃之地，薄產也，以之爲子孫世業，人不重矣。筆者以爲，欲勸學獎廉，必先嚴懲貪瀆，切實執行，以斷僥倖之心；其次，增稅以增加政府正式人員及提

〔註113〕〔清〕顧炎武：《亭林文集》（台北：漢京文化事業有限公司，1984年3月，四部刊要本），卷四〈與人書九〉，頁93。

〔註114〕〔清〕顧炎武撰、黃汝成集釋：《日知錄集釋》（台北：世界書局，1974年7月），卷十三〈名教〉，頁313。

〔註115〕〔清〕吳敬梓：《儒林外史》（台北：聯經出版公司，1991年11月），頁79。

高官員薪資，一以杜胥吏、一以獎養廉；再者，制定保障商業、人民財產之法律，使官員無以肆其貪；最後，稅制改革，去除改折之法，使人民可清楚算出應納稅賦之多寡，令胥吏無以上下其手。這些都做到了，勸學獎廉才比較有可能實現。

（四）文化與國家

國人或許不知顧炎武爲何人，但是大多聽過「天下興亡匹夫有責」。顧炎武云：

> 有亡國，有亡天下。亡國與亡天下奚辨？曰：易姓改號，謂之亡國。仁義充塞，而至於率獸食人，人將相食，謂之亡天下。……是故知保天下然後知保其國。保國者，其君其臣，肉食者謀之。保天下者，匹夫之賤，與有責焉耳矣。〔註116〕

顧炎武認爲，「亡國」與「亡天下」是不同的。「亡國」指的是改朝換代；「亡天下」指的是文化淪亡。「天下」，是一個民族所賴以生存的文化，「國」則是民族所建立的政治實體。故知保天下然後知保其國，即：先能認同文化（天下），才能捍衛國家。保國之決策權，在君與臣等權力擁有者；保天下之權，則爲君民所共有，民衆決不能放棄保天下的責任。我們再參酌顧炎武的《日知錄·直言》，「亡國」、「亡天下」之旨應該可以更加明白：

> 今日之民，吾與達而在上位者之所共也。救民以事，此達而在上位者之責也。救民以言，此亦窮而在下位者之責也。天下有道，則庶人不議。然則政教風俗苟非盡善，即許庶人之議矣。〔註117〕

這裏的救民以事，此達而在上位者之責也，不就等於是保國者，其君其臣，肉食者謀之嗎？救民以言，此亦窮而在下位者之責也，不就等於是保天下者，匹夫之賤，與有責焉耳矣嗎？政教風俗，即「天下」。政教風俗，針對的對象可以是社會風氣、更可以官場弊端，所以筆者不同意周可眞所云：「保天下者，匹夫之賤，與有責焉。」本質上只是表達一種倫理學觀點，而不具有政治學意義〔註118〕。也不同意周氏將「保天下者，匹夫之賤，與有責焉耳矣。」詮

〔註116〕〔清〕顧炎武撰、黃汝成集釋：《日知錄集釋》（台北：世界書局，1974年7月），卷十三〈正始〉，頁307。

〔註117〕〔清〕顧炎武撰、黃汝成集釋：《日知錄集釋》（台北：世界書局，1974年7月），卷十九〈直言〉，頁447。

〔註118〕周可眞：《顧炎武哲學思想研究》（北京：當代中國出版社，1999年12月），頁158。

釋爲：「賤夫」無須關心政治，卻是反映了新興市民階層注重世俗生活乃至於不關心政治的社會心態的，有其歷史進步意義〔註119〕的說法。

〔註119〕周可眞：《顧炎武哲學思想研究》（北京：當代中國出版社，1999 年 12 月），頁 158。

第八章　王夫之的經世致用之道

第一節　政治領域

　　王夫之云：「所貴乎史者，述往以爲來者師也。爲史者，記載徒繁，而經世之大略不著，後人欲得其得失之樞機以效法之無由也，則惡用史？」〔註1〕在這裏，我們可以很清楚的看到王夫之認爲「爲史」的最終目的是「經世」，「爲史」若無助「經世」，則此種「爲史」便無價值。既然王夫之認爲「爲史」的目的在「經世」，則透過其史論著作《黃書》、《噩夢》、《讀通鑑論》、《宋論》等著作以了解其經世思想，自是極爲方便的。雖則如此，本文也不會忽略其他著作中涉及「經世」思想的言論，期能較完整呈現王夫之的經世思想。

一、論君主

（一）君之起源及世襲

　　盧梭〈論人間不平等的起源和基礎（下篇）〉曾論述人類不平等的狀態經過三個發展階段——第一個階段：法律和所有權的制定；第二階段：官職的設立；第三階段：合法的權力變爲專制的權力。因此，貧與富的狀態是第一個時期所認可的，強與弱的狀態是第二個時期所認可的，第三個時期所認可的則是主與奴的狀態，這是不平等的最後階段〔註2〕。盧梭描述「官職設立」

〔註1〕　〔清〕王夫之：《讀通鑑論》（長沙：嶽麓書社出版，1996 年 2 月），頁 225。
〔註2〕　北京大學哲學系外國哲學史教研室編譯：《西方哲學原著選讀》（北京：商務印書館，1982 年 5 月），頁 77～78。

這一階段云：所有的官職起初都是選任的。在財富尚非舉足輕重的時候，遴選的標準可以是可以造成一種天然的權威的功勳，可以產生辦事經驗的年齡，以及運籌決策的沈著穩重〔註3〕。描述「合法的權力變爲專制的權力」這一階段云：（選舉）陰謀舞弊的事情發生了，狐群狗黨形成了，各黨各派互相傾軋了，內戰爆發了。……大老們利用這些情況（銘按：混亂失序）來鞏固他們在家族中的地位；人民已經習慣於服從、安靜和生活上的安逸，已經不能打碎自己的枷鎖，也就同意聽人加重對自己的奴役來買安了。就是這樣，業已成爲世襲的首腦們養成了一種習慣，把他們的官職看成自己的一項家產，把自己本人看成國家的業主〔註4〕。王夫之論「君之起源」云：

> 天之使人必有君也，莫之爲而爲之。故其始也，各推其德之長人、
> 功之及人者而奉之，因而尤有所推以爲天子。人非不欲自貴，而必
> 有奉以爲尊，人之公也。安於其位者習於其道，因而有世及之理，
> 雖愚且暴，猶賢於草野之罔據者。如是者數千年而安之矣。〔註5〕

王夫之以爲，人類社會自然而然地就會形成「君主制」，是不待人爲強迫的。在「君主制」形成之初，各家族會推最有能力且爲眾所欽服者爲代表，最後又有一個才與德皆爲眾家族之族長所推崇者成爲「天子」。「天子」之位固然令人羨慕、覬覦，但是居其位者必有眾人所服之「才德」，才得以穩居其位。又因天子之子自幼即耳濡目染種種的政治事件及治理方法，所以一個再不濟的「天子之子」，其治理能力仍遠比一個平民之賢者爲佳，換言之「君位世襲」是合理的。盧梭〈論人間不平等的起源和基礎〉則認爲：「君位世襲」是人類不平等的第三個階段。這個階段的「君主」首先是透過混亂陰謀以得「君位」的，而後又利用人類「服從買安」的人性弱點將國家據爲己產，以世世相承。若以中國自秦漢以迄明清這二千年的歷史來看，開國之主多是趁亂而起，及其建立新的朝代，又極盡所能防止他人之覬覦。英明之主往往只限於開國之前二、三代，三代以後多半爲守成之主，甚而爲庸愚之主。筆者以爲，以王夫之的「史識」，他恐怕也無法說服自己相信「（天子之子）雖愚且暴，猶賢於草野之罔據者。」的說法。但是他爲何會這麼說呢？這或許是他無法想像

〔註3〕 北京大學哲學系外國哲學史教研室編譯：《西方哲學原著選讀》（北京：商務印書館，1982 年 5 月），頁 77。

〔註4〕 北京大學哲學系外國哲學史教研室編譯：《西方哲學原著選讀》（北京：商務印書館，1982 年 5 月），頁 77。

〔註5〕 〔清〕王夫之：《讀通鑑論》（長沙：嶽麓書社出版，1996 年 2 月），頁 67。

「君主制」外的政治制度，也無法想像「君位世襲制」外的任何政權和平轉移的機制。於是他只能使「君位世襲制」合理化了。

（二）無為而治，淡然無欲

1. 無為的正面效果

傳統中國的專制君主制，權力源於「天子」。故任何的典章制度、任何的法律條文，都只規範限制「天子以外」的任何人。因為天子的意志凌駕於國家典章制度及法律之上，所以「天子」能否節制個人好惡，不以主觀的、任意的個人意志去扭曲客觀的、穩固的典章制度、法律條文，便成為國家治亂的最重要因素。王夫之對「專制君主」的態度極為矛盾，一方面他聲稱「君位世襲制」能使不肖之嗣君仍優於優秀之庶人。但另一方面他又要求國君虛位化，使客觀的制度能良好運作。試想，君位世襲既然能使嗣君嫻於政務，則國君理應積極作為而不應虛位化；倡國君虛位化必然是國君積極作為之害遠甚於不作為。稍前筆者曾推測王夫之肯定「君位世襲制」之因，主要在於他不知道除了「君位世襲」之外，還有什麼制度能讓國家不動亂，所以迫不得已才將「君位世襲制」合理化。「君權虛化」可能才是他較贊同的。他說：

> 夫古之天子，未嘗任獨斷也，虛靜以慎守前王之法，雖聰明神武，若無有焉，此之謂無為而治。守典章以使百工各欽其職，非不為而固無為也。〔註6〕

又說：

> 有聖主興，慮後世不能必長君令嗣之承統也，豫定奕世之規，置天子於有無之外，以虛靜而統天下，則不恃有貴戚舊臣以夾輔。〔註7〕

這裏不必去追究古之天子究為何人，只要將其視為至善之典範即可。王夫之以為，君王不應獨斷而應讓百官依循制度來治理國家（置天子於有無之外，以虛靜而統天下即是讓百官依循制度來治理國家之意），使國君的作用僅限於擇大臣、師儒、長吏。他說：

> 人主之職，簡大臣而大臣忠，擇師儒而師儒正，選長吏而長吏賢。
> 則天下之士在巖穴者，以長吏為所因；入學校者，以師儒為所因；

〔註6〕〔清〕王夫之：《讀通鑑論》（長沙：嶽麓書社出版，1996年2月），頁474。
〔註7〕〔清〕王夫之：《讀通鑑論》（長沙：嶽麓書社出版，1996年2月），頁474。

升朝廷者，以大臣爲所因。如網在綱，以群效於國。〔註8〕

高希均據路易士教授《經濟成長原理》（The Theory of Economic Growth）一書中之「示範效果」學說，擴大延伸爲「良性示範」與「惡性示範」。良性示範指正面的示範效果，如：「企業捐獻」變成了公司文化；惡性示範指負面的示範效果，如：學生作弊變成風氣。但是不論是良性或惡性示範效果，都有擴散的特性，會形成潮流風氣〔註9〕。「大臣忠」，則形成一種良性示範，而百官無不忠；師儒正，則形成一種良性示範，而學生無不正；長吏賢，則形成一種示範，則在野之士人無不賢。國君只要精擇高階中央官員、地方官員及學校教師，自然能收綱舉目張、化繁爲簡的功效，國家也能有效治理。

2. 有爲的負面效果

歷代開國之君，多是經歷過群雄爭霸之考驗才得到大位的，所以他們多半擁有果斷英敏的性格特點以及過人的政治才能。但是他們的果斷、才能，是在一個動盪不安、極度危險競爭的環境下培養出來的。一旦環境變了，很難再孕育出相同的能力及性格。王夫之云：

創業之主委任大臣，非僅爲己計也。英敏有餘，攬大政於一心，再濟之以勤，可獨任矣。大臣或有一二端之欺己，而遂厚其疑；然其疑君子也，必不信小人；君子且疑，而小人愈懼；此豈可以望深宮頤養中材以下之子孫乎？公輔無權，中主不勝其勞，而代言之臣重；代言之臣秩卑，不得與坐論而親宸坐，則秉筆之宦寺持權；禍亂之興，莫挽其流矣。天下皆可疑，胡獨不疑吾子孫之智不逮，而暱於宴安也乎？〔註10〕

王夫之認爲創業之主不宜獨攬大權，因爲若權力獨攬並形成制度（如：明太祖之廢除丞相制），後世才能平庸之子孫必定不能勝任繁冗之政務，此時不得不設一官以替自己分憂解勞（如：明之內閣）。但是由於代言之臣權重而位卑（如：內閣有丞相之實，卻無丞相之名），於是權力爲宦官所竊。所以王夫之感嘆開國之君人人而疑之，卻不疑子孫之無能。王夫之的感嘆極有道理，但這似乎是不可避免的宿命。蓋開國之君雖已建立國家，但建國之始權力極不

〔註8〕 〔清〕王夫之：《船山全書第十一冊（《宋論》）》（長沙：嶽麓書社出版，1996年2月），頁27。

〔註9〕 高希均：〈對年輕知識人的叮嚀之四——參與良性的「示範效果」〉（台北：《三十雜誌》，2006年5月）第二十一期，頁20～21。

〔註10〕 〔清〕王夫之：《讀通鑑論（長沙：嶽麓書社出版，1996年2月），頁273。

穩固，因而只好大權獨攬、人人防備。迨傳國三、五代之後，國家各種制度
多已建立，此時之國君生長於「太平盛世」下，除非有強烈的危機在前，否
則很難不怠政嬉遊。國君分權於下之理論，後文論「政治制度」時將再詳論，
這裏先探討王夫之認爲國君獨攬大權展現個人才智有何禍害。他說：

> 位尊而能屈以待下，權重而能遜以容人，可以致諫矣，而固未可也。
> 所尤患者，才智有餘，而勤於幹理，於是乎懷忠欲抒者，夙夜有欲
> 諫之心，而當前以沮，遂以杜天下之忠直，而日但見人之不我若，
> 則危亡且至而不知。〔註11〕

又說：

> 國之大政，數端而已：銓選也，賦役也，刑獄也。乃其緒之委也，
> 則不勝其冗，擇得其人而飭之以法，事不廢，民不困，而權亦不移。
> 若必屈天子之尊，撤瑣纊以下問錐刀子女之淫慝，與民競智而撓之
> 者益工，與庶官爭權而竊之者益密。〔註12〕

國君「才智有餘，勤於幹理」竟然不是一件好事？這眞是匪夷所思。但是仔
細想想，王夫之的說法是有道理的。因爲世上罕有全才，每個人的思考也很
難總是周全，所以判斷不免發生錯誤。若國君自恃才智，固執己見，而自己
又是最終的決定者、裁判者，群臣雖列於御前，亦無任何的功能。但是國君
仍有其功能，否則君位有何存在之必要。王夫之認爲，國君只要嚴密注意官
員素質、國家稅收以及法律刑政的客觀性，就已足夠了。一個國君只要決定
官員、稅收者、執法者之人選，而不應涉入具體的實務操作之中，否則弊端
反而更大。

3. 國君品格

（1）無欲、自制

　　傳統中國的「君主專制」，君王之好惡貪廉，往往就決定了國勢的盛衰。
論者以爲，明之亡實亡於神宗，而神宗之致明亡者除了如明史本紀之贊所云
的「君臣否隔，門戶角立」外，神宗之貪得無厭（如：礦稅）助長貪風，也
使得「民窮財盡」，從而使治安惡化。如果說，從最高層的國君到最低層的胥
吏共同組成了一個治國團隊，毫無疑問的是——「國君」能產生最大的「良
性示範」或「惡性示範」。職是之故，國君之品格與其說是單純的個人道德問

〔註11〕　〔清〕王夫之：《讀通鑑論》（長沙：嶽麓書社出版，1996年2月），頁462。
〔註12〕　〔清〕王夫之：《讀通鑑論》（長沙：嶽麓書社出版，1996年2月），頁557。

題，勿寧說是政治問題。王夫之當然也注意到國君品格與國家治亂之間的連
繫，他說：

> 太宗謂秦王曰：「人君當淡然無欲，勿使嗜好形見於外。」殆乎知道
> 者之言也夫！……故君子之無欲，不爽於理者，無他，耳目口體止
> 於其分，不示人以殊異之情，……然則淡然無欲者，非無欲也；欲
> 止於其所欲，而不以流俗之欲為欲也。〔註13〕

又說：

> 太祖勒石，鎖置殿中，使嗣君即位，入而跪讀，其戒有三：(1)保全
> 柴氏子孫；(2)不殺士大夫；(3)不加農田之賦。……夫善治者，已
> 居厚而民勸矣，讒頑者無可逞矣；己居約而民裕矣，貪冒者不得黷
> 矣。以忠厚養前代之子孫，以寬大養士人之正氣，以節制養百姓之
> 生理，非求之彼也；捐其疑忌之私，忍其忿怒之發，戢其奢吝之情，
> 皆求之心，求之身也。……求之己者，其道恆簡；求之人者，其道
> 恆煩。煩者，政之所緣棼，刑之所緣密，而後世儒者恆挾此以為治
> 術，不亦傷乎！〔註14〕

在傳統中國，國君是權力的根源，投君之好意味著將有更多的機會獲得權力。
於是國君不得不「淡然無欲」，不讓喜怒形諸顏色，避免臣僚藉此竊權。但是
人非草木，焉能一無所好？於是王夫之僅要求君王能適度享受而不過分（「耳
目口體止於其分」），並能超拔於世俗價值之上（「不以流俗之欲為欲」）。苟能
如此，君王自不會耽於無窮的享受，或與豪富巨賈鬥富誇奇。「耳目口體止於
其分」及「不以流俗之欲為欲」，對於一般小民而言是極容易達成的，但是對
於一個家天下集權力、財富、名望於一身的國君而言，欲是不容易的。因為
這代表著能夠節制自己幾乎沒有限制的權力。君王能節制自己權力，通常國
家就易上軌道，王夫之以宋太祖的「三戒」為例：保全柴氏子孫——以忠厚
養前代之子孫；不殺士大夫——以寬大養士人之正氣；不加農田之賦——以
節制養百姓之生理。國君所起的「良性示範」，將使貪冒者、刻薄者不敢剝削
百姓，繼起之君能容忍士大夫。這些都是國君可透過自我要求並達成顯著的
政治效果的。國君自我要求高，臣下自然不敢貪贓枉法，上行下效，防弊措
施自可疏而簡。國君怠政，卻以多如牛毛之法律規章以防止臣下枉法，層層

〔註13〕〔清〕王夫之：《宋論》（長沙：嶽麓書社出版，1996年2月），頁66～68。
〔註14〕〔清〕王夫之：《宋論》（長沙：嶽麓書社出版，1996年2月），頁23～24。

防制、處處掣肘，行政效率不彰、法律又易入人於罪，但卻有人以爲治術在是，這是令人所不能認同的。

（2）猜忌、御內不嚴

人的性格之養成，先天的遺傳及後天的教養、環境都極爲重要。國君多疑猜忌的性格有可能是因爲生性本就多疑；有可能是因爲「位居九五」，害怕失去權力而多疑猜忌；也有可能是久居深宮、君臣否隔不知外廷之情況而猜忌多疑。不論屬於何種情況，國君猜忌多疑的結果必然會造成只相信朝夕相處的宦官、后妃，而不信任外廷的官員。王夫之云：

> 國無人焉則必亡，非生才之數於將亡之國獨儉也，上多猜，則忠直果斷之士不達；上多猜而忠直果斷者詘，則士相習於苶靡，雖有貞志，發焉而不成。〔註15〕

龔自珍〈己亥雜詩〉：「九州生氣恃風雷，萬馬齊瘖究可哀，我勸天公重抖擻，不拘一格降人材。」龔氏此詩反映了渴求人才以挽狂瀾的願望，但也顯示了「末世無才」的觀念。王夫之認爲，並非「末世無才」，而是亡國之君不能任才，使有才者不得出頭。國君放眼外廷無可信任之臣，且自己的意志也每每受到抑制（如：嘉靖時之大禮議、萬曆時之爭國本）而身邊之宦官、后妃卻總能及時體察自己的喜怒哀樂，此時國君之寵幸自然也隨之而轉移了。當國君晏居深宮不理朝政，朝中大臣欲與君王溝通便不得不透過宦官，國君的意志也由宦官傳達於外廷，宦官就因此而竊權了。王夫之云：

> 當其始也，大臣與宦寺猶相與爲二也，朝綱立士節未墮，則習尚猶端，而邪正不相爲借。……迨及君臣道隔，宦寺勢成，大臣之欲匡君而衛國者，且紹介之以行其志，而後宦寺益張而無所忌。楊一清因張永以誅劉瑾，楊漣且不得不左袒王安以抑魏忠賢，則忠端之大臣不能絕內援以有爲，又惡能禁小人之媚奄腐哉？〔註16〕

宦官爲皇帝之僕役，去勢之人；官員則是透過各種甄選機制，經過層層淘汰最後脫穎而出的秀異分子。所以當皇帝勤於朝政，大臣日接天顏，朝中大臣自然看不起宦官並與之保持距離，此即王夫之所云「朝綱立士節未墮，則習尚猶端，而邪正不相爲借。」的時期。不過，君臣否隔之後，君臣溝通的橋梁由宦官一肩擔起，大臣有求於宦官，大臣與宦官的氣勢、地位便易位了。

〔註15〕〔清〕王夫之：《讀通鑑論》（長沙：嶽麓書社出版，1996年2月），頁597。
〔註16〕〔清〕王夫之：《讀通鑑論》（長沙：嶽麓書社出版，1996年2月），頁274。

即便是忠正之臣尚且得交結宦官以行其道，等而下之的無行之人自然甘心做
宦官的鷹犬了。宦官、后妃、戚畹皆是制度設計中無實權的角色，卻也是與
君王最親近的角色。於是君王若勤政且尊重制度，宦官、后妃是無法干政的。
但是若君王倦勤怠政，其權力自會被宦官、后妃所竊取，賄賂鬻爵之事將層
出不窮。王夫之云：

> 夫人君誠患守令之殘民與，則亦思其殘民也何所自，而吾欲止其惡
> 也，何以大正而小不能違。夫流品不清，而紈袴貴郎、胥史駔儈得
> 以邀其墨綬；銓選不審，而篝金懷綺、姻亞請謁得以獵大邑；秉憲
> 不廉，而糾參會察施於如水之心，薦剡吹噓集於同昏之黨；皆教貪
> 獎酷之所自也。原其所本，則女謁興，宦寺張，戚畹專，佞幸進，
> 源濁於上，流污於下，其來久矣。〔註17〕

王夫之將吏治不靖的根本原因歸之於「女謁興，宦寺張，戚畹專，佞幸進」，
是極有見地的。但是筆者以為，倘若人君「患守令殘民」，「女謁興，宦寺張，
戚畹專，佞幸進」的現象是不可能產生的。因為女謁興、宦寺張都是只有在
君王不留意朝政的情形下，才可能發生。君王不留意朝政，又怎會關心遠在
天邊的人民是否被守令殘害呢？

二、論臣道

（一）君不可辱臣、臣不可妄受爵

顧炎武《日知錄‧周室班爵祿》云「為民而立之君，故班爵之意天子與
公侯伯子男一也，而非絕世之貴」〔註18〕顧亭林指出君王並非絕世之貴，王
夫之也有相同的看法，他說：

> 古之天子雖極尊也，而與公侯卿大夫士受秩於天者均。故車服禮秩
> 有所增加，而無所殊異。天子之獨備者，大裘、玉輅、八佾、宮縣
> 而已；其餘且下與大夫士同，昭其為一體也。……秦、漢以下，卿
> 士大夫車服禮秩絕於天子矣，……卿大夫士且有巍然不可扳躋之
> 等，臨其上以為天子者，其峻如天而莫之敢陵。〔註19〕

〔註17〕〔清〕王夫之：《讀通鑑論》（長沙：嶽麓書社出版，1996年2月），頁567～
568。
〔註18〕〔明〕顧炎武撰、黃汝成集釋：《日知錄集釋》（台北：世界書局，1974年7
月），卷七〈周室班爵祿〉，頁166。
〔註19〕〔清〕王夫之：《讀通鑑論》（長沙：嶽麓書社出版，1996年2月），頁314。

王夫之以古之天子及秦、漢以下之天子做對照。古之天子車服禮秩有所增加，而無所殊異，表示天子與大臣是一體的。秦、漢以後，上下等級的區別日益嚴格，天子之位高高在上，與大臣隔絕開來。君臣一體與君臣相離的時間，正好與秦始皇統一天下建立完善的君主專制政體吻合。這與天下一統之後，為臣下者選擇變少相關。大一統下的天子，無迫切的亡國危機，普天之下莫非王土，全國皆為其統轄的區域。相較之下，這一時期的臣僚已失去了「此處不留人，自有留人處」，朝為秦臣暮為楚僚的條件。君臣地位差距的拉大，自與此相關。所以王夫之云：

> 郡縣之天下，夷五等，而天子孤高於上，舉群臣而等夷之，賈生所
> 以有戮辱太迫、大臣無恥之歎焉。……身為士大夫，俄加諸膝，俄
> 墜諸淵，習於訶斥，歷於桎梏，褫衣以受隸校之凌踐，既使之隱忍
> 而幸於得生，則清議之譏，在後世而非即唾其面，詛呪之作，在窮
> 簷而不敢至乎其前，又奚不可之有哉？〔註20〕

天子孤高於上，極易產生自己是無所不知、無所不能的幻覺，認為自己遠較臣僚們聰明睿智、見深識遠。於是當天子與臣僚的意見不合時，總會認為臣僚迂腐、無知，冒犯自己的聰明見識，盛怒之下戮辱大臣便難以避免了。如果國君「尊之則為將，卑之則為虜，抗之則在青雲之上，抑之則在深淵之下，用之則為虎，不用則為鼠」（東方朔〈答客難〉）則大臣之用進廢退有何主體性可言。為了能穩住自己的地位，自然會無所不用其極地承君之好。在這種環境下，是無法挺立自己的人格而對抗君命的。雖然臣僚總是面臨國君「俄加諸膝，俄墜諸淵」及「習於訶斥，歷於桎梏」不合理的對待方式。但是王夫之仍堅持臣可殺不可辱，他說：

> 臣之於君，可貴、可賤、可生、可殺，而不可辱。刑賞者，天之所以
> 命人主也，貴賤生死，君即逆而吾順乎天。至於辱，則君自處於非
> 禮，君不可以為君；臣不知媿而順承之，臣不可以為臣也。〔註21〕

王夫之以為，國君有刑賞臣僚的權力，但是卻無侮辱臣僚的權力。君若辱臣，則失為君之道，臣不可順而承之，否則便失去為臣之道。為人臣者，不只不可以承君之辱，也不可以妄受賞爵，他說：

> 爵賞者，人君馭下之柄，而非但以馭下也，即以正位而凝命也。辭

〔註20〕　〔清〕王夫之：《讀通鑑論》（長沙：嶽麓書社出版，1996年2月），頁106。
〔註21〕　〔清〕王夫之：《讀通鑑論》（長沙：嶽麓書社出版，1996年2月），頁107。

> 受者，人臣自靖之節，而非但以自靖也，即以安上而遠咎也。故賞
> 有所不行，爵有所不受，而國家以寧。〔註22〕

爵賞雖是人君馭下之柄，但是爵賞的意義不僅止於馭下，更深層的意義在於
正位而凝命。正位，即爵賞與功勳相應；凝命，即鄭重其任命。為人臣者，
亦應慎其辭受，這除了保節操外，更能使君王感到安心而遠咎責。國君不濫
賞爵，人臣不妄受爵，國家就會安寧。不受君主之辱、不受非分之爵，境界
高則高矣，但在一個普天之下莫非王土，率土之濱莫非王臣的環境中，如何
抵抗君主之辱？這好比一個婦女處於家暴的環境中，她除了家之外無處可
去，要她抵抗家暴，可能嗎？再論「爵有所不受」：受不受爵，所要考量的遠
不止於「個人意願」。首先，拒絕國君所予之爵，其實就是違反國君之意志。
如此，能全身而退乎？其次，若國君予以厚祿高爵，而宗族之利益又賴於此
爵。拒此爵，將自絕於宗族，堅拒不受國君之爵所付出的成本將會使人三思
而行。

（二）論帝王之統與儒者之統

王夫之《讀通鑑論》有幾處談到「治統」與「道統」的問題，他說：

> 儒者之統，與帝王之統並行於天下，而互為興替。其合也，天下以
> 道而治，道以天子而明；及其衰，而帝王之統絕，儒者猶保其道以
> 孤行而無所待，以人存道，而道可不亡。……是故儒者之統，孤行
> 而無待者也；天下自無統，而儒者有統。道存乎人，而人不可多
> 得，有心者所重悲也。雖然，斯道亙天垂地而不可亡者也，勿憂
> 也。〔註23〕

《王夫之評傳》分析這一段云：至於講「治統」與「道統」的合一，歷代帝
王，哪一個不以「聖王」自居，「焚書坑儒」的秦始皇都要到處刻石宣揚儒家
禮教，更有極為敵視所謂「思想異端」的康熙皇帝公然宣稱「治統在是，道
統亦在是」。因此所謂「治統」與「道統」的合一，只能起著強化政教合一的
專制政體的作用〔註24〕。筆者非常同意「『治統』與『道統』的合一，只能起

〔註22〕〔清〕王夫之：《讀通鑑論》（長沙：嶽麓書社出版，1996 年 2 月），頁 156。
〔註23〕〔清〕王夫之：《讀通鑑論》（長沙：嶽麓書社出版，1996 年 2 月），頁 568～
569。
〔註24〕蕭萐父、許蘇民：《王夫之評傳》（南京：南京大學出版社，2002 年 4 月），頁
445。

著強化政教合一的專制政體的作用」的分析，但是仍然認爲王夫之強調的並
非「治統」與「道統」的合一。他只是說儒者之統「道統」與帝王之統「治
統」是並行於天下的，「道統」與「治統」結合，僅有在聖王身上才可能實現。
這是因爲「聖王」同時兼具了政治與哲學最完美實踐者的身分，一般帝王是
不足以與於此的。在現實社會中，絕對不可能有任何政治措施皆臻完善的可
能，故不可能有君王可號爲聖王。王夫之上述引文所要強調的恐怕是「及其
衰」之後儒者須有以保存「道統」自命的使命感吧！另一處談到「道統」、「治
統」的問題，文云：

> 天下所極重而不可竊者二：天子之位也，是謂治統；聖人之教也，
> 是謂道統。治統之亂，小人竊之，盜賊竊之，夷狄竊之，不可以永
> 世而全身；……道統之竊，沐猴而冠，教猱而升木，尸名以徼利，
> 爲夷狄盜賊之羽翼，以文致之爲聖賢，而恣爲妖妄，方且施施然謂
> 守先王之道以化成天下，而受罰於天，不旋踵而亡。嗚呼！至於竊
> 聖人之教以寵匪類，而禍亂極矣！〔註25〕

張懷承分析上述引文云：王夫之對君權極爲重視，把它當作神聖不可侵犯的
大寶。「天下所極重而不可竊者二：天子之位也，所（按：原文如此）謂治統；
聖人之教也，所（按：原文如此）謂道統。」〔註26〕筆者以爲，王夫之強調
的是：「道統」、「治統」都可能受到有心人的利用，成爲宣傳某人已膺天命之
手段。所謂小人竊之，盜賊竊之，夷狄竊之，即指此而言。由「竊聖人之教
以寵匪類」之句看來，王夫之似指「治統之竊」往往先透過「道統之竊」將
匪類（小人、盜賊、夷狄）文致爲聖賢，進而達到竊取「治統」（天子大位）
的目的。王夫之又云：

> 若夫百王不易，千聖同原者，其大綱，則明倫也，察物也；其實政，
> 則敷教也，施仁也……此則聖人之道統，非可竊者也。〔註27〕

雖然「道統」有時被人所竊、所利用，但是「聖人之道統」是無法竊取的。
自古以來聖聖相傳之道統，不外乎闡明倫理、原察事理；發諸施政，則不外
乎推行教化（包括法律、道德）及施行仁政（包括輕稅、賑災……）。也就是
說，一個能使社會安和樂利的政府，即符合「聖人之道統」，即具備政權的合

〔註25〕　〔清〕王夫之：《讀通鑑論》（長沙：嶽麓書社出版，1996年2月），頁479。
〔註26〕　張懷承：《王夫之評傳──民族自立自強之魂》（廣西：廣西教育出版社，1997
　　　　　年7月），頁56。
〔註27〕　〔清〕王夫之：《讀通鑑論》（長沙：嶽麓書社出版，1996年2月），頁480。

法性。但是敷教施仁的對象，是百姓。百姓對政權的認同與否，才是「聖人
之道統」（銘按：依上述引文，聖人道統似可理解爲政權合法性）最終的指標。
王夫之云：

> 君子以所貴於智者，自知也，知人也、知天也，至於知天而難矣。
> 然而非知天則不足以知人，非知人則不足以自知。「天聰明，自我民
> 聰明；天明威，自我民明威」；即民之聰明明威而見天之違順，則秉
> 天以治人，人之可從可違者審矣。〔註28〕

在分析上述引文前，筆者想先引一段牟宗三《中國哲學的特質》。牟宗三云：
「孔子認爲下學可以上達，那就是說：只要努力踐仁，人便可以遙契天道，
即是使自己的生命與天的生命（銘按：天命）相契接」〔註29〕「天命」極爲
抽象，必得由具體之民意來呈顯，所以王夫之以「即民之聰明明威而見天
之違順」爲說，要君子（銘按：指有官守者）重視人民之需求。但是在了解
人民需求之前又需先踐仁以知天，藉由踐仁的過程體悟理解人民之普遍需
求，此即「非知天則不足以知人」。體悟理解人民的需求，才能定位自己在
社會中當扮演何種角色、盡何種責任，此即「非知人則不足以自知」。至此，
天命、自知二者於「知人」處交集，「知人」成爲最重要的課題。王夫之尙有
「死君義或不義」的議題，因爲他以「人心之屬不屬」爲判斷的依據，與上
述引文之「知人」（理解人民之普遍需求）意同，故置於治統、道統中討論。
他說：

> 事是君而爲是君死，食焉不避其難，義之正也。然有爲其主者，非
> 天下所共奉以宜爲主者也，則一人之私也。子路死於衛輒，而不得
> 爲義，衛輒者，一時之亂人也。推此，則事割據之主不足以爲天下
> 君者，守之以死，而抗大公至正之主，許以爲義而義亂；去之以就
> 有道，而譏其不義，而義愈亂。何也？君臣者，義之正者也，然而
> 君非天下之君，一時之人心不屬焉，則義徙矣；此一人之義，不可
> 廢天下之公也。〔註30〕

王夫之認爲，就一般事理而言「食君之祿，死君之難」是天經地義的。但是

〔註28〕〔清〕王夫之：《讀通鑑論》（長沙：嶽麓書社出版，1996年2月），頁540。
〔註29〕牟宗三：《中國哲學的特質》（台北：台灣學生書局，1974年8月），頁46～
47。
〔註30〕〔清〕王夫之：《讀通鑑論》（長沙：嶽麓書社出版，1996年2月），頁535～
536。

「死君之難」的前提是，所事之君「足爲天下君」，否則縱爲君死亦不可稱義。爲不義之君抗大公至正之主，也不可稱義，離開不義之君以就有道之君，才是眞正的義。但是一般人將君臣關係固著化、私情化，即便所事之君無道，爲其抗有道之君的臣子仍被許之爲「義」，若臣子棄暗主而投明主則被議之爲不義。王夫之要表達的是——君臣以義合。即君臣是爲了因應人民需求而設的，二者的關係應放在制度面上來考量，所事之君若不具政權合法性，則不夠格居「君之位」，亦不必爲其效忠；所應效忠的對象，應是人心屬焉的明主，這才符合天下之公。王夫之將君臣關係納入制度來考量，將其公共化，極具見識。但是若處紛亂之世，到處皆爲割據之主，何者所獲的民心多些？是極難知曉的。身處於此等環境的臣僚，爲其主抗他主，是私情？是公理？恐怕是誰也說不清的。

三、政治制度

　　社會學認爲制度也有生命周期。制度的生命周期又可分爲形成階段、成熟階段、形式化階段、消亡階段。其中，形式化與消亡階段就是制度已不符社會需求，造成徒存形式最後歸於消亡。王夫之精於《易》，而《易》講變、講時，他曾說：「今之所非，前之所是；今之所是，後之所非；時移勢易，而是非然否亦相反相謝而因乎化。」〔註31〕又說：「時異而勢異，勢異而理亦異。」〔註32〕換言之，他倡導一種唯適爲尚的制度觀。

（一）唯適為尚的制度觀

　　黃宗羲《明夷待訪錄》以三代以前、三代以後做爲政治清明、窳陋之界限。顧炎武《日知錄》亦有「三代之法」、「三代以下之弊」的說法。可見顧、黃二人皆有將三代視爲政治典範的法古傾向。王夫之則無信古、崇古之情結。他說：

> 夫言治者，皆曰先王矣，而先王者、何世之先王也？孔子曰：「吾從周。」非文、武之道隆於禹、湯也。文、武之法，民所世守而安焉者也。孟子曰：「遵先王之法。」周未亡，王者未作，井田學校所宜遵者，周之舊也。官習於廷，士習於學，民習於野：善者其所鳳尚，失者其所可安，利者其尤允宜，害者其所能勝；慎求治人而政無不

〔註31〕　〔清〕王夫之：《莊子解》（長沙：嶽麓書社出版，1996 年 2 月），頁 115。
〔註32〕　〔清〕王夫之：《宋論》（長沙：嶽麓書社出版，1996 年 2 月），頁 335。

舉。孔、孟之言治者，此而已矣。〔註33〕

王夫之指出，講治道之儒者皆言「先王」，但是所謂的「先王」究竟是何世之先王？孔子之所以說「吾從周」，並不是因爲周文王、武王之治道優於禹、湯，而是因爲人民已習於周之禮、法，習俗。孟子也講「遵先王之法」，但其所遵先王之法乃周之井田、學校，及一切周之舊法。孔、孟二聖，遵周法的原因，主要是周之法律習俗固有不善處，但仍在人民所可忍受及願遵循的範圍內，所以孔、孟更著重於對治理者素質的要求。他反對法先王外，也反對「人心不古」的道德退化觀。他說：

> 魏徵之折封德彝曰「若謂古人淳樸，漸至澆僞，則至於今日，當悉化爲鬼魅矣。」偉哉其爲通論矣。……封德彝曰：「三代以還，人漸澆僞」象、鯀、共、驩……，豈秦、漢以下之民乎？……以太宗爲君，魏徵爲相，聊修仁義之文，而天下已帖然受治，施及四夷，解辮歸誠，不待堯、舜、湯、武也。……泥古過高，而菲薄方今以蔑生人之性，其說行而刑名威力之術進矣，君子奚取焉？〔註34〕

魏徵曾駁斥封德彝「古人淳樸，漸至澆僞」的論點，認爲如果這一論點成立的話，今日（唐）之人應是毫無道德可言的鬼魅了。王夫之極爲同意魏徵的看法，並以象、鯀、共、驩皆爲秦漢以前之民，作爲魏徵論點之補充。他甚至認爲，唐太宗、魏徵君臣能修仁義以綏服天下、恩及四夷，即是聖君賢相之事業，不必上言堯舜湯武等古之聖王。更爲重要的是，將堯舜湯武傳說中之聖王捧得過高，極易將現今之世視爲道德淪喪的末世，以爲非嚴刑峻法不足以矯枉過正，最後變成了法家的申韓之術。

（二）宰 相

1.宰相的人數

王夫之認爲，若宰相只有一人，則權太重、事太冗；若宰相人數太多又權責不專，議政效率低落。宰相最佳人數爲兩人，他說：

> 乃相臣以一人而代天子，則權下擅而事亦冗，而不給於治；多置相而互相委，則責不專，而同異競起以相撓；於是而隋文之立法爲得矣。左右僕射皆相也，使分判六部，以各治三官。夫然，則天子統二僕射，二僕射統六卿，六卿統庶司，仍周官分建之制，而以兩

〔註33〕〔清〕王夫之：《宋論》（長沙：嶽麓書社出版，1996 年 2 月），頁 110。
〔註34〕〔清〕王夫之：《讀通鑑論》（長沙：嶽麓書社出版，1996 年 2 月），頁 764。

省分宰相之功，殆所謂有條而不紊者乎！由小而之大，由眾而之
寡，由繁而之簡，揆之法象，亦太極生兩儀，兩儀生四象八卦，以
盡天下之至賾，而曲成乎亹亹者也。法者非必治，治者其人也；然
法之不善，雖得其人而無適守，抑未由以得理，況乎未得其人邪？
〔註35〕

隋文帝置尚書左右僕射，再由左右僕射分判六部，六部統各庶司。形成一個
天子→左右僕射→六部→庶司的階層管理。王夫之稱許這樣的階層管理為有
條不紊、以簡御繁。他並認為有周全的制度並不保證國家就能治理得很好，
因為執行制度的是人（法者非必治，治者其人也）。不過，若制度不周全，雖
有能人在位也無法適當執行制度，況且有時無法確切掌握制度之精意（然法
之不善，雖得其人而無適守，抑未由以得理），至於在位者非能人，就更不必
說了（況乎未得其人邪？）換言之，王夫之認為有周全之制度是至為重要
的。張懷承分析「法者非必治……況未得其人邪？」云：法律雖好，執非其
人，則只能成為人們行為的桎梏，將被歪曲、濫用。……有人才有法，才能
執法〔註36〕。依張懷承的說法，王夫之更強調人的重要，而非法的重要。這
種詮釋正好與王夫之所強調的法重於人相反。

2. 宰相久任

顧炎武曾主張改「知縣」為「縣令」，並讓稱職的縣令任之終身。但王夫
之以為，縣令久任猶利害相半，至於丞相則務使久任。他說：

論治者僉言久任，為州縣長吏言之耳。夫豈徒牧民者之使習而安哉！
州縣之吏去天子遠，賢不肖易以相欺；久任得人，則民安其治；久
任失人，則民之欲去之也，不能以旦夕待，而壅於上聞。故久牧民
之任，得失之數，猶相半也。至於大臣，而久任決矣。……夫爰立
作相者，非驟衡茅，初登仕版者也；抑非久歷外任、不接風采者
也。既異乎守令之遼闊而不深知，則可不可決之於早，既任之而固
可勿疑；奚待歷事已還，而始謀其進退。故善用大臣者，必使久
於任，而後國是以不迷，君心以不眩。宋自雍熙以後，為平章、為
參知、為密院、總百揆掌六師者，乍登乍降，如拙棊之置子，顛倒

〔註35〕〔清〕王夫之：《讀通鑑論》（長沙：嶽麓書社出版，1996 年 2 月），頁 700。
〔註36〕張懷承：《王夫之評傳——民族自立自強之魂》（廣西：廣西教育出版社，1997
　　　　年 7 月），頁 62。

而屢退。夷考其人，若宋琪、李昉、李穆、……，雖其間不乏僥倖
之士，而可盡所長以圖治安者，亦多有之。十餘年間，進之退之，
席不暇暖，而復搖蕩其且前且卻之心，志未伸，行未果，謀未定，
而位已離矣。則求國有定命之討謨，人有適從之法守，其可得與？
〔註37〕

顧炎武主張縣令久任的考量在於：防止胥吏竊權及增進行政效率。亦即，亭
林是以政府的立場來思考縣令久任的益處。王夫之則站在民眾的立場言州縣
長吏若久任得人，則人民安於其治；久任失人，人民將片刻難忍，故州縣長
吏久任之得失各居其半。但是丞相之位則務必久任，國家施政才能嫻熟一貫
而不致使君民迷惑。宋太宗雍熙以後之宰相，屢屢改易、任職不常，使得有
能者無以施展其才，種種設想都未落實，就被換下來了。新人上任，施政不
延續，人們將會無所適從。王夫之雖然是在評論宋朝，但是或許也有暗指崇
禎五十相的不妥吧！易相太繁太促的缺點，王夫之已詳言之，但其原因則未
論及。筆者以為，國君視宰相之位太輕、自身權力慾望及不安全感太重是屢
易宰相的根本原因。若權力慾望極強，易將宰相視為幕僚長，宰相只是自己
意志的執行者，一旦不能體察、執行己意，則宰相將不久於位；再論國君的
不安全感：王夫之《讀通鑑論》云：逆廣（楊廣）之殺高熲、賀若弼也，畏
其賢也；……非以天子而求勝於一夫也，謂賢者之可軋己以奪己，而不肖者
人望所不歸，無如己何也〔註38〕。因賢者「可軋己以奪己」而殺之，宰相有
功勳自然也難久於其位。在今日的民主國家，總統之任免取決於百姓，若總
統屢屢易相（銘按：相當於中華民國之行政院長），最可能的原因可能是總統
權力慾極強加上不尊重憲政體制所致，而非害怕總統之位被人所奪。

3. 宰相百官有權

中國的丞相制度首創於戰國之秦，至唐而大備。其間職稱屢有變易，但
是相權不斷削弱則是大致的趨勢。王夫之強調，宰相、百官一定要有實權。
他說：

宰相無權，則天下無綱，天下無綱而不亂者，未之或有。權者，天
子之大用也。而提權以為天下重輕，則唯慎於論相而進退之。相得

〔註37〕〔清〕王夫之：《宋論》（長沙：嶽麓書社出版，1996 年 2 月），頁 69～70。
〔註38〕〔清〕王夫之：《讀通鑑論》（長沙：嶽麓書社出版，1996 年 2 月），頁 724～
725。

其人，則宰相之權，即天子之權，挈大綱以振天下，易矣。宰相無
權，人才不由以進，國事不適爲主，奚用宰相哉？奉行條例，畫敕
以行，莫違其式而已。……宰相不得以治百官，百官不得以治其屬，
民之愁苦者無與伸，驕悍者無與禁，而天子方自以爲聰明徧察，細
大咸受成焉，夫天子亦惡能及此哉？……上攬權則下避權，而權歸
於宵小。天子爲宵小行喜怒，而臣民率無以自容。〔註39〕

王夫之認爲，宰相無權則天下無綱，天下無綱則亂而不治。天子最大的職責
在於賦予臣僚職權，其中又以愼擇宰相最爲重要。宰相有實權，君相合爲一
體，要改革興起是極容易的。宰相無實權，不能決定國是，不能登進人才，
充其量僅爲君王之秘書而已。總之，天子若收宰相、百官之權以歸己，則民
之苦與害皆不得除，並會造成百官不肯爲政事負責的現象。尤有甚者，當天
子自以爲聰明徧察之時，權力已歸於宵小之手。天子之權被宵小所竊之後，
臣民就無以自容了。

4. 宰相不得其人的原因

既然愼擇良相是天子的重要職權，宰相理應是一時之選，但是事實卻並
非如此。王夫之認爲，原因在於「物以類聚」，他說：

且夫宰相之非其人，有自來矣。上之所優禮而信從者，必其所喜者
也。下之詭遇而獲上之寵幸者，必上之所歆者也。上喜察察之明，
則苛煩者相矣。上喜呴呴之恩，則柔茸者相矣。上貪黷武之功，則
生事者相矣。……上逐聲色之欲，則導淫者相矣。上惑佛老之教，
則妖妄者相矣。上委國政於妃嬪，則交宮禁者相矣。〔註40〕

水流濕，火就燥，人皆喜與自己相似者共事。所以國君之喜好性情，往往也
就決定了何種人可以爲相。國君好苛察，臣僚中具苛煩性格者爲相；國君好
施恩德，則個性柔弱者爲相；國君好武功，則好戰者爲相；國君好聲色，則
導淫者爲相；國君迷信宗教，則裝神弄鬼者爲相。哪一類人可以成爲宰相，
取決於國君之愛好及性情。大抵而言，歷代各朝除了開國之君外，絕大多數
之國君皆長於深宮婦人之手，享有毫無節制的享受。在這樣的環境下，怎能
期待國君具有堅毅果斷、克制節儉的品格？若國君品格低下，又怎能期待國
君能擇良相以治國？追根究底，良相之有無在國君之良劣。王夫之，雖有虛

〔註39〕　〔清〕王夫之：《宋論》（長沙：嶽麓書社出版，1996 年 2 月），頁 122～123。
〔註40〕　〔清〕王夫之：《宋論》（長沙：嶽麓書社出版，1996 年 2 月），頁 122～123。

君之構想（國君最少程度的作爲），但仍未見任何藉選舉選擇國君的言論。國君素質無法控制，宰相的素質自然也無法穩定了。

（三）分層負責地方自治

王夫之認爲，「以天子下統乎天下，則天下亂」。天子之職責僅在於選大臣、牧帥而已，他說：

> 人君所恃以飭吏治、恤民隱者，法而已矣。法者，天子操之，持憲大臣裁之，分理之牧帥奉若而守之。牧帥聽於大臣，大臣聽於天子，綱也；天子咨之大臣，大臣任之牧帥，紀也。天子之職，唯慎選大臣而與之簡擇牧帥。既得其人而任以郡邑之治矣，則刑賞予奪一聽大臣。所訪於牧帥者，實考其淑慝功罪而決行之。於是乎民有受墨吏之荼毒者，昂首以當宁之斧鉞。……而大臣牧帥既得其人，天子又推心而任之，則墨吏之能疏脫以使民含怨者，蓋亦鮮矣。〔註41〕

人君所賴以整飭吏治、體恤民隱者，只有法律制度。法律制度是大臣裁斷國是、牧帥治理人民之據依。天子→大臣→牧帥，下層對上層負責，即是所謂的綱；牧帥→大臣→天子，上層採納、授權於下層，即是所謂的紀。天子既然已擇良臣及良牧，則刑賞一聽大臣、邑政一聽牧帥，給予充分的法律裁決權，則貪墨之胥吏就不易出現了。他又說：

> 故封建之天下，分其統於國；郡縣之天下，分其統於州。州牧刺史，統其州者也，州牧刺史統一州而一州亂，故分其統於郡。郡守，統其郡者也，郡守統一郡而一郡亂，故分其統於縣。上統之則亂，分統之則治者，非但智之不及察，才之不及理也。民至卑矣，其識知事力情僞至不齊矣。居尊者下與治之，褻而無威，則民益亢而偷；以威臨之，則民恒懼而靡所騁。故天子之令行於郡而郡亂，州牧刺史之令行於縣，郡守之令行於民，而民亂。強者玩焉，弱者震悼失守而困以死。唯縣令之卑也而近於民，可以達民之甘苦而悉其情僞。唯郡守近於令，可以察令之貪廉敏拙者而督以成功。唯州牧刺史近於守，可以察守之張弛寬猛而節其行政。故天子之令不行於郡，州牧刺史之令不行於縣，郡守之令不行於民，此之謂一統。〔註42〕

〔註41〕〔清〕王夫之：《讀通鑑論》（長沙：嶽麓書社出版，1996年2月），頁1026。

〔註42〕〔清〕王夫之：《讀通鑑論》（長沙：嶽麓書社出版，1996年2月），頁599〜600。

王夫之以爲，不論是封建制或郡縣制都要分權於下。在郡縣制的朝代中，天子分別將治權分於州、郡、縣，使各級單位皆有治權。由於轄區的人口事務極爲繁多，若不能分別授權於縣、郡、州，使各級單位僅向其上級負責，而統之於最高的單位，就會發生「智之不及察，才之不及理也」的情形。居高位者越級而向下施令，態度極難拿捏，親則民慢、威則民畏。所以與民最親者之縣令治民，與縣令最親之郡守治縣令，與郡守最親者之州牧治郡守，如此才能最有效的監督與行政。上層之命令僅及於所屬之下層，其命令下達的過程爲：天子→州→郡→縣。將上述二段引文合看，王夫之的設計頗有科層制（官僚制）的味道在內。

（四）南北互選不足以防弊

馬克斯‧韋伯認爲，官吏被禁止就任於故鄉州省，並規定三年一調的用意在於防止官吏擁有獨立的權力，以便於帝國的統一〔註43〕。王夫之則認爲，「同省之禁」絲毫沒有防弊的功能。他說：

> 夫人情亦惟其不相欺耳，苟其相欺，無往而不欺；法之密也，尤欺之所藉也。漢靈之世，以州郡相黨，制婚姻之家及兩州人士不得對相臨監，立三互之禁，選用艱難，而州郡之貪暴益無所忌。……今之爲制，非教官及倉巡驛遞不親民者，皆有同省之禁，此漢靈之遺法也。司馬溫公曰：「適足爲笑。」誠然有可笑者。名爲一省，而相去千里者多矣；名爲異省，而雞犬相聞者多矣；同省而聲不接，異省而婚姻相連，豈天限地絕，一分省而遂不相及焉，此適足爲笑者也。……而又奚必婚姻對治之相臨乎？展轉以請託，更相匿而互相報，夫豈無私語密緘之足任。……若夫捐禁而鄉郡可守，尤有利焉。自賢者而言之，南北之殊風，澤國土國之殊壤，民異利，士異教，遙相制而見爲利者或害，教以正者或偏，審土之宜以益民，視習之趨以正士，則利果利而教果教矣。自不肖言之，……居其土，與其人俱，當官則吏也，歸里則鄉曲也，刑罰科斂之加，非以其正，而鄉人可報之於數十年之後，則惴惴焉一夫勝予，不肖之情戢焉，害亦有所懲矣。〔註44〕

〔註43〕　韋伯著（Max Weber）、簡惠美譯：《中國的宗教：儒教與道教》（台北：遠流出版社，2002年，二版四刷），頁98。

〔註44〕　〔清〕王夫之：《讀通鑑論》（長沙：嶽麓書社出版，1996年2月），頁323～

法律規章之所以可行，乃奠基於人們誠實地遵守法律。若人們鑽法律漏洞，則嚴密的法律反而會產生更大的弊端，因為在人所不疑處上下其手，反而是相對安全的。他以「同省之禁」為例：不得任官於自己出身之省，用意固然良好，但是一省之中，有兩縣相去千里者；有雖分屬兩省，但兩縣緊緊相連者。這使得可能同省之中，並無任何親屬，反倒是不同的省卻是遍地親戚。由此觀之，「同省之禁」是起不了任何防弊作用的。更何況，一表三千里，攀親帶故展轉請託，同樣也能達到互相通報掩護的功能。基於上述的理由，王夫之認為：最好能夠於故鄉任縣令。於故鄉任縣令的好處有二：其一、縣令為賢者：任職於家鄉將可免去因不習風土民情而產生的錯誤政令措施，使「利果利而教果教」。其二、若縣令不肖：任職於家鄉，為縣令之時固然居於民上，但卸任歸里之後則只是一介平民，鄉人可報復於數十年之後。不肖者想到這一點，也就不敢太過囂張妄為了。「鄉郡可守」，誠然可能有上述的好處。但可能也會有幾個困難：其一、人才的多寡分布難以平均，故可能有一縣有數人具擔任縣令之資格者，也可能一縣之中數十年皆無人具擔任縣令之資格者，這個問題恐怕不易解決。其二、數十年並不算短，這麼長的時間足以使縣令將行政資源非法輸送於家族，使家族勢力大到縱使卸任也無人可奈他何的地步，任職於鄉郡是否真能防止不肖之縣令太過囂張，恐怕取決於家族勢力的大小。

（五）諫官與清議

王夫之不反對大臣可向國君進諫，但是他反對設立專門的諫官，也反對以揭人陰私作為評騭他人之憑藉。他說：

> 古者人得進諫于君，而諫無專官，不欲天下以言為尚也。……諫之有專官，自蕭梁始，而唐因之。諫有專官，則以言為職矣。以言為職，則以言為尚矣。以言為職，欲無言而不可；以言為尚，求所以言者，但可言而即言之。於是進不揆於理，退不信於心；利其所病，病其所利，賢其所不肖，不肖其所賢。〔註45〕

王夫之贊同諫無專官〔註46〕。諫無專官則大臣之進諫於君必然是確有其弊而

324。

〔註45〕 〔清〕王夫之：《宋論》（長沙：嶽麓書社出版，1996 年 2 月），頁 121。

〔註46〕 許長謨云：至於船山對諫官須專設與否，並未持定見，只強調「因時」而可。
由「古者人得進諫于君」這一段引文看來，船山無疑是贊同諫無專官的，而

不得不發。但是諫有專官就不同了，諫官既然以「言」爲職，則會有業務壓力（如長期間不舉發人，將會被懷疑尸位素餐），想不進諫都不可能了。於是捕風捉影，不加求證，隨意指摘他人。最後導致利了弊政、害了良法，推獎不肖分子、壓抑了秀異之臣。除了諫官的言論之外，其餘臣僚的「清議」〔註47〕有時也能影響官員的進退。王夫之認爲清議不應涉及官員的私領域，他說：

> 百執之得失，有司之功罪，司憲者治之矣。天子以含弘之德以臨其上，育其才而進之以所未逮。人乃以自勸於修爲，而樂效其職。而越位以持人之短長者，矯舉纖芥，摘發暮夜，以敗人之名節而使自棄，固明主之所必遠。〔註48〕

《王夫之評傳》分析上段云：這是針對「清議」的弊端而言的，因爲道學之「清議」往往抓住人的私生活大做文章，捕風捉影，意氣用事，以泛道德主義或倫理至上的觀念衡量一切，往往苛責君子而縱容小人，成事不足而敗事有餘。又云：但須指出，「清議」可以經過改造，轉化、發展而爲現代民主政治下的輿論監督機制，這是王夫之所沒有看到的〔註49〕。筆者同意《王夫之評傳》的分析，但是仍認爲有可以補充之處。「清議」轉變爲類似今日的監察院、立法院等機構，並不是難事，最難的部分在於改變泛道德主義。「泛道德主義」之所以根深柢固，在中國人的心中形成牢不可破的觀念。主要的原因在於中國人將格物、致知、誠意、正心、修身、齊家、治國、平天下，視爲一個由內往外、由個人至國家的一個不可分割的整體。如此一來，個人之私領域自然無法與國家之公領域分割，以「帷薄不修玷清議」的現象就不可能遏止。

（六）論胥吏

在前二章分析黃宗羲、顧炎武時，曾討論二人對於胥吏的看法。顧炎武

非如許氏所言。許長謨：《王船山經世思想析論》（台北：國立臺灣師範大學三民主義研究所碩士論文，1989年6月），頁73。

〔註47〕趙園以爲：清議應指其時被認爲公正的議論政治、評騭人物的言論。除了朝堂外，書院、講會之類士群集的場所，自是清議的場所，但清議不限於朝堂、書院議論，也見諸士人諸種議政文字。趙園：《明清之際士大夫研究》（北京：北京大學出版社，1999年1月），頁209。

〔註48〕〔清〕王夫之：《宋論》（長沙：嶽麓書社出版，1996年2月），頁123～124。

〔註49〕蕭萐父、許蘇民：《王夫之評傳》（南京：南京大學出版社，2002年4月），頁409。

以為，任官迴避是導致胥吏竊權的最主要原因；黃宗羲並以胥吏為官府之人，久知作弊之諸多方法所以弊病叢生。但是顧炎武黃宗羲二人，對治胥吏為奸之法為：縣令用習其風土之人（顧）及胥吏用差役代替雇役（黃）。都是以「人」（縣令、差役）為主要考量。王夫之在胥吏的問題方面，與顧、黃二人最根本的區別，在於王夫之更重視由制度面來進行改善。他說：

> 吏之能擾民者，賦稅也，獄訟也，工役也。雖衰世之政，三者之外無事焉。……則吏雖繁，而治固不棼；又何十羊九牧，橫加鞭撻之足憂哉？任之以其道也，興之以其賢也，馭之以其禮也，黜之陟之以其行也。而賦稅、獄訟、工役之屬，無冗員，無兼任，擇其人而任之以專。則吏治之清，豈猶有慮，而必芟之夷之，若芒刺在體之必不能容邪？乃若無道之世，吝於俸而裁官以擅利，舉天下之大，不能養千百有司。而金蝕於府，帛腐於笥，粟朽於窌，以多藏而厚亡。〔註50〕

王夫之認為胥吏主要是在賦稅、獄訟、工役這三個部分有剝削人民的機會。所以只要有合理的任用管道（任之以其道），以能力高下做為舉用標準（興之以其賢），並且合理對待（馭之以其禮），讓品格決定黜陟（黜之陟之以其行），則胥吏的素質可以得到控制。除此之外，應讓吏員職有專屬，負責賦稅就專責賦稅、負責獄訟就專職獄訟、負責工役就專職工役，如此吏治就可上軌道。實在沒有必要將胥吏視為牛鬼蛇神，必欲去之而後快。只有無道之世，才會吝於官俸而裁官（胥吏）以自擅其利，最後卻難逃多藏厚亡的命運。王夫之這裏雖然是在講宋朝，但是也完全適用於明朝。稍前曾論及黃宗羲、顧炎武對治胥吏為奸皆由「人」下手，王夫之不但由「人」下手（任之以其道也，興之以其賢也，馭之以其禮也，黜之陟之以其行也），同時也由制度著手改善胥吏危害人民的問題。他說：

> 夫官則有去來矣，而吏不易，以乍此乍彼之儒生，仰行止於習熟之姦吏，雖智者不能勝也。……夫姦吏亦有所畏焉，訶責非所畏也，清察非所畏也，而莫畏於法之簡。法簡而民之遵守者易見，其違之者亦易見，上之察也亦易矣。即有疏漏，可容侵罔者，亦纖微耳，不足為國民之大害也。……夫法者，本簡者也，一部之大綱，數事而已矣，一事之大綱，數條而已矣。析大綱以為細碎之科條，連章

〔註50〕　〔清〕王夫之：《宋論》（長沙：嶽麓書社出版，1996年2月），頁40。

屢牘，援彼證此，眩於目而熒於心，則吏之依附以藏慝者，萬端詭
出而不可致詰。惟簡也，劃然立不可亂之法於此，則姦與無姦，如
白黑之粲然。民易守也，官易察也，無所用其授受之密傳。〔註51〕

王夫之認爲，縣令來來去去而吏始終不變，縣令是鬥不過吏的。但是吏並非一無所畏，吏怕什麼呢？吏最害怕法律規章清楚簡單。法律規章若是清楚簡單，人民守法、違法縣令一目瞭然，要追究是極爲容易的。即便是細節仍不免疏漏，但是禍害也不會太大。法律本來就是簡單明瞭的，六部之職責本是數項而已，每項之中又再分爲幾條細則，如此而已。但是吏員們卻將規則極度複雜化並且援引法規彼此互相證明，最後變成了一門外人無法窺探的專門學問，致使他人無法監督。如果法律規章簡單明白，不但人民易於遵守，縣令也易監督，就最再不需依靠胥吏間彼此授受的密傳了。

第二節　經濟領域

　　亞當・斯密提出四個方面的改革方案，以取消妨礙資本主經自由發展的政策法令：一是通過廢除學徒規章制度與居住法，實行選擇職業的自由；二是通過廢除限嗣繼承法、長子繼承法以及限制土地自由轉移的規定，實行土地買賣自由；三是廢除地方關稅及其他一些稅收，實行國內貿易自由；四是廢除關稅、獎勵金及對商業的禁令以及政府特許的商業壟斷，實行對外貿易自由〔註52〕。亞當・斯密所倡導的「四個自由」：選擇職業的自由、土地買賣自由、國內貿易自由、對外貿易自由，幾乎都可在王夫之的著作中找到類似的觀點，而王夫之的生存年代整整比有現代經濟學之父稱號的亞當・斯密早了一百年。筆者認爲，在清初三大家中，王夫之的經濟思想及制度設計，是最具現代性的。下文分析王夫之的經濟思想及制度時將隨文印證說明王夫之有那些主張與亞當・斯密的四個自由在精神上是相契的。

一、天子大臣應知財政

　　王夫之認爲，「天子不可使知國之富也」是一個錯誤的觀念，身爲天子應該知曉國家的財政，大臣也應知道財政。他說：

〔註51〕　〔明〕王夫之：《船山全書第十冊（《讀通鑑論》)》（長沙：嶽麓書社出版，1996
　　　　年2月），頁633。
〔註52〕　馬濤：《經濟思想史教程》（上海：復旦大學出版社，2002年1月），頁129。

> 爲弼成君德之說者曰，天子不可使知國之富也，知之則侈心生，於
> 是而幸邊功、營土木、耽玩好、濫賜予之情，不可抑止。……之說
> 者，尤其大謬不然者。天子而欲宣欲以尚侈乎，豈憂財之不足而爲
> 衰止哉？……奄有九州之貢稅，即不詳知其數，計可恣一人之揮斥
> 者，雖至愚暗，不慮其無餘。……若大臣則亦昔之經生，學以應人
> 主之求者耳。乃其童之所習，長之所游，政暇公餘之所涉獵，即不
> 以宴遊聲色蕩其心，而所聞所知者，概可見矣。下者，詞章也；進
> 而上焉，議論也；又進而上焉，天人性命之旨也。既及於天下之務，
> 亦上推往古數千年興廢得失之數，而當世出納之經制，積聚之盈歉，
> 未有過而問者。……則學之不適於用，而一聽小人之妄爲意計也，
> 其能免乎？〔註53〕

又說：

> 守之（國帑）者，胥隸也；掌之者，奄宦也；腐之者，暗室也；籍
> 之者，蠹紙也；湮沉而不可問，盜竊而不可詰。嗚呼！此皆部屋小
> 民粟粟而穫之，絲絲而織之，銖銖而經營之，以效立國長久之計，
> 使獲免於夷狄盜賊之摧殘者。而君臣上下交置之若有若無之中，與
> 糞土均其委棄；智者所不能自已，抑仁者所不忍忘者也。天子大臣
> 非山椒水涘攜杖觀雲之畸士，而曰此非所宜知也。則孔子曰「足食
> 足兵」，其爲俗吏之嚆矢與？〔註54〕

王夫之認爲「天子不可使知國之富也，知之則侈心生」的論點並不能成立。
因爲身爲天子若要奢侈縱欲，根本不會考慮國家財政的狀況。更何況天子擁
有全國稅收，即便是不知道詳細帳目，也確信必然能夠供給自己揮霍享受而
不虞匱乏。所以天子根本不會因爲國家之財政狀況而改變節制其奢侈享受的
欲望。非但天子應知曉財政，大臣也應知國家的財政。然而由於大臣自幼所
習的不外乎是詞章、議論及語錄等天人性命之著作，即便是關心「經世致用」
的儒者，關心範圍也是往古數千年以來的興廢得失規律而不及於當代之財政
細目。在這樣的情形下，財政措施任憑胥吏宦官定奪也變得不可避免了。於
是，今日掌管國家財政的是宦官、是胥吏，究竟被他們侵吞、盜竊多少數額？
是不可問，不可詰的（因不知，故無從問、無從詰）。執政者忽略了：國家的

〔註53〕 〔清〕王夫之：《宋論》（長沙：嶽麓書社出版，1996年2月），頁180～181。
〔註54〕 〔清〕王夫之：《宋論》（長沙：嶽麓書社出版，1996年2月），頁182。

所有稅收都是小民辛辛苦苦或耕或織或商的血汗成果，納稅以做爲國家軍事、警備之需，但君臣上下卻以最輕忽的態度去對待它，這種態度無法令人接受。天子大臣是負有經國之重責者，而非遊山玩水之隱士，卻以國家之財政狀況非自己所宜關心。若此說可通，孔子關心國家之軍事財政（在古代食即財），豈非只是一個俗吏？若連聖人都關心國家財政，才德遠不及聖人的國君大臣們，又有何理由忽略國家財政之重要性？

二、人民擁有土地私有權

洛克《政府論（下篇）》云：「上帝既將世界給予人類共有，亦給予他們以理性，讓他們爲了生活和便利的最大好處而加以利用。土地和其中的一切，都是給人們用來維持他們生存和舒適生活的。土地上所有自然生產的果實和它所養活的獸類，既是自然自發地生產的，就都歸人類所共有，而沒有人對於這種處在自然狀態中的東西原來就具有排斥其餘人類的私人所有權。」〔註55〕洛克於上述文字中強調，上帝將世界及理性給予了人類，所以土地及土地上的獸類都是人類所共有，任何人都沒有私人所有權。王夫之亦云：

> 王者能臣天下之人，不能擅天下之土。……若夫土，則天地固有矣。
> 王者代興代廢，而山川原隰不改其舊；其生百穀卉木金石以養人，
> 王者亦待養焉，無所待於王者也，而王者固不得而擅之。故井田之
> 法，私家八而公一，君與卿大夫士共食之，而君不敢私。唯役民以
> 助耕，而民所治之地，君弗得而侵焉。民之力，上所得而用，民之
> 田，非上所得而有也。〔註56〕

王夫之（1619～1692）與洛克（1632～1704）的主要活動年代皆爲十七世紀，他們兩個人並沒有見過面，但是他們對「土地」的看法，卻是驚人的相似。只要去除洛克「上帝」等宗教因素，幾乎可以用洛克「上帝既將世界給予人類共有……排斥其餘人類的私人所有權」來詮釋王夫之「王者能臣天下之人……而王者固不得而擅之」而不必額外說明。蕭萐父、許蘇民《王夫之評傳》分析「王者能臣天下之人，不能擅天下之土」這一段時，指出：王夫之在這裏確實接近了近代式的「私有財產神聖不可侵犯」的自然法，而私有財產的保障，確能激發每一個人的追求財富的衝動，促進社會經濟的發展；

〔註55〕〔英〕洛克著；葉啓芳、瞿菊農譯：《政府論（下篇）》（北京：商務印書館，1964年2月），頁17。
〔註56〕〔清〕王夫之：《讀通鑑論》（長沙：嶽麓書社出版，1996年2月），頁511。

同時，私有財產的擁有和法律保障，又是個人自由和近代式的政治民主的必要前提。王夫之不可能意識到這一點，但是他的價值取向卻趨近於這一點〔註57〕。筆者極為認同《王夫之評傳》的分析，同時也認為「土地私有觀念」是王夫之極重視的概念，因為在《噩夢》中亦有相近的論述。他說：

> 天下受治於王者，故王者臣天下之人而效職焉。若土，則非王者之所得私也。天地之間，有土而人生其上，因資以養焉。有其力者治其地，故改姓受命而民自有其恆疇，不待王者之授之。唯人非王者不治，則宜以其力養君子。〔註58〕

洛克認為，（人類）在自然狀態中，缺少一種確定的、眾所周知的法律，做為共同接受的裁量紛爭之尺度、裁判者及執行者。因此人們建立了國家、政府並置身於其下，其最終的目的乃在於更好地保護自己、自由及財產〔註59〕。國家既以保護人民的人身安全、自由及財產為目的，要達到這些目的則有賴於源自人民稅收。王夫之上述引文指出，由於人民需要國家與政府所以需納相當之稅役來供養政府人員（人非王者不治，則宜以其力養君子），君王代表國家同時也擁有最大的政治權力，受託治理國家。至於土地，早存於國家政治制度之前，有其力者治其地，乃天地間的自然法則，君王不可染指其間。洛克《政府論（下）》有一段話頗可與王夫之「有其力者治其地」呼應，文云：

> 這種開墾任何一塊土地而把它據為己有的行為，也並不會損及任何旁人的利益，因為還剩有足夠的同樣好的土地，比尚未取得土地的人所能利用的還要多。所以，事實上並不因為一個人圈用土地而使剩給別人的土地有所減少。這是因為，一個人只要留下足供別人利用的土地，就如同毫無所取一樣。〔註60〕

上述引文是洛克在〈論財產〉所說的。在稍前於此段引文，有另一段文字或可補充，文云：「他的身體所從事的勞動和他雙手所進行的工作，我們可以

〔註57〕 蕭萐父、許蘇民：《王夫之評傳》（南京：南京大學出版社，2002年4月），頁488。
〔註58〕 〔清〕王夫之：《噩夢》）（長沙：嶽麓書社出版，1996年2月），頁551。
〔註59〕 〔英〕洛克著；葉啟芳、瞿菊農譯：《政府論（下篇）》（北京：商務印書館，1964年2月），頁77～80。
〔註60〕 〔英〕洛克著；葉啟芳、瞿菊農譯：《政府論（下篇）》（北京：商務印書館，1964年2月），頁21。

說，是正當屬於他的」〔註 61〕結合洛克這兩段話，我們不難得出這樣的一個結論，在自然狀態的社會中憑著自己雙手勞動開墾的土地，將其據爲己有是天經地義的。但是我們也不可忽略，在一個人口繁多、人地比惡化的國度，要人人有田可耕幾乎是不可能的。此時政府的任務不是奪民地以均田，而是應設法增加土地的單位產量、進口米、麥等糧食穀物，並獎勵商業以吸收過剩的農業人口。

三、稅　　法

（一）百分之十的稅率過高

　　黃宗羲於《明夷待訪錄・田制一》〔註 62〕指出，三代雖然十而稅一，但是因爲土地國有，所以人民的實際負擔並不會比漢朝十五稅一或者三十稅一來得高。後世腐儒不察，以爲百分之十的稅率是古今通則，而不知公田（三代）、私田（漢代）之別。黃宗羲以三代之公田與後世之私田做爲切入點，說明三代十一而稅並非重賦。王夫之則認爲，三代表面上雖是十一之賦，但事實上卻是二十而取一。他說：

> 什一之賦，三代之制也。……然而有上地、中地、下地之差，有一易、再易、萊田之等。則名什一，而折衷其率，亦二十而取一也。……是古取一圻而用豐，今取九州而用儉，其視三代之輕費，百不一得也。什一而征，將以厚藏而導人主之宣欲乎？不然，亦奚用此厚斂爲也！〔註 63〕

在分析上述引文之前，先引二段《周禮》，以便參照。《周禮・地官・遂人》：「辨其野之土：上地、中地、下地以頒田里。上地：夫一廛，田百畮，萊五十畮，餘夫亦如之；中地，夫一廛，田百畮，萊百畮，餘夫亦如之；下地，夫一廛，田百畮，萊二百畮，餘夫亦如之。」〔註 64〕《周禮・地官・大司徒》：凡造都鄙，制其地域而封溝之，以其室數制之。不易之地家百畮，一易

〔註61〕　〔英〕洛克著：葉啓芳、瞿菊農譯：《政府論（下篇）》（北京：商務印書館，1964 年 2 月），頁 18。

〔註62〕　〔清〕黃宗羲：《明夷待訪錄》，沈善洪、吳光編：《黃宗羲全集》（杭州：浙江古籍出版社，2005 年），〈田制一〉，頁 23。

〔註63〕　〔清〕王夫之：《讀通鑑論》（長沙：嶽麓書社出版，1996 年 2 月），頁 113～114。

〔註64〕　〔漢〕鄭玄注、〔唐〕賈公彥疏：《周禮注疏》（台北：藝文印書館，1993 年 9 月，十三經注疏本），卷十五，頁 15（總 233）。

之地家二百畝,再易之地家三百畝。……鄭司農云(鄭眾):不易之地歲種之地美故家百畮(畮為古畝字);一易之地,休一歲乃復種,地薄故家二百畮;再易之地,休二歲乃復種,故家三百畮〔註65〕。依《周禮》之設計:土地可以分為上中下三等。上等土地是地力最好的,所以一個男子可以分到一間居所、百畝田及休耕之地五十畝(鄭注云:萊謂休不耕者);中地地力普通,所以一個男子可以分到一間居所、百畝田及休耕之地百畝;下地地力最差,一個男子可以分配到一間居所,百畝田及二百畝休耕地。若是筆者解讀無誤,上地、中地、下地儘管有名目之差別,但是其平均的年產出應是相當的,換言之,賦稅相當。再看《周禮・地官・大司徒》,不易之地百畝,一易之地兩百畝,再易之地三百畝的設計。雖然表面上有百畝、兩百畝及三百畝的差別,但是實際上每年投入生產的土地都是百畝。據上文對《周禮・地官・遂人》、《周禮・地官・大司徒》的分析,我們可以說:不論上地、中地或下地,也不論不易、一易與再易,每人田地的產出都相當,故所負擔的稅賦也應相當。所以若上地、不易之地賦十一之稅,其他等第的土地也是相等的稅,因為已藉由變通方法使產出與上地、不易之地相同了。並不會有王夫之所云因「上地、中地、下地之差,有一易、再易、萊田之等」就變成二十而稅一了。儘管筆者認為王夫之「二十而稅一」可能是誤解了《周禮》,但是他的用意卻是不容抹煞。他認為三代之時,地未盡闢,取 10% 已能滿足國家之用度;今日地已盡闢,普天之下皆是王土,卻仍嫌稅賦不足以供給國家之需求,這是不合理的。如果今日仍要征 10% 的稅,唯一的理由就是,厚斂以供人主的奢欲。王夫之以今日若以 10% 做為稅賦標準是仍嫌不足是不合理的,但真的是如此嗎?沒有錯,今日所能課的田土稅賦遠遠超過三代,但是相對的由於人口規模、戰爭模式不同,所須付出的代價也不同。舉例來說:在三代,在一百平方公里內,一個 7.4 級的地震,可能倒了一百個房子,死了三千個人;但是在今日(明清之際)同樣規模的地震,一百平方公里內,可能倒了十萬個房子,死了三百萬人。今日花費在救災、撫恤的成本,完全是三代所無法比擬的。同樣的,三代的戰爭武器不外乎弓矛等耗費不多的傳統武器;今日(以王夫之所處的明清之際為準)則大炮、槍枝皆所費不貲,製造一個大炮所花費的金錢,恐怕就多於三代製造所有兵器的總額了。所以,今

〔註65〕 〔漢〕鄭玄注、〔唐〕賈公彥疏:《周禮注疏》(台北:藝文印書館,1993 年 9 月,十三經注疏本),卷十,頁 16(總 156)。

日 10% 仍嫌不足，並不全然是君王奢侈的緣故。王夫之所以會認為十一而征，是為了滿足國君的奢欲，可能是百姓活得太苦了，所以才將矛頭指向國君吧！

（二）兩稅法為非法之法

黃宗羲於《明夷待訪錄·田制三》提到歷代的稅賦有「積累莫返之害」。他說：

> 何謂積累莫返之害？三代之貢、助、徹，止稅田土而已。魏晉有戶調之名，有田者出租賦，有戶者出布帛，田之外復有戶矣。唐初立租、庸、調之法，有田則有租，有戶則有調，有身則有庸；租出穀，庸出絹，調出繒纊布麻，戶之外復有丁矣。楊炎變為兩稅，人無丁中，以貧富為差，雖租、庸、調之名渾然不見，其實併庸、調而入於租也。相沿至宋，未嘗減庸、調於租內，而復斂丁身錢米。後世安之，謂兩稅，租也；丁身，庸、調也；豈知其為重出之賦乎？使庸、調之名不去，何至是耶！故楊炎之利於一時者少，而害於後世者大矣。〔註66〕

三代之貢、助、徹，止稅田土；魏晉有戶調之名，於田稅之外復有戶稅；至於唐初，有租庸調法，田有租、戶有調、身有庸，租與調承自魏晉，但又多了一個「庸」。楊炎兩稅法，雖不見租庸調之名，但是事實上卻是併庸調於租之中。相沿至宋，宋朝不曾由租中減去原屬庸調之稅額，又增加了丁身錢米，以丁身錢米即庸調。究其實，庸調部分的稅額等於重覆征收了，即變相加稅。若不將庸稅併入租中，就應該不會發生宋代復斂丁身錢米的情事了。所以楊炎創兩稅法，利於一時害於後世。王夫之對於兩稅法的論點與黃宗羲極為類似，他說：

> 兩稅之法，乃取暫時法外之法，收入於法之中。於是而權以應迫者，皆以為經。當其時，吏不能日進猾胥豪民而蹤指之，猾胥豪民不能日取下戶樸民而苛責之，膏血耗而夢寢粗安，故民亦甚便也。非時非法之箕斂併於上，而操全數以待用，官亦甚利也。乃業已為定制矣，則兵息事已，國用以清，而已成之規不可復改。人但知兩稅之為正供，而不復知租、庸、調之中自餘經費，而此為法外之征矣。

〔註66〕〔清〕黃宗羲：《明夷待訪錄》；沈善洪、吳光編：《黃宗羲全集》（杭州：浙江古籍出版社，2005 年），〈田制三〉，頁 26～27。

既有盈餘，又止以供暴君之侈，汙吏之貪，更不能留以待非常之用。
他日者，變故興，國用迫，則又曰：「此兩稅者正供也，非以應非常
之需者也」，而橫征又起矣。……至成化（1465～1487）中，而朱都
御史英者，又爲一條鞭法，於夏秋稅糧之外，取濫派之雜徭，編於
正供，箕斂益精，而漏卮愈潰。迫乎兵興用棘，則就條鞭之中，裁
減以輸京邊，而地方之經費不給，又取之民，而莫能禁。〔註67〕

王夫之以爲，兩稅法是爲了應付戰亂時期，使官民皆安的一種權宜之法。及
戰禍已息，兩稅法已成爲人民熟悉接受的稅制，人民將兩稅法視爲正供，而
不知兩稅已含有原租庸調之應付兵、災之費在內。及他日或戰爭或天災人禍，
國用不足，則又以兩稅只是維持國家平日之需，有變故時仍需加征稅賦以應
變。至成化中葉，御史朱英又創一條鞭法（銘按：《明史·朱英傳》〔註68〕云：
抵任（廣東右參議），撫凋瘵流亡。立均徭法，十歲一更，民稱便。全傳未有
「條鞭」「一條鞭」等字樣）。以中央研究院漢籍電子文獻查《明史》，凡出現
「一條鞭法」「條鞭法」者，時代無早於嘉靖者，可見正式有「一條鞭法」的
稱謂應是嘉靖以後之事。嘉靖、隆慶時期，一條鞭法僅於個別地方實施，普
遍施行一條鞭法，已是萬曆以後的事了。但是不可否認的是，任何一個制度
都有其萌芽形成的過程。日本學者栗林宣夫認爲，景泰（1450～1457）年間
的歲辦法，已有一條鞭的意味〔註69〕。栗林宣夫所認定實施一條鞭的時間，
比一般人所認爲的「嘉靖後期」（嘉靖：1522～1566）早了近一個世紀。但是
據王夫之認爲，朱英「取濫派之雜徭，編於正供」其實就是一條鞭法。若王
夫之所據之資料正確，栗林宣夫所宣稱的景泰年間即有一條鞭法的可能性將
大增。這也代表將「一條鞭法」視爲嘉隆萬時期才形成的看法，時間點定的

〔註67〕 〔清〕王夫之：《讀通鑑論》（長沙：嶽麓書社出版，1996 年 2 月），頁 898～
899。

〔註68〕 〔清〕張廷玉：《明史》（北京：中華書局，1997 年 11 月，二十四史縮印本），
卷一七八，頁 4740（總 1229）。

〔註69〕 樊樹志云：他列舉以下史實爲證：成化十五年（1479 年），南畿巡撫王恕評定
均徭冊，丁銀由丁、地共派，即均徭中的銀差統稱爲丁銀。此外，景泰年間
江西的歲辦法；天順年間浙江海鹽縣的甲首錢；成化、弘治之廣東的均平銀；
正德末年福建的八分法，都是丁、地（糧）共派、通縣均派、輸銀貯官的方
式。他認爲，這些都是把里甲各種負擔統一起來，合群目爲一綱的方式，已
帶有一條鞭的意味。栗林宣夫：〈關於一條鞭法的形成〉載《清水博士追悼紀
念·明代史論叢》（東京：大安出版社，1962 年）。轉引自樊樹志：《晚明史（上
卷）》（上海：復旦大學出版社，2003 年 10 月），頁 296。

晚了些。暫且拋下一條鞭法形成的時間不管，王夫之強調的是：中央政府每每於兵興用匱之際，將原應存留地方之銀兩，解送京城、邊地，致使地方政府又再向人民徵稅，使得民窮財盡。王夫之以為兩稅法、一條鞭法讓人民不知道所納之稅賦已包含了急難準備金，故而對朝廷的額外之征視為合理。但是若真維持租庸調法，人民以實物納稅，不論是穀物或布帛，皆為易腐之物，運輸及儲藏的成本皆極為高昂。設若連年五穀豐登，京師如何貯存來自四方的穀物布帛？又假設，豐欠不常，地方豐年時之穀已輸京師，而歲荒之年顆粒無收？所存之穀僅支數日，他方之援又遠水難救近火，將如之何？縱使京師足以貯存四方之穀物、布帛，三年五年之後，穀腐布朽，國庫空虛將如何應付隨時發生的戰爭或天災？這些都是再待商榷的。更何況，人民縱然知道兩稅法、一條鞭法已包含了急難準備金，若朝廷仍於天災、戰禍之際向全民加稅，能拒納乎？在政權、治權，軍隊、警力大部分都集中於中央的情況下，我想人民沒有任何的選擇。

（三）折錢有利於民

　　前文曾分別論述黃宗羲、顧炎武對納銀或納本色之觀點。顧黃二人對於明末白銀不敷流通的現象，有志一同地主張納本色，以銅代銀。但是王夫之對於納本色有了更深一層的考量。他說：

> 自米粟外，民所輸者，本色折色奚便？國之利不宜計也，而必計利民。利民者，非一切之所可據為典要，唯其時而已。唐之初制，租出穀，庸出絹，調出繒、纊、布，其後兩稅法行，繒、纊、布改令納錢。陸敬輿上言：「所徵非所業，所業非所徵，請令乃輸本色。」執常理以言之，宜無以易也；揣事理以言之，則有未允者焉。絹、繒、纊、布之精粗至不齊矣，不求其精，則民俗之偷也，且以行濫之物輸官，而吏以包容受賕，既損國計、導民姦；而取有用之絲枲，為速散之絹布，滅裂物產，於民亦病矣。如必求其精且良與？而精粗者，無定之數也，墨吏、猾胥操權以苛責為索賄之媒，民困不可言矣。錢則緡足而無可挾之辭矣，以絹、布、綿、縷而易錢，愚氓雖受欺於姦賈，而無恐喝之威，則其受抑者無幾，雖勞而無大損也，此折錢之一便也。〔註70〕

〔註70〕　〔清〕王夫之：《讀通鑑論》（長沙：嶽麓書社出版，1996 年 2 月），頁 939。

王夫之不同意陸贄（字敬輿）「所徵非所業，所業非所徵，請令乃輸本色。」的論點。徵民之所業，以常理而言是再合理不過了，但是絹、繒、纊、布之精粗如何評定？若苟且馬虎，等於鼓勵人民以劣等充上等，行賄職司品管之胥吏。即使沒有作弊行賄之情事，斂民間有用之絲枲以製成易損之絹布，也等於浪費民間的勞力物資。若力求精良，精與粗是很主觀的認定，吏胥可以藉此以上下其手，人民反而受害更深。最好是納錢，將絹、布、綿、縷賣給商人來換錢，雖然可能會受姦商所欺，換得較少的錢。但是所蒙受的損失仍遠低於墨吏、猾胥的剝削。筆者以爲，王夫之對於「本色」的疑慮或許得自「宦官內府諸庫監收」的啓示吧！《明史·食貨三》云：

> 凡爲倉庫害者，莫如中官。內府諸庫監收者，橫索無厭。正德時，
> 台州衛指揮陳良納軍器，稽留八載，至乞食於市。內府收糧，增耗
> 嘗以數倍爲率，其患如此。〔註71〕

台州衛指揮陳良納軍器，乃是屢行公務，宦官竟敢以不饜其索而將其稽留八年。官員所受之待遇尚且如此不堪，小民面對胥吏之橫索想必更慘於此。

四、土地兼併與自耕

（一）土地兼併

戴晉新觀察歷代的土地兼併，他得出這樣的結論：大致而言，王朝初建之時，都是大亂之後，人口銳減，土地相對增加，這時不容易出現嚴重的兼併問題。反之，政治安定、經濟繁榮的太平盛世，往往也就是土地兼併轉趨激烈之際，這與人口增加，當然有密切關係〔註72〕。《中國經濟制度史論》也指出，這時期（明末）由於人口迅速上昇，無田產而有勞動力的人口增加。其中增加最快的是佃農與傭工（原注：各種形式的傭雇）〔註73〕。將戴晉新〈有土有財——土地分配與經營〉與趙岡、陳鍾毅《中國經濟制度史論》合在一起看，我們可以合理的推論：人口增加將導致土地變得更爲珍貴，土地的價格也將大大提高。如此一來，每戶所能購買的起的土地面積將小到無法

〔註71〕〔清〕張廷玉：《明史》（北京：中華書局，1997 年 11 月，二十四史縮印本），卷七十九，頁 1928。

〔註72〕戴晉新：〈有土有財——土地分配與經營〉，《中國文化新論（經濟篇）——民生的開拓》（台北：聯經出版公司，1982 年 10 月），頁 156。

〔註73〕趙岡、陳鍾毅：《中國經濟制度史論》（台北：聯經出版公司，1986 年 3 月），頁 350～351。

以單一田地維持生活所需。這種田地零星分散的現象使得自耕或僱工耕種都
處於不利的地位。自耕農或是一家所僱的農業勞工要經常奔跑於許多不毗
連，散處很遠，而每塊面積每小的田坵之間，浪費大量體力〔註 74〕。我們可
以假設一個情況：有一個地區在該區內的自耕農都僅擁有小塊的田地。有一
年，這個地區發生了了水災，導致農產歉收，但朝廷的歲收額度並未因此減
少，這一種情況使得該地區的自耕農普遍面臨了納不出稅的窘境。此時有一
個富商趁著農民納不出稅而官府又頻頻催科的絕佳時機，大量收購了農民為
了納稅而賣出的農地，如此便完成了大量的土地兼併〔註 75〕。就商人而言，
他收購了毗連的農地以成一塊較具經濟規模的農地，有益於獲利率；就農民
而言，自己雖擁有許多塊不毗連農地，但盡心費力卻無法維持，賣掉幾塊以
度過難關，並無任何可惜之處。換言之，商人的居心或可議，但是卻是農商
兩益。我們可以這麼說，如果是由於人口過多致使人均耕作田地過小，而導
致財力雄厚者併購諸多毗連田地成一較大面積之土地，這是基於提高生產力
而自然發生的市場調節。這一種兼併，對於大地主及小農都有好處，屬於較
合理的兼併，也是無法遏止的自然趨勢（因為符合所有人的利益）。若是藉由
不公的法律規定，以進行兼併，這種兼併將會引起人民不滿，是不合理的兼
併。王夫之留意的是這一類的兼併。他說：

> 兼并者，非豪民之能鉗束貧民而彊奪之也。賦重而無等，役煩而無
> 藝，有司之威，不可嚮邇，吏胥之姦，不可致詰。於是均一賦也，
> 豪民輸之而輕，弱民輸之而重；均一役也，豪民應之而易，弱民應
> 之而難〔註 76〕。於是豪民無所畏於多有田，而利有餘；弱民苦於僅

〔註 74〕 趙岡、陳鍾毅：《中國經濟制度史論》（台北：聯經出版公司，1986 年 3 月），
頁 201。

〔註 75〕 抑商重農的政策與理論，最大的影響是在商人的心理方面。商人在社會上得
不到應該得到的尊重與鼓勵，產生了心理上的不平衡。因此在務商之餘，往
往在其他方面另謀補償。中國商人取得心理補償的一個主要方式是以在商業
累積得的資金回鄉購置田地──恢復或兼領務農者的身分。有的人從分散風
險的觀點出發，「以末致富，以本守之」。趙岡、陳鍾毅：《中國經濟制度史論》
（台北：聯經出版公司，1986 年 3 月），頁 552～553。

〔註 76〕 隆慶初，戶部尚書葛守禮言：「因田制賦，按籍編差，國有常經。今不論籍之
上下，惟計田之多寡，故民皆棄田以避役。……夫工匠庸力自給，以無田而
免差；富商大賈，操貲無算，亦以無田而免差。至襏襫胼胝，終歲勤動者，
乃更受其困，此所謂舛也。」（〔明〕余繼登：《皇明典故紀聞》卷十八），工
匠、商賈皆免差，足見差役不均。況且富商大賈縱使有田也擅各種方法隱匿

> 有之田，而害不能去。有司之鞭笞，吏胥之挫辱，迫於焚溺，自樂
> 輸其田於豪民，而若代為之受病；雖有經界，不能域之也。……誠
> 使減賦而輕之，節役而逸之，禁長吏之淫刑，懲猾胥里蠹之恫喝，
> 則貧富代謝之不常，而無苦於有田之民，則兼并者無可乘以恣其無
> 厭之欲，人可有田，而田自均矣。〔註77〕

又說：

> 限也者，均也；均也者，公也。天子無大公之德以立於上，獨滅裂
> 小民而使之公，是仁義中正為帝王桎梏天下之具，而躬行藏恕為迂
> 遠之過計矣。況乎賦役繁，有司酷，里胥橫，後世愿樸之農民，得
> 田如重禍之加乎身，則強豪之十取其五而奴耕者，農民且甘心焉。
> 所謂「上失其道，民散久矣」者也。輕其役，薄其賦，懲有司之貪，
> 寬司農之考，民不畏有田，而強豪無挾以相并，則不待限而兼并自
> 有所止。若窳惰之民，有田而不能自業，以歸於力之有餘者，則斯
> 人之自取，雖聖人亦無如之何也。〔註78〕

王夫之明白指出，兼併現象的產生並非源於豪民的強奪，而是由於賦役制度
不良「賦重而無等」、「役煩而無藝」，及賦役執行者苛剝「有司之威，不可嚮
邇」、「吏胥之姦，不可致詰」的緣故。也因此，同樣的賦、稅「豪民」負擔
就輕，弱民負擔就重，於是豪民樂於多有其田，弱民苦於僅有之田。基於「追
求最大利益」的原則，弱民樂於將其僅有之土投獻給豪民以解除壓在身上的
賦役；豪民則可以得到免費的土地及人力，何樂而不為〔註79〕？王夫之以為，

逃避。（徐俊民言）夫民田之價十倍官田，貧民既不能置。而官田糧重，每病
取盈，益以坍江、事故虛糧，又令攤納，追呼敲扑，歲無寧日。而奸富猾胥
方且詭寄、那移，并輕分重。此小民疾苦，閭閻凋瘁，所以日益而日增也。〔清〕
張廷玉：《明史》（北京：中華書局，1997年11月，二十四史縮印本），卷七
十八〈食貨二〉，頁1900。

〔註77〕 〔清〕王夫之：《宋論》（長沙：嶽麓書社出版，1996年2月），頁277。
〔註78〕 〔清〕王夫之：《讀通鑑論》（長沙：嶽麓書社出版，1996年2月），頁194。
〔註79〕 田賦和力役似乎只有農民才有，加上丁稅，農民每年的淨所得將不足以支付
租稅，在這種情形下，擁有小塊的土地不但不是財，反而是一種債，農民只
要將土地獻給大戶，以消失產業的方法來逃避租稅。大戶吸收田產，隱匿人
口，只負擔田賦，卻得到土地和勞力，可說有利無弊，何樂不為？歷史上常
見的蔭戶浮客，就是這樣產生的。戴晉新：〈有土有財——土地分配與經營〉，
收錄於劉石吉主編：《中國文化新論（經濟篇——民生的開拓）》（台北：聯經
出版公司，1982年10月），頁158。

這類的兼併是可以解決的。只要減賦、節役，並禁長吏之淫刑、猾胥之恫喝，人民將不會以有田爲苦，兼并、奴耕（佃耕）的現象自然會受到過止。此時土地的大小就會與勞力的付出相當，窳惰之民之田產被勤有力者收購，這是聖王在世也無法改變的自然法則。

（二）自耕與佃耕

傳統的中國社會是一個農業社會，農業人口常居總人口的八成至九成之間。農業人口之所以會占這樣高的比例，主要的受限於農業技術及人口。中國的人口至宋代以後，人地比急遽惡化，這可由精耕細作及農具發展停滯看出來。由於人口已經太多，非精耕細作、引進新種作物（如占城稻）不足以養活眾多的人口；同時也由於人口眾多，已無爲節省人力而研發新農具的必要。在一個人口眾多而糧食基本自給自足的帝國，「重農」的主張除了有照顧占總人口最多的農人階級的用意，更有著穩定國家的考量。王夫之云：

> 以治民之制言之，民之生也，莫重於粟；故勸相其民以務本而遂其生者，莫重於農。……而惟度民以收租，而不度其田。一戶之租若干，一口之租若干，有餘力而耕地廣、有餘勤而獲粟多者，無所取盈；窳廢而棄地者，無所蠲減；民乃益珍其土而競於農。〔註80〕

王夫之提出了一個頗富新意的辦法來獎勵農業生產。這個辦法是這樣的：他要政府改變以田地大小決定「租」多寡的辦法，改以人爲單位。每戶、每人收租若干，勤而力多者，即可耕得較大之田、收穫較多之穀，租不增；懶而栽培無法者，租不減。如此一來勤奮者可以獲取比「以地爲租」更高的利潤；慵懶者則將付出更高的代價（田無獲，租依舊）。一獎一懲之間，將使人更努力從事農業而不敢懈怠。追求最大利益是人性，所以王夫之這個辦法應是極其有效的。但是若王夫之這一個辦法得以普遍施行，必然會造成每個人的耕作面積都趨近於人力所能及的極限。如一個人的耕作能力是十畝地，全國的農業人口是六千萬人，那麼國家必得有六億畝地以供耕作。但稍前已論及中國自宋朝以後，每人可分得的面積已明顯低於能力範圍所能耕作的面積。這樣一來，王夫之的獎勵辦法必然要面臨：(1)大家都盡力農業，但有人無土可耕；(2)人人有土可耕，但都小於自己能力所能及的大小。王夫之獎勵耕作的辦法尚有區別自種及佃耕，並採用不同的稅率。他說：

處三代之下，欲抑強豪富賈也難，而限田又不可猝行，則莫若分別自種與佃耕，而差等以爲賦役之制。人所自占爲自耕者，有力不得過三百畝，審其子姓丁夫之數，以爲自耕之實，過是者皆佃耕之科。輕自耕自賦，而佃耕者倍之，以互相損益，而協於什一之數。水旱則盡蠲自耕之稅，而佃耕者非極荒不得輕減。若其果能躬親勤力，分任丁壯，多墾厚收，饒有贏餘，乃聽輸粟入邊，拜爵免罪。而富商大賈居金錢以斂粟，及強豪濫占、佃耕厚斂多畜者不得與。〔註81〕

易曼暉：〈論王船山的財政思想〉分析上述引文時云：田賦按收益的 10% 計征，即等於「什一之稅」。其中自耕課稅從輕，稅率爲收益的 6.67%，佃耕較自耕加倍，稅率爲收益的 13.33%〔註82〕。由於王夫之的設計是「協於什一之數」，所以只有當自耕及佃耕的土地相當時，稅率才能如易氏所云的 6.67% 及 13.33%。一旦自耕者增加，佃耕的負擔將會加重（稅率必爲自耕兩倍以上），否則國家總體稅收將會大幅度短縮。最後可能的演變是：(1)自耕者增加，佃耕者減少，最後佃農無以生存（銘按：稅率高，地主可將其轉嫁給佃耕者，最後佃耕者必無以自存）。(2)自耕農逐步增加，稅率卻不減反增。假設自耕與佃耕之比例爲一比一，則稅率分別是 6.67% 及 13.33%；最後全爲自耕農，自耕農之稅率反而由 6.67% 升自 10%。這會不會引發抗爭？實不無疑問？(3)若要維持總體稅率在 10%，又要使佃耕之稅率爲自耕之兩倍，這有賴於確實的土地管理制度（要根據民間的土地交易情況，及時更新爲「自耕」、「佃耕」）。傳統君主專制政府，是否能承擔此一任務，實在令人懷疑？最後可能的情形是，地主仍將廣大的土地租給人佃耕，但卻令佃農冒爲自耕農，再賄賂胥吏以瞞縣官。總而言之，王船山這一設計若付諸實踐，必然會面臨執行之困難。

五、貨　幣

（一）反對白銀貨幣

黃宗羲、顧炎武都主張廢銀用銅。不同的是梨洲認爲若講行鈔之法則銅

〔註81〕〔清〕王夫之：《讀通鑑論》（長沙：嶽麓書社出版，1996 年 2 月），頁 111～112。

〔註82〕易曼暉：〈論王船山的財政思想〉，《王船山學術討論集（下）》（北京：中華書局，1965 年 8 月），頁 379。

鈔可並行；亭林則以爲鈔有「昏爛出入，倒換之弊」所以不順於人情（不易被接受）。王夫之對貨幣的態度與顧炎武較爲接近。顧、黃二人鑑於明末白銀短缺，都主張實物與貨幣（銅幣）納稅。王夫之則云：

> 古之稅於民者，米粟也，布縷也。天子之畿，相距止於五百里；莫大諸侯，無三百里之疆域；則粟米雖重，而輸之也不勞。古之爲市者，民用有涯，則所易者簡；田宅有制，不容兼并，則所齎以易著輕。故粟米、布帛、械器相通有無，而授受亦易。至於後世，民用日繁，商賈奔利於數千里之外；而四海一王，輸於國，餉於邊者，亦數千里而遙；轉輓之勞，無能勝也。而且粟米耗於升龠，布帛裂於寸尺，作僞者湮淫以敗可食之稻麥，靡薄以費可衣之絲枲。故民之所趨，國之所制，以金以錢爲百物之母而權其子。事雖異古，而聖王復起，不能易矣。乃其所以可爲百物之母者，固有實也。金、銀、銅、鉛者，產於山，而山不盡有；成於煉，而煉無固獲；造於鑄，而鑄非獨力之所能成、薄貲之所能作者也。其得之也難，而用之也不敝；輸之也輕，而藏之也不腐。蓋是數物者，非寶也，而有可寶之道焉。故天下利用之，王者弗能違也。唯然，而可以經久行遠者，亦止此而已矣。〔註83〕

王夫之認爲，古代以實物如：米粟、布縷爲稅，有其可行的時空背景。古代由於天子、諸侯各自爲國，人民輸送實物爲稅，不論是時間或運輸成本上都不高。但是後世四海一王，輸於國，餉於邊皆數千里之遙，人民承受不起時間及運輸的成本。再者，實物在運輸的過程當中極易腐敗損害，也易發生索賄現象。基於上述理由，政府民間才會接受「金錢」來納稅，這是時勢所趨，即便是聖王復起也不能改變這一種趨向。更何況，金屬貨幣有量少、耐用不腐、易攜帶等特點，所以天下人才會以之作爲價值衡量的標準。王夫之雖然認同金屬貨幣，但是並不是每一種金屬貨幣他都認同的。他就反對以「銀」做爲貨幣。他說：

> 采之自上，而禁下之采，則上積其盈，以籠致耕夫紅女之絲粟，而財亟聚於上，民日貧餒而不自知。既已殫民之畜積矣。且大利之孔，未可以刑法禁塞之也。嚴禁民采，則刑殺日繁，而終不可戢。若不

〔註83〕　〔清〕王夫之：《讀通鑑論》（長沙：嶽麓書社出版，1996年2月），頁111～112。

禁而任民之自采乎？則貪惰之民，皆舍其穡事，以徼幸於詭獲，而田之汙萊也積；……自銀之用流行於天下，役粟帛而操錢之重輕也，天下之害不可訖也。錢較粟帛而齎之輕矣，藏之約矣，銀較錢而更輕更約矣；吏之貪墨者，暮夜之投，歸裝之載，珠寶非易致之物，則銀其最便也。不然，汎舟驅車，銜尾載道，雖不恤廉隅者不敢也。民之爲盜也，不能負石粟、持百縑，即以錢而力盡於十緡矣，穴而入，篋而肱者，其利薄，其刑重，非至亡賴者不爲，銀則十餘人而可挾萬金以去。近自成化以來，大河南北單騎一矢劫商旅者，俄而獲千緡之值。是銀之流行，汙吏箕斂、大盜晝攫之尤利也，爲毒於天下，豈不烈哉！無已，杜塞其采鍊之源，而聽其暗耗，廣冶鑄以漸奪其權，而租稅之入，以本色爲主，遠不能致而後參之以錢，行之百年，使銀日匱而賤均鉛錫，將耕桑廣殖，墨吏有所止而盜賊可以戢，尚有瘳乎！〔註84〕

許長謨分析「采之自上，而禁下之采……而田之汙萊也積」〔註85〕云：政府開采易形成物價日賤，民漸貧餒，且盜採不易戢止。若委由人民，又易形成投機心與富者益富之社會不公平現象，確有其難，不過大體上船山並不反對金銀之用。許氏之分析，於「盜採不易戢止」前大抵無誤，但「若不禁而任民之自采」並不是委由人民開採，而是任由人民開採；「貪惰之民，皆舍其穡事，以徼幸於詭獲，而田之汙萊也積」也不在強調富者益富而是強調因貪廢農之後果。致於其「大體上船山並不反對金銀之用」的結論，實在無法由引文推論出來，由引文只能得出采之自上、自下都不利社會的結論。除了開採銀礦不利社會這個因素之外，使用白銀做爲貨幣亦有其弊：首先，官員貪污更方便隱密。其次，盜賊之獲利更豐，作奸犯科的動機更強。王夫之的對治之法爲：從源頭上杜塞采鍊，使銀源日漸枯竭；再配合廣鑄銅錢以逐漸奪取白銀在流通市場的主導地位。至於政府租稅之收入仍以米麥等本色爲主，若荒遠邊鄙無法運輸米麥則代之以銅錢。如此行之百年，使銀日匱而價賤（銘按：恐怕反而會使銀價值更高），人民盡力於農桑，而貪官大盜因無利可圖而減少。

〔註84〕 〔清〕王夫之：《讀通鑑論》（長沙：嶽麓書社出版，1996年2月），頁769～770。

〔註85〕 許長謨：《王船山經世思想析論》（台北：國立臺灣師範大學三民主義研究所碩士論文，1989年6月），頁107。

（二）紙鈔不宜為貨幣

　　紙幣的發行是奠基在人民的信心之上的。一個國家所發行的紙幣若能適時回收舊鈔並讓人民以舊鈔兌換新鈔而不必蒙受損失，且能依該國的實際情況發行適量的紙幣，則人民便比較容易相信政府而使用、接受紙幣，否則紙幣就不易通行。明朝取法宋元，於立朝之初即發行紙幣，但整體而言明朝的紙幣發行流通的狀況並不理想。紙幣流通情形不良的原因固然多端，但是發行過多及換鈔時人時蒙受部分損失可能是最主要的原因。以下先據《明史》來了解明代紙鈔的形制、流通情形。《明史‧食貨五》云：

> 七年，帝（明太祖）乃設寶鈔提舉司。明年始詔中書省造大明寶鈔，命民間通行。以桑穰為料，其制方，高一尺，廣六寸，質青色，外為龍文花欄。橫題其額曰「大明通行寶鈔」。其內上兩旁，復為篆文八字，曰「大明寶鈔，天下通行」。中圖錢貫，十串為一貫。其下云：「中書省奏準印造大明寶鈔與銅錢通行使用，偽造者斬，告捕者賞銀二十五兩，仍給犯人財產」若五百文則畫錢文為五串，餘如其制而遞減之。其等凡六：曰一貫，曰五百文、四百文、三百文、二百文、一百文。每鈔一貫，準錢千文，銀一兩；四貫準黃金一兩。禁民間不得以金銀物貨交易，違者罪之；以金銀易鈔者聽。〔註86〕

筆者自 http://hk.chiculture.net/0901/html/c21/0901c21.html 網址下取了一幅大明通行寶鈔的圖片，以與《明史‧食貨五》參照，其圖如右：

　　明初設計紙鈔共有六種面額，分別是一貫、五百文、四百文、三百文、二百文及一百文。至於明朝何以鈔法不行？由《明史‧食貨五》亦可覓其端倪，文云：

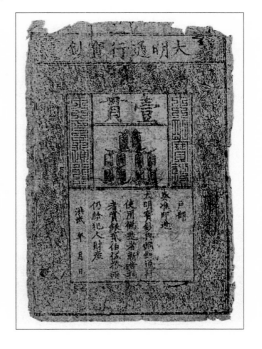

〔註86〕〔清〕張廷玉：《明史》（北京：中華書局，1997 年 11 月，二十四史縮印本），卷八十一〈食貨五〉，頁 1962。

> 都御史陳瑛（明成祖時）言：「比歲鈔法不通，皆緣朝廷出鈔太多，
> 收斂無法，以致物重鈔輕。」〔註87〕

所謂的「出鈔太多」，即是發行太濫致使鈔額貶值。洪武二十六年時，兩浙、
江西、閩、廣之民有以錢百六十文折鈔一貫者（法定是以千文折鈔一貫）。換
句話說，紙鈔發行短短二十年間，一貫之鈔在民間的價值只剩原先法定的
16%。明仁宗監國時曾詢問夏原吉何以紙鈔不能流通於民間，以下是夏原吉
之答：

> 仁宗監國，令犯笞杖者輸鈔。及即位，以鈔不行詢（夏）原吉。（夏）
> 原吉言：「鈔多則輕，少則重。民間鈔不行，緣散多斂少，宜爲法斂
> 之。請市肆門攤諸稅，度量輕重，加其課程。鈔入官，官取昏軟者
> 悉燬之。自今官鈔宜少出，民間得鈔難，則自然重矣。」〔註88〕

鈔多則輕，會造成上述洪武二十六年的情形，即：通貨膨脹。「官取昏軟者悉
燬之」則不但可確保人民不會因紙鈔品質不佳而蒙受損失，且同時也控制了
紙鈔的數量不至太濫。夏原吉的建議，應是有助於紙鈔的流通。王夫之是反
對紙鈔流通的，他所持的理由如下：

> 交子之制，何爲也哉？有楮有墨，皆可造矣，造之皆可成矣：用之
> 數，則速裂矣；藏之久，則改制矣。以方尺之紙，被以錢布之名，
> 輕重唯其所命而無等則，官以之愚商，商以之愚民，交相愚於無實
> 之虛名，而導天下以作僞。終宋之世迄於胡元，延及洪、永之初，
> 籠百物以府利於上，或廢或興，或兌或改，千金之貲，一旦而均於
> 糞土。……故宣德以來，不復能行於天下。〔註89〕

「有楮有墨，皆可造矣，造之皆可成矣」應是指紙幣防僞的機制不佳，任何
人只要具備製作紙鈔的原料紙、墨，仿其樣式不難製成眞僞難辦的僞鈔。古
代受限於科技，無法如今日之紙鈔有「水印」、「隱藏字」、「凹版印紋」、「窗
式光影變化安全線」、「條狀光影變化箔膜」、「變色油墨」等技術以防僞，故
僞鈔問題並不好解決。除了僞鈔的棘手問題之外，鈔紙的質料不夠耐用及頻
頻改制換鈔都可能使民眾無端蒙受損失，從而使接受度及信心降低。王夫

〔註87〕〔清〕張廷玉：《明史》（北京：中華書局，1997 年 11 月，二十四史縮印本），
　　　　卷八十一〈食貨五〉，頁 1963。
〔註88〕〔清〕張廷玉：《明史》（北京：中華書局，1997 年 11 月，二十四史縮印本），
　　　　卷八十一〈食貨五〉，頁 1964。
〔註89〕〔清〕王夫之：《宋論》（長沙：嶽麓書社出版，1996 年 2 月），頁 112。

之甚至嚴厲控訴紙鈔是「官以之愚商，商以之愚民」的工具，所以自明朝宣德以後就無法再流通於天下了。許長謨分析「交子之制，何爲也哉？」云：或有人以現代紙幣通行之例來批評船山之保守，這是不適切的，當時根本無所謂「象徵貨幣」（foken coins）的概念，因此紙幣的發行注定走上失敗的命運〔註90〕。筆者並不同意許氏所言，蓋宋、元兩代已通行紙鈔，這兩代紙鈔所用之紙並非以金、銀等貴金屬造就，換言之紙鈔面額之價值遠高於實際之價值，若非當時已有象徵貨幣的概念，紙鈔是不可通行的。明初承宋元而發行紙鈔，歷史是延續的不可能宋元已有象徵貨幣之概念至明朝卻突然沒有了。所以許氏「當時根本無所謂「象徵貨幣」（foken coins）的概念」之說有待商榷。更何況黃宗羲曾云：

> 有明寶鈔庫，不過倒收舊鈔，凡稱提之法，俱置不講，何怪乎其終不行也。毅宗言利之臣，不詳其行壞之始末，徒見尺楮張紙，居然可當金銀。但講造之之法，不講行之之法。官本無錢，民何以信？故其時言可行者，猶見彈而求炙也。然誠使停積錢緡，五年爲界，斂舊鈔而焚之，官民使用。在關即以之抵商稅，在場即以之易鹽引，亦何患其不行？且誠廢金銀，則穀帛錢緡不便行遠，而囊括尺寸之鈔，隨時可以變易，在仕宦商賈，又不得不行。〔註91〕

試問「官本無錢，民何以信？」是否爲「象徵貨幣」的概念？當然是。由黃宗羲「官本無錢，民何以信？」可以推論出「官有錢，民信之」。官有錢，即政府有一定數量的準備金；民信之，人民知道手中之紙鈔有政府之準備金爲後盾，自然對手中之紙鈔有了信心。換言之，人民是有「象徵貨幣」的概念的。行鈔之法不善，如：破損之鈔換新鈔、改制之後舊鈔換新鈔等措施不善。人民不願承受損失，才是鈔法不行最主要的原因。

（三）以銅錢爲主要貨幣

王夫之認爲金屬能成爲衡量百物的標準是有原因的，「乃其所以可爲百物之母者，固有實也」。什麼原因呢？金屬具有：(1)稀有性；(2)耐久性；(3)易攜性這三個特點。由於金屬貨幣具有上述的三個特點，所以人們接受它成

〔註90〕 許長謨：《王船山經世思想析論》（台北：國立臺灣師範大學三民主義研究所碩士論文，1989年6月），頁108。
〔註91〕 〔清〕黃宗羲：《明夷待訪錄》；沈善洪、吳光編：《黃宗羲全集》（杭州：浙江古籍出版社，2005年），〈財計二〉，頁39～40。

爲衡量價值的標準。金屬之中以金、銀、銅最爲中國人所熟知，但是金、銀過於貴重，不便於衡量價值較低的物品。金、銀既然不便於民間日用之需如買米、買菜等小額支付，所以以價值較低的金屬如「銅」做爲貨幣，無疑是更適合的。王夫之云：

> 銅者，天地之產繁有，而人習賤之者也；自人制之範以爲錢，遂與金玉珠寶爭貴，而制粟帛材蔬之生死；然且不精不重，則何弗速散壞而天下之所輕。其唯重以精乎！則天物不替而人功不偷，猶可以久其利於天下。故長國家者，知天人輕重之故，而勿務一時詭得之獲。一錢之費，以八九之物力人功成之，利亦未有既也。即使一錢之費如一錢焉，而無用之銅化爲有用，通計初終，而多其貨於人間，以饒益生民而利國，國之利亦溥矣。一錢之費用十之八九，則盜鑄無利而止。錢一出於上，而財聽命於上之發斂，與萬物互相通以出入，而有國者終享其利。〔註92〕

王夫之指出，銅的產量極多，因而不受人們重視。但是自從人們將銅爲製作成銅錢以後，它的身價就不同了，不但可與金玉珠寶爭貴，同時也決定了粟帛材蔬之命運。銅錢固然在日常生活中居於極其重要的角色，但是由於銅錢的品質粗劣易毀，所以無法在流通市場上獲得應有的重視。政府在製作銅錢之際，應力求「重以精」讓一錢之工本費約相當於銅幣面額的九成，甚而工本費與面額相等亦可。這樣一來，盜鑄者無利可圖自然盜鑄的現象就會遏止，國家才能享有長遠之利。由於明朝政府在發行銅錢時，所用的銅料與幣值不能相當，所以僞幣無法遏止。何以言之？若鑄幣銅料之價值高於銅幣的面額，人民熔幣將有利可圖，必然會有人製造僞幣圖利；若鑄幣銅料成分過低，則銅幣易毀而致使人民遭受損失，如此一來，民間所製之僞幣反而更受歡迎。除了上述工本與面額價值相當的製幣策略之外，王夫之又要政府利用賑濟災民的機會將流通民間的僞幣收於中央而銷毀之。他說：

> 散粟於民，而取其值，疑不足以爲仁之惠；君與民市，疑不足以爲義之宜；以粟易錢而銷毀之，徒取值於民而無實於上，疑其病國而使貧；一旦爲之，不可測而可駭，庸主具臣聞言而縮舌，固其所必然矣。以實求之，夫豈然哉？取值不有，而散十萬之粟於待食之人，不費之惠也；下積惡錢，將隨敝壞，上有餘粟，將成紅朽，而兩易

〔註92〕〔清〕王夫之：《讀通鑑論》（長沙：嶽麓書社出版，1996年2月），頁102。

之，制事之宜也。……惡錢之公行於天下，姦民與國爭利，而國恆不勝，惡錢充斥，則官鑄不行；人情趨輕而厭重，國錢之不能勝私鑄久矣。惡錢散積於人間，無所消歸，而欲人決棄之也，雖日刑人而不可止；發粟以收惡錢者，使人不喪其利而樂出之也。銷毀雖多未盡，而民見上捐十萬粟之值付之一炬，則知終歸泯滅而不肯藏，不數年間，不待棄捐而自不知其何往矣。〔註93〕

王夫之要政府打破「散粟於民，而取其值」是不仁、不義、不智的迷思。因為就實際而言，讓民間以偽錢來交換十萬之粟，是政府民間兩蒙其利的好措施。人民雖擁有偽錢、惡錢，但是極易毀壞。同樣的，政府倉庫中所儲藏的粟米也即將腐朽。民納劣幣、偽幣，不但獲得了糧食，同時也幫助政府控制貨幣的數量、品質；政府發放倉庫之米，不但解決了飢荒，同時也免於浪費糧食。所以「散粟於民，而取其值」是充滿智慧的仁義之舉。王夫之並且認為，官鑄之錢往往競爭不過民間私鑄之錢，若不將民間私鑄之錢收歸政府而銷毀之，要人民放棄已受到廣泛承認的民間私鑄之錢，等於剝奪人民的財產，雖嚴刑峻法也必然成效不彰。發粟而收惡錢，人民並未損失什麼，所以人民是會願意以惡錢易粟的。政府將所收之惡錢付之一炬，等於已經向人民宣示打擊惡錢偽幣之決心，人民對偽幣的信心認同受此打擊，在交易的過程中自然不願再擁有偽幣惡錢，偽幣惡錢不待政府之禁自然也就會消聲匿跡了。

六、行　鹽

顧炎武《日知錄・行鹽》以唐朝劉晏「於出鹽之鄉置鹽官，收鹽戶所煮之鹽，轉鬻於商人，任其所之」最後使「江淮鹽利，由四十萬緡，增加到六百萬緡」的成功案例，主張「就場定稅額，課稅後即不干預」的政策以行鹽。王夫之對行鹽的看法和顧炎武幾無二致。文云：

行鹽之有地界，商人之姦利，而有國者聽之。同此天下之人，食此天下之人，何畛域乎！通行，則商人不得持有無以增一時騰涌之價。……無地界，則鹽價恆平，商之利亦有恆，而狡者愿者不至贏獲之懸絕。且如河東池鹽，因晴雨而盈詘。其詘也，則食河東鹽之地界，其淡食者多矣；其盈也，又不能通貿之他方，又視為贅餘，

〔註93〕　〔清〕王夫之：《讀通鑑論》（長沙：嶽麓書社出版，1996年2月），頁835。

　　置之不足收；此兩病也。〔註94〕

王夫之以為，劃分區域以行鹽，只對商人有好處。皆為同一國度之人，何必劃分區域以行鹽？若不分畛域，商人就不得以區內鹽少為藉口而抬高價格，人民免受其欺。不分畛域，非但人民可以得利，商人亦可得利，何以言之？鹽若可自由流通，鹽之來源更為穩定，價格也更平穩，商人的獲利也更恆定。不會因為有無特權而獲利懸殊。以河東之鹽（解池之鹽，今山西運城）為例：河東之池鹽，因乾雨季節不同，鹽的供應量就有「盈絀」，亦即民眾在某些季節無鹽可食用，某些季節鹽又過多。對照山西省的春季氣候多變、夏季高溫而多雨、秋季天氣溫和及冬季長且冷而乾的氣候特色及《天工開物・作鹹・池鹽》：（解池池鹽）凡引水種鹽，春間即為之，久則水成赤色。待夏秋之交，南風大起，則一宵結成，名曰顆鹽，即古志所謂大鹽也〔註95〕。可得知，秋冬鹽的供給應較充足（晴而盈）春夏供應較短缺（雨而絀）。最好的辦法是，官於產鹽之地，收鹽而後賣給商人，其後便任憑商人處置。他說：

　　官於出鹽之鄉，收積以鬻於商，而商之姦不售矣。統此食鹽之地，統此歲辦之鹽，期於官無留鹽，商無守支，民無缺乏、踊貴而止耳。官總而計之，自竈丁牢盆薪芻糧值之外，計所得若干，足以裕國用而止耳。一入商人之舟車，其之東之西，或貴或賤，可勿問也。而姦商乃脅官以限地界，則姦商可以唯意低昂，居盈待乏，而過索於民。民苦其貴，而破界以市於他境，官抑受商之餌，為之禁制，徵繯日橐於廷，掠奪日喧於野，民乃激而走鋌，於是結旅操兵，相抗相殺，而盜賊以起。〔註96〕

王夫之認為，政府可於產鹽之地收鹽，再將鹽賣給商人，則商人就無法壟斷獨占。政府承辦鹽政的最高宗旨在於：政府所收之鹽能全賣給商人，但又不致高估鹽產使商人領不到足量的鹽，且同時人民也可享有平價之食鹽。但是要達到這樣的目標，必先對產鹽的工資、器具等必要支出精確計算。將營業收入扣除工資器具等必要的支出，所得到的淨收入足以裕國用就夠了。許長

〔註94〕〔清〕王夫之：《噩夢》（長沙：嶽麓書社出版，1996年2月），頁562。
〔註95〕〔明〕宋應星著、潘吉星譯注：《天工開物》（台北：台灣古籍出版社，2004年4月），頁65。
〔註96〕〔清〕王夫之：《讀通鑑論》（長沙：嶽麓書社出版，1996年2月），頁901～902。

謨將「官總而計之」詮譯爲「政府有一定的規劃」〔註97〕當然可通，但是筆者以爲若詮釋爲「總計收入支出諸細項」與「自竈丁牢盆薪芻糧値之外，計所得若干，足以裕國用而止耳」在文意上更契合。一旦政府將鹽賣給商人之後，就不應干涉商人要將鹽販往何地、鹽價如何。但政府不此之圖，卻同意奸商限地販鹽，最後導致鹽源壟斷、鹽價任由商人制定。人民爲了食鹽於是犯界市鹽，最後甚至武裝販賣私鹽，對治安形成重大威脅。

七、尊重市場機制

在論述「行鹽」時，曾以《讀通鑑論》來說明王夫之對行鹽的態度。在筆者所引的《讀通鑑論》中，有一句話是「一入商人之舟車，其之東之西，或貴或賤，可勿問也。」所謂的「一入商人之舟車，其之東之西，或貴或賤，可勿問也。」其實就隱約有尊重市場機制的意味在內。鹽既已課稅販賣給商人，商人自會依市場需求決定價格，達到銷售者與消費者兩蒙其利的目的。同時由於商人皆可向政府買鹽販售，販鹽處在一個自由競爭的狀態，所以商人所提供的鹽價也必然是合理的。不過雖然可由「行鹽」推出王夫之有尊重市場機制的看法，但是王夫之在「尊重市場機制」表達的最清楚、最強烈的，是政府不應干涉民間之「糴米」、「糶米」。他說：

> 乃當其貴，不能使賤，上禁之弗貴，而積粟者閉糶，則愈騰其貴；
> 當其賤，不能使貴，上禁之勿賤，而懷金者不售，則愈益其賤；故
> 上之禁之，不如其勿禁也。無已，賤則官糴買之，而貴官糶賣之，
> 此「常平」之法也。〔註98〕

穀物的收成量較少，市場之穀價較高時，若政府以行政命令禁止穀價上漲，則積粟之商人不願意賣出穀物，進而使流通市面的穀物更少，反倒造成穀物價格飆漲；當穀物收成量較多，穀價下跌，政府以行政命令禁止穀價下跌，這使得商人不願意買進，最後穀價反而下跌得更嚴重。市場自有調節機制，政府最好不要干預市場機制〔註99〕。但是穀物之貴賤畢竟涉及社會下層階級

〔註97〕　許長謨：《王船山經世思想析論》（台北：國立臺灣師範大學三民主義研究所碩士論文，1989 年 6 月），頁 103。

〔註98〕　〔清〕王夫之：《船山全書第十冊（《讀通鑑論》）》（長沙：嶽麓書社出版，1996年 2 月），頁 608～609。

〔註99〕　亞當‧斯密云：如果政府爲要救濟糧食不足所造成的困苦，命令一切商人，以他們認爲合理的價格售賣他們的穀物，其結果或是他們不把穀物提供市場，以致在季節之初，即產生飢饉，或是（原注：在他們以穀物提供市場的

的存亡，在政府不干涉市場機制的前提下，政府可在穀價賤時，向農民收購穀物，在穀價貴時則賣所收之穀給人民，以起穩定物價及社會救助的功能。政府干預市場無濟於事，非但在古代如此，時至今日仍如此。《中時電子報》有一則新聞，內容如下：

> 預期缺糧心理導致米價飆漲，對此稻米進口國菲律賓已下令官員徹查是否有人趁機囤貨。其他稻米出口國也不敢掉以輕心。在越南，河內政府昨天下令減少四分之一出口量，希望平抑國內稻米價格。在印度，除了最高檔的稻米，其他等級稻米一律禁止出口。在柬埔寨，除了政府機構，其他單位一律不准輸出稻米。亞洲國家之所以如此緊張，就怕高價引起民怨，進而暴動。華府智庫「國際糧食政策研究所」資深研究員米諾特說：「暴動之說絕非空穴來風，最大受害者是都會的低下階層，這些人住得集中，所以比農民更易動員。」拜網路之賜，窮鄉僻壤的農民也能掌握國際米價，買家是否出價合理，他們心知肚明。出口國的貿易商預期米價還會再漲，所以不急著和買家簽約。一方不賣，一方買不到，導致米市交易幾乎陷入停擺。〔註100〕

菲律賓、越南、印度、柬埔寨，或擔心有人囤積稻米、或限制稻米出口，主要原因就是怕因米價太高而引起暴動。王夫之「賤則官糴買之，而貴官糴賣之」的辦法，除了社會救助的積極目的外，恐怕也有防止暴動的考量在內。再看「出口國的貿易商預期米價還會再漲（銘按：需求大於供給），所以不急著和買家簽約」這一句話。這一句話代表著若市場的米價還有上揚的空間，則商人不會急於銷售稻米（銘按：因相信賣得慢些獲利更大，所以就不與買家簽約以固定銷量及銷價）。若將《中時電子報》的報導與王夫之所云：「乃當其貴，不能使賤（銘按：需求大於供給），上禁之弗貴，而積粟者閉糴（銘按：商人不會急於銷售稻米，因相信這是民生必需品且需求大，最後必然會回歸供需面），則愈騰其貴（銘按：流通市面之稻米減少，所以更貴）」對照，

假設下）使人民能夠迅速消費，因而鼓勵人民迅速消費，以致在季節之末，必然產生飢饉。無限制無指束的穀物貿易自由，既是防止飢饉痛苦的唯一有效方法，所以亦是減輕糧食不足痛苦的最好方法。〔英〕亞當·斯密：《國民財富的性質和原因的研究（下卷）》（北京：商務印書館，1974 年 6 月），頁97～98。

〔註100〕《中國電子報》，2008 年 3 月 30 日。

都可以由經濟學中的「供需原理」找到答案。亞當‧斯密《國民財富的性質和原因的研究（下卷）》曾提出一種看法，他認為穀物商人的利益乍視之與人民的利益衝突，但是實際上卻是一致的。他的說法如下：

> 内地商人（穀物商人）的利益，無論乍看起來是怎樣與人民大眾的利益相反，但實際上，甚至在大荒年，卻是完全一致的。他的利益在於，按照真實歉收情況，把穀物價格提高到應有的程度，但若提高到超過這個限度，那就對他不利。價格的提高，阻礙消費，使一切人，尤其是下等階級人民或多或少地節省食糧。假若提得太高，那就會在很大程度上阻礙消費，以致一季節供應超過一季節消費，直到下季收穫物已經上市，上次收穫物還有剩餘，那麼他的穀物，不僅會由於自然的原因而損失很大部分，而且其剩餘部分，將不得不比數月前低廉得多的價格出售。但若提得不夠高，那就不能產生阻礙消費的作用，結果一季節的供給，很可能不夠一季節的消費，而他不僅會損失他一部分應得的利潤，而且將使人民在一季節完畢之前，面臨飢饉的可怕威脅，而不是遭受缺乏的困難。為人民的利益計，他們每天、每星期、每月的消費，應盡可能與一季節的供給，保持相應的比例。為内地商人（穀物商人）計，也要這樣。他盡判斷能力所及，按這比例，供給人民穀物，他售賣穀物的價格就可能最高，所得利潤亦可能最大。〔註101〕

亞當‧斯密認為，（荒年時）商人會依穀物的欠收情況而抬高穀價至合理的水準。我們不必怕商人將穀價定得太高，因為一旦穀價太高就會阻礙消費（不利人民），最後穀物會賣不完而跌價，這是不利於商人的。相反的，在缺糧時期若商人將穀價定得太低，商人的利潤減少（不利商人），人民也會過度消費而導致飢荒（不利人民）。由此看來，合理的穀價是同時利於商人與人民的。商人和人民的利益的會合處在於：商人精算穀物的總量，按比例供應給人民穀物，他的穀物售價可以最高（合理價格），所得利潤也最大。人民衡量一季的供給，按比例消費每天、每週、每月的糧食，使一季的供給和一季的消費相等，這才能度過缺糧的危機。上述亞當‧斯密的看法或許可以當作王夫之「故上之禁之，不如其勿禁也」的最佳註腳。

〔註101〕〔英〕亞當‧斯密：《國民財富的性質和原因的研究（下卷）》（北京：商務印書館，1974 年 6 月），頁 94～95。

八、國際貿易

王夫之有一種極其自信寬闊的襟懷來看待兩個敵對國之間的貿易問題。他說：

> 據地以拒敵，畫疆以自守，閉米粟絲枲布帛鹽茶於境不令外鬻者，自困之術也，而抑有害機伏焉。夫可以出市於人者，必其餘於己者也。此之有餘，則彼固有所不足矣；而彼抑有其餘，又此之所不足也。天下交相灌輸而後生人之用全，立國之備裕。金錢者，尤百貨之母，國之貧富所司也。物滯於內，則金錢拒於外，國用不贍，而耕桑織紝採山煮海之成勞，委積於無用，民日以貧；民貧而賦稅不給，盜賊內起，雖有有餘者，不適於用，其困也必也。〔註102〕

王夫之認爲，「天下交相灌輸而後生人之用全，立國之備裕」，即國與國之間要互通有無才成國裕用全。他極力反對「據地以拒敵，畫疆以自守，閉米粟絲枲布帛鹽茶於境不令外鬻者」的鎖國政策，指出鎖國政策是自困之術。因爲「可以出市於人者，必其餘於己者也」也就是說，販往他國之商品必是國內有餘而彼國不足的物資，同樣的彼國輸入的物資也必然是該國過剩而我國不足的商品。兩國互通貿易是同時有利於兩國的。鎖國政策等於使人民過剩的生產白白浪費掉，人民因而日益貧窮、治安也因而日益敗壞，對國家是毫無益處的。亞當‧斯密也說：

> 如果外國能以比我們自己製造還便宜的商品供應我們，我們最好就用我們有利地使用自己的產業生產出來的物品的一部分向他們購買。……要是把勞動用來生產那些購買比自己製造還便宜的商品，那一定不是用得最爲有利。勞動像這樣地不去用於顯然比這更有價值的商品的生產，那一定或多或少會減損其年產物的價值。〔註103〕

亞當‧斯密比王夫之更進一步，他要每個國家都以自己優勢產品去交換外國的優勢產品，這樣可以使每個國家的勞動力得到最佳的利用，增進國家的年產值。王夫之反對關渡之間不可通市的看法，因爲如此一來反而會使走私更加猖獗。他說：

〔註102〕〔清〕王夫之：《讀通鑑論》（長沙：嶽麓書社出版，1996年2月），頁1056～1057。

〔註103〕〔英〕亞當‧斯密：《國民財富的性質和原因的研究（下卷）》（北京：商務印書館，1974年6月），頁28～29。

> 禁之者，法之可及者也；不可禁者，法之所不可及者也。禁之於關
> 渡之間，則其售之也愈利，皇皇求利之民，四出而趨荒險之徑以私
> 相貿，雖日殺人而固不可止。強豪貴要，於此府利焉，則環吾之封
> 域，無非敵人來往之衝，舉吾國之民，無非敵人結納之黨，闌入已
> 成乎熟徑，姦民外告以腹心，間諜交午於國中而莫之能禦，夫且曰
> 吾禁之已嚴，可無慮也。不亦愚哉！〔註104〕

禁令的有效範圍僅及於法令嚴格執行的區域，在管制鬆散之區是完全無法杜
絕人民走私貿易的。例如在關隘渡口間禁止兩個人民互市，使得交易成本提
高，走私商人所要求的私潤也越高。利之所在，是任何法律所無法遏止的。
關渡之禁本是為了禁絕間諜，但是卻使得兩國人民暗中流通更為頻繁，反而
與當初的目的相違。既然禁絕互市不但無利，客觀上也無法禁絕，王夫之主
張完全開放透明化。他說：

> 夫唯通市以無所隱，而視敵國之民猶吾民也，敵國之財皆吾財也，
> 既得其歡心，抑濟吾之匱乏，金錢內集，民給而賦稅以充，耕者勸
> 耕，織者勸織，山澤藪澤之產，皆金粟也，本固邦寧，洞然以虛實
> 示人，而姦宄之徑亦塞。利於國，惠於民，擇術之智，仁亦存焉，
> 善謀國者，何憚而不為也？〔註105〕

王夫之以為與其禁止敵對之兩國互市，還不如與敵國互市將敵國之民與財皆
視如自己國家之民與財，結其歡心納其金錢。對內則勸耕、勸織，強化國力，
將國家之虛實展露無遺。如此一來，走私間諜將消聲匿跡，人民也能得到最
大的利益。治理國家的執政者，是可以好好考慮的。

第三節　軍事與社會控制

一、軍事領域

（一）從軍須適才適性

　　王夫之論「軍事」與黃宗羲、顧炎武不同之處在於：顧黃二人對軍事多
著重在「屯田」、「衛所」、「輪戍」等制度層面，而不及軍人；王夫之則除了

〔註104〕〔清〕王夫之：《讀通鑑論》（長沙：嶽麓書社出版，1996 年 2 月），頁 1057。
〔註105〕〔清〕王夫之：《讀通鑑論》（長沙：嶽麓書社出版，1996 年 2 月），頁 1057
　　　　～1058。

關注「屯田」、「衛所」等制度面的問題外，也極重視執行這些制度的「軍人」。
他說：

> 人之才力性情各有所宜，不欲爲兵者強使爲兵而不得，欲爲兵者亦
> 抑令爲民而不安，在經國者之裁成耳，如之何爲苛法以虐劉斯民
> 也！〔註106〕

又說：

> 秀者必士，樸者必農，傈而悍者必兵，天與之才，習成其性，不可
> 移也，此之謂天秩，此之謂人官。……唐之府兵，世著於伍，垂及
> 百年，而違其材質，強使即戎，於是中國無兵。……斯固三數公（按：
> 指顏魯公、盧全誠、李奐、李隨、張巡等人募兵抗安祿山）忠勇之
> 所激，而豈此數十萬比屋之民，皆義憤塡胸、思拯國難者乎？傈輕
> 驚悍之材，誠思得當以自效，不樂於負未披蓑，寧忘身以一逞其材
> 質，不任農而任兵，性以成、情以定也。……宰天下者，因其可兵
> 而兵之，因其可農而農之，民不困，兵不柝。〔註107〕

王夫之再三強調，人的才力性情各有所宜，必定要順著其特長來發揮，才能
夠適才適所。例如：天資聰穎者，大多讀書；個性質樸者，大多務農；矯捷
勇猛的人，大多從軍。在先天資質、後天習染交互作用下，每個人都有其獨
特性，這是所謂的天秩、人官。當顏眞卿、張巡等人募兵抗安祿山，應募而
起者有數十萬之眾。王夫之認爲這數十萬之眾，固然有義憤塡膺、思拯國難
的人；但是應該有一部分的人純粹是由於個性好勇、不喜務農使然。換言之，
當權者應該順著人的才性，使可從軍者從軍、宜務農者務農，這樣才可以兵
農兩利。

（二）衛所屯田制

明代的「衛所屯田制」，標榜的就是「兵農合一」人民不必花錢養兵。王
洽曾上言（崇禎）：「祖宗養兵百萬，不費朝廷一錢，屯田是也。」〔註108〕筆
者在論黃宗羲時曾引黃仁宇的說法，指出屯田自給是被過度誇大了。這裏暫

〔註106〕〔清〕王夫之：《噩夢》（長沙：嶽麓書社出版，1996年2月），頁593。
〔註107〕〔清〕王夫之：《讀通鑑論》（長沙：嶽麓書社出版，1996年2月），頁853
～854。
〔註108〕〔清〕張廷玉：《明史》（北京：中華書局，1997年11月，二十四史縮印本），
卷二五七，頁6624（總1703）。

且不去爭論屯田是否曾在明初曾達到「軍糧自給」的目標。王夫之從人性角
度否定了「衛所屯田制」。他說：

> 漢一天下，分兵民爲兩途，而寓兵於農之害乃息。……不能反三代
> 封建之制，幸而脫三代交爭之苦，農可安農，兵可安兵，天別之以
> 材，人別之以習，宰制天下者，因時而利用，國本堅而民生遂，自
> 有道矣。佔畢小儒，稱說寓兵於農而弗絕，其愚以禍天下，亦至此
> 哉！農之不可兵也，屬農而祇以弱其國也；兵之不可農也，弱兵而
> 祇以蕪其土也。故衛所興屯之法，銷天下之兵而中國弱，以坐授洪
> 圖於異域，所由來久矣。且所謂屯田者，鹵莽滅裂，化肥壤爲磽土，
> 天下皆是也，可弗永鑑乎！〔註109〕

漢朝統一天下以後，論兵與農分離，才解除了「寓兵於農」對人民的禍害。
使兵、農皆適才適所。上天既然賦予每個人不同的個性及資質，復以後天之
習養使得人的才能有極大的差異。天子應重視每個人的個別差異，才能國家
強盛人民安樂。迂腐小儒，只知一味稱許「寓兵於農」之好，而不知這對天
下是有害的。以個性懦弱之農爲兵，只會削弱了軍人的素質，進而使國防力
量趨弱；同樣的，慓悍之兵爲農，只會導致不耐耕作而田土荒蕪。所以「衛
所興屯」之法，最終的結果就是田土荒蕪、國防削弱，而將大好江山送給敵
國。但是是否就足以斷定王夫之反對「衛所興屯」？恐怕不行，因爲王夫之
又說：

> 軍衛之制，行之百年而大壞。成、弘間軍尚可用，衛弁亦尚自力於
> 武事，正、嘉而後，不可復理，勢所必然也。唐變府兵爲彍騎，而
> 特重邊帥之寄，故雖有漁陽之禍而終得朔方之益，揖吐蕃、回紇而
> 進之而終詘於中國之強。宋與本朝仍舊相沿，憚爲改飭。宋之禁軍、
> 廂軍與衛軍略同。禁軍，團營也，廂軍，衛所也，皆散武備於腹裏
> 也。夫唯軍衛聚屯於邊，其身家託焉，而又沐浴於剛勁之氣，則莫
> 之勸懲而自練習於武勇。若散屯於腹裏，使其黠者游文墨歌舞之中，
> 其陋者齷齪於雞豚園池之利，心厭甲冑〔註110〕，……欲其不化而爲

〔註109〕 〔清〕王夫之：《讀通鑑論》（長沙：嶽麓書社出版，1996年2月），頁661。
〔註110〕 毛憲云：臣又計備邊之地，東自遼東，西極隴右，大約數千餘里。宣德以前，
　　　　　所守不過數處，皆據其要害，軍聚力全足以制勝。正統以後，軍卒之數，不
　　　　　增于舊，而寨堡之設，日增於前。古人所謂我兵雖多，分之而寡；彼眾雖寡，
　　　　　聚之爲多者是也。毛憲所云正統以後，寨堡之設日增於前，應該就是王夫之

驚麤縮蜎，不可得已。……腹裏之所防者，盜賊耳。其始發也，良
有司率機快健捕制之而有餘；藉令其嘯聚漸眾，移邊兵而討之，亦
易爾，烏庸是郡郡而置軍乎！……制腹裏之盜賊，以民兵而已足。
畜厚威於邊，不特夷狄莫之敢窺，腹裏之姦宄，亦隱然有所畏讋而
不敢逞。〔註111〕

王夫之一方面認為軍衛之制由成（化）、弘（治）之尚可用，演變為正（德）、
嘉（靖）之不可復理乃勢所必然；一方認又片面肯定軍衛聚屯於邊，乃是可
行的。既然軍不可復理乃勢所必然，則聚屯於邊也必歸於失敗，所以這兩者
事實上是矛盾的。但是綜觀全文，王夫之的用意可能在於改變明朝「軍衛屯
田」之據點。王夫之認為：邊地之屯田，由於身家性命在於此，且民風剛勁，
所以士兵能自練習於武勇，故「軍衛聚屯於邊」是可行的。但是若屯田的據
點在腹裏（內地），易習染偷安逐利之習氣，勇武之人也會變成龜縮畏死的人。
腹裏所需應付的不外是盜賊，應付盜賊只要縣令帶領幾個機警的警察就足以
制伏了；就算是盜賊人數眾多，已非警力所能制伏，這時調邊兵支援尚且未
遲，實在不需要每郡都置「軍屯」。至此，我們可以說王夫之並不全然反對「衛
所屯田制」，而是反對「腹裏軍屯」。既然王夫之不反對邊境屯軍，他必定要
解決邊境屯田被盜賣的問題。他說：

以屯田言之，則人逃而田故在，如其欲脫藉而去，則以所屯之田歸
之官，而更授募者。……。唯典賣軍屯之禁不嚴，故或軍退而無田
可歸。其法但按始授軍屯之藉，不論其所賣之或軍或民，責於餘糧
子粒之外，苟非正身著伍，即令輸上倉十二石月量之數，則典賣不
行，而屯產恆在。〔註112〕

王夫之認為，逃兵是不會損害屯田制的，因為人逃了而「屯田」仍在。若
是有人欲脫軍籍不再從軍，可以以其所屯之田轉而授給新募之兵。但是由於
典賣軍屯的禁令沒有嚴格執行，所以有舊兵脫籍而無田可歸還的情形發生

所謂的「散屯於腹裏」。但毛憲以分散兵力為憂而王夫之以習氣為慮，這是是
二人的不同。但是並不能說是矛盾，因為分散兵力及習氣變化是可以同時存
在的事實。參見〔明〕陳子龍、徐孚遠、宋徵璧：《皇明經世文編（第十二冊）》
（台北：台聯國風出版社，1968 年 11 月，據崇禎間平露堂刊本影印），〈毛
給諫集〉，卷一〈備邊〉，頁 13（總 699）。

〔註111〕〔清〕王夫之：《噩夢》（長沙：嶽麓書社出版，1996 年 2 月），頁 558～559。
〔註112〕〔清〕王夫之：《噩夢》（長沙：嶽麓書社出版，1996 年 2 月），頁 592～593。

〔註 113〕。要對治這種情形：可以不論軍屯賣於何人，扣除每軍的固定消費額之外，若軍屯的所有者非軍籍中的授受人，即命令每月上納十二石的穀物，如此買軍屯變得無利可圖，軍屯就不會有被盜賣的問題了。綜而言之，王夫之對「衛所屯田制」的主張充滿了矛盾。因為「衛所屯田」的特色就是兵農合一，兵農合一就難免有宜兵不宜農或宜農不宜兵的情形，一個人同時宜農宜兵畢竟是不多見的，而兵農分離也是王夫之再三強調的。但是王夫之又主張邊郡衛所屯田，既然實施屯田就是兵農合一，這與兵農分離的主張相違。筆者只能設想，王夫之可能認為邊境之衛所屯軍因為家人、財產都在於此，所以他們當初應募時應已有安身立命的打算。種田、練武早就超越了天性的考量，而是為了家人、為了財產〔註 114〕。由於有這樣強大的動機，所以邊境屯田是不用理會「兵農合一」或「兵農分離」的。

（三）募　兵

亞當‧斯密認為：農業技術進步的富裕國家，往往是最會引起四鄰攻擊的國家。所以國家對於國防如不采取新的手段，人民的自然習性是會使他們全然失去自衛能力的。在這種情況下，國家對於國防軍備的設施，似乎只能采取兩種方策。第一，它可不管國民的利益怎樣，資質怎樣，傾向怎樣，用一種極嚴厲的法令，施以強迫軍事訓練。（民兵）……第二，它可維持並雇用一部分公民，不斷施以軍事訓練，使兵士的職業，脫離其他職業，而確然成為一種獨立的特殊職業。（常備兵）亞當斯密比較民兵和常備兵二者，指出：

〔註113〕方日乾〈撫恤屯田官軍疏〉云：看得各衛屯種軍餘，近年以來，苦于賠補，相繼逃亡。……但以我朝（明朝）屯法：每軍一名，給田五十畝，其田四散，一軍之名，或跨數圩：一圩之田，又分數處。屯官旗甲，不知事體，或有鋤種一二畝者，便率全糧。彼欲兼領，又患寫遠。孰貪一二畝之便，而任數十畝之勞：圖數畝之地，而賠五十畝之稅哉？由這段文字可以知道明代屯田或荒或（盜）賣，實與每軍之屯田過於邊遠有關。方日乾之說參見〔明〕陳子龍、徐孚遠、宋徵璧：《皇明經世文編（第十四冊）》（台北：台聯國風出版社，1968 年 11 月，據崇禎間平露堂刊本影印），〈方侍御奏疏〉，卷一，頁 1（總 91～92）。

〔註114〕筆者上述設想雖純就王夫之的言論引申而成，但是毛憲有一段話似可與筆者之設想呼應。文云：募土兵。戍邊之卒，異于內地之兵：內兵不經戰陣、不諳地利，且多驕脆難用。不若生長邊陲者，諳地利、慣戰鬥、知虜情、耐勞苦，不徒為國，而且為家，所以肯捐軀拒敵也。〔明〕陳子龍、徐孚遠、宋徵璧：《皇明經世文編（第十二冊）》（台北：台聯國風出版社，1968 年 11 月，據崇禎間平露堂刊本影印），〈毛給諫集〉，卷一〈備邊〉，頁 14（總 701）。

紀律秩序和服從命令是決定近代軍隊戰鬥命運的重要因素。近代的火器是有
聲響的，是有烟氣的，……所以往往戰鬥一開始，這紀律、秩序和服從性就
難於保持。紀律、秩序和服從命令，是要在大隊一起操練的軍隊才能獲得，
所以民兵總不如紀律良好訓練得宜的常備軍〔註 115〕。王夫之指出，三代是「即
民即兵」（民兵）、後世出於「召募」（常備兵），他說：

> 三代即民即兵，井甸之賦，師還而仍為鄉鄰，將雖寬而兵自不為民
> 害。故〈師〉之象曰「容民畜眾」，寬而無損也。後世之兵出於召募，
> 類皆貪酒嗜色擗蒲淫酗之民，容者所不能容，畜者所不易畜也，其
> 不禁而兵為民害者久矣。〔註 116〕

王夫之和亞當・斯密都認為軍種可以分為「民兵」與「常備兵」，但是不同的
是亞當・斯密認為常備兵因為久經訓練，紀律、秩序和服從性都會優於「民
兵」；王夫之則以〈師〉「容民畜眾」說明三代兵民一體，兵不為民害；後代
兵出於召募，應募者多是貪酒、好色、嗜賭之徒，所以常為民害。但是不可
由此就認為王夫之主張「民兵」，王夫之重視的反而是如何改善「常備軍的素
質」。他說：

> 所與守天下者，軍也，軍所尤重者，北邊、南瘴之屯戍也，城堡之
> 哨瞭也。天子倚邊軍以固天下，三軍倚瞭哨以決死生，自非與將吏
> 同心以效忠於國者，不可以此委之，明矣。乃自充軍之例興，雜犯
> 死罪，若流若徒，皆以例發充軍。軍舍武職有大罪則調邊衛，邊衛
> 有大罪則發哨瞭，是以封疆大故為刑人抵罪之地，明示閫外之任為
> 辱賤投死之罰，督制鎮將且為罪人之渠帥，如驛吏之領囚徒，國家
> 之神氣，幾何不沮喪乎！且其人既已姦宄，幸脫於死，而無惜廉恥
> 以告鄉里之心，無保井盧以全親戚之念，其不叛不逃，復何顧焉？
> 其尤黠者，甘心延寇以報復於一朝耳。……正當於民間揀選有志行
> 者，獎以榮名而使之為兵，於腹裏屯衛揀選有志行者，獎以榮名而
> 使之居邊，於邊軍揀選有志行者，獎以榮名而使之哨瞭，人慕榮名，
> 然後上下相親而樂為之死。〔註 117〕

王夫之認為，軍隊是國家安危之所繫。國家之國防又以北邊、南瘴之屯戍

〔註 115〕〔英〕亞當・斯密：《國民財富的性質和原因的研究（下卷）》（北京：商務印
　　　　　書館，1974 年 6 月），頁 261～263。
〔註 116〕〔清〕王夫之：《讀通鑑論》（長沙：嶽麓書社出版，1996 年 2 月），頁 279。
〔註 117〕〔清〕王夫之：《噩夢》（長沙：嶽麓書社出版，1996 年 2 月），頁 587～588。

及前線之哨瞭（明史中哨瞭與瞭哨常互用）最爲重要。天子倚賴邊軍以鞏固天下，三軍又倚賴瞭哨（偵察兵）以與敵人決生死。就此而言，瞭哨宜用忠於國家、將領的人充任才是合宜的。但是國家卻以人民有重罪者充軍、軍人有大罪者調邊衛、邊衛有大罪者任瞭哨。國家越重要的地區，卻由罪越大的人來看守，結果造成了看守者若非叛逃則與敵國勾結。要改變邊軍叛逃勾結敵國的現象，王夫之認爲要正本清源──由軍人的素質著手。他要政府讓從軍成爲一件榮譽之事，並於民間揀選自願且品行良好者，使之從軍、使之居邊、使之瞭哨，這樣就可以增加爲國效命的意願。政府給予從軍者榮譽還遠遠不足以吸引人們從軍，這還要配合良好的軍中管教。王夫之云：

> 養之有恩，馭之有道，能爲兵者自樂爲之，不能爲兵者聽其告退而歸民籍，別募以補伍，奚患無兵而待嚴逃禁哉！其有逃者，必其爲長、爲帥者之不能恤士也，詰其所以逃之故，亦罪坐主者而已矣。
> 〔註118〕

養之有恩、馭之有道，不就相當於今日所謂的合理的待遇及操練嗎？有合理的待遇及操練，天性好勇之人自然樂於從軍；個性能力不適合從軍者，應任由他們解除軍籍，只要再募人補足即可。若是國家已養之以恩、馭之以道，且從軍者皆自願而來，仍有嚴重的逃兵問題，問題的關鍵可能就出在上級官長不能撫恤部卒。這時應詳察逃兵的原因，並追究上級官長的責任。我們由上文可以知道王夫之雖言後世之兵「爲民害者久矣」（常備兵不如民兵），但是這是因爲從軍者皆貪酒、好色、嗜賭之徒所造成的。我們因而可以推測，王夫之必然同意：若政府能「獎以榮名」、「養之有恩」、「馭之有道」，從軍者的素質必定提升，募兵（常備兵）的素質也會因爲嚴格的專業訓練而勝過民兵。（與亞當・斯密同）

（四）武將養寇

勾踐復國是一個膾炙人口的故事，但是對於范蠡、文種而言就完全不是這麼一回事了。《史記・越王勾踐世家》載：

> 范蠡遂去，自齊遺大夫種書曰：「蜚鳥盡，良弓藏；狡兔死，走狗烹。越王爲人長頸鳥喙，可與共患難，不可與共樂。子何不去？」種見

〔註118〕〔清〕王夫之：《噩夢》（長沙：嶽麓書社出版，1996 年 2 月），頁 592。

書，稱病不朝。人或讒種且作亂，越王乃賜種劍曰：「子教寡人伐吳
七術，寡人用其三而敗吳，其四在子，子爲我從先王試之。」種遂
自殺。〔註119〕

「蜚鳥盡，良弓藏；狡兔死，走狗烹」是所有臣僚最深的恐懼。國君對於臣
僚的態度是極其矛盾的：一方面知道國家要藉由這些臣僚的輔助才得以穩
固；另一方面又畏懼臣僚威脅自己的帝位。國君無故殺良臣、良將，有時就
是因爲這種心理作祟。王夫之云：

　　無可信之邊將者國必危。掩敗以爲功，匿寇而不聞，一危也；貪權
　　固位，懷憂疑以避害，無寇而故張之，以自重於外，二危也；二者
　　均足以危國，而張虛寇以怙權者尤爲烈焉。邊將之言曰：無寇，則
　　朝廷輕我。夷狄盜賊之言曰：無我，則汝之爲將也，削奪誅殺隨之
　　矣。於是而挑寇也，養寇也，縱寇也，無所不至，玩弄人君於股掌
　　之上，一恐喝而唯我所欲。〔註120〕

又云：

　　劉巨容大破黃巢於荊門，追而殲之也無難，即不能殲，亙躪其後，
　　巢亦不敢輕入兩都。而巨容曰：「國家喜負人，有急則撫存將士，不
　　愛官賞，事寧則棄之。」遂逸賊而任其馳突，使陸梁於江外，此古
　　今武人養寇以脅上之通弊也。〔註121〕

王夫之以爲，「可信之邊將」是國家賴以爲安的重要條件。但是邊將通常有二
個惡習足以危害國家安全。其一，掩敗以爲功，匿寇而不聞；其二，貪權固
位，懷憂疑以避害，無寇而故張之，以自重於外。第一種惡習是出於害怕朝
廷之懲處，對國家的危較小。第二種惡習是出於有意鞏固權力，所以會養寇、
縱寇無所不用其極。王夫之以劉巨容「國家喜負人，有急則撫存將士，不愛
官賞，事寧則棄之。」做爲武人養寇以脅上之例，但是卻也點出「事寧則棄
之」才是縱寇養寇的根本原因。王夫之對於武將養寇的惡習，提出了對治之
法。他說：

　　如使寇難方興之日，進武臣而責以職分之所當爲，假之事權，而不
　　輕進其爵位。大正於上，以正人心，獎之以善，制之以理，而官賞

〔註119〕　〔漢〕司馬遷：《史記》（北京：中華書局，1997年11月，二十四史縮印本），
　　　　　卷四十一，頁1746～1747。
〔註120〕　〔清〕王夫之：《讀通鑑論》（長沙：嶽麓書社出版，1996年2月），頁591。
〔註121〕　〔清〕王夫之：《讀通鑑論》（長沙：嶽麓書社出版，1996年2月），頁1040。

之行，必待有功之日。則義立於上，皎如日星，膏血塗於荒郊，而
亦知爲義命之不容已。及其策勳拜命，則居之也安而受之也榮。雖
桀驁之武人，其敢有越志哉？〔註122〕

王夫之認爲，只要在寇難初起時即要求武臣盡自己的職分，並且給予相當的
權力，而不隨便封賞。封賞必待真有功績之時，這樣武臣受勳拜命，才能居
之安、受之榮。筆者以爲，王夫之上述說法仍不足以消弭「養寇」之習，何
以言之？戰時給武將權力、戰後給武將賞爵，的確是能給武將榮譽感。但是
若寇平之後緊接著只是無權之虛賞。身爲一個武將，是要養寇以擁實權或平
寇以受虛賞，答案恐怕是再明顯不過了。所以要解決「養寇之弊」，恐怕要使
武將平時即可掌握實權及戰後仍保有實權著手了。

（五）地方宜有兵力

黃宗羲認爲「唐之所以亡，由方鎮之弱，非由方鎮之強也」、「封建之
弊，強弱吞併；郡縣之弊，疆場之害苦無已時」，最後黃宗羲以「沿邊之方
鎮」可同時去封建、郡縣之弊，存封建、郡縣之利。顧炎武亦認爲「故唐之
弱者，以河北之彊也（銘按：河北指藩鎮）；唐之亡國，以河北之弱也。」王
夫之云：

唐之亂，藩鎮之強爲之也。藩鎮之強，始於河北，而魏博爲尤，魏
博者，天下強悍之區也。……安史之平，代宗不能撫有，田承嗣起
而收之以自雄，爲藩鎮之戎首。幽、冀、兗、鄆、淄、青之不逞，
皆恃魏博之強，扼大河以互塞河南而障蔽之，田興一受命，而河北
瓦解，其爲天下重久矣。廣明以後，黃巢橫行天下，而不敢側目河
朔，恃此也。〔註123〕

又云：

天寶以後，內亂方興，不敵開元以前，而無山後之警者，有魏博牙
兵在也。外重漁陽、上郡、雲中之守，而黎陽承其後；外建盧龍、
定難、振武之節，而魏博輔其威。以其地任其人，以其人守其地。
金粟自贍也，士馬自簡也，險隘自固也，甲仗自營也。無巡邊之大
使以督其簿責，無遙制之廷臣以掣其進止，雖寡而眾矣，雖弱而彊
矣。故曰「天子有道，守在四夷」。言四裔之邊臣各自守，而不待天

〔註122〕〔清〕王夫之：《讀通鑑論》（長沙：嶽麓書社出版，1996年2月），頁1041。
〔註123〕〔清〕王夫之：《讀通鑑論》（長沙：嶽麓書社出版，1996年2月），頁1075。

　　　子之守之也。〔註124〕

王夫之對「藩鎮」的看法，幾與顧、黃二人全同。甚至「以其地任其人，以其人守其地。金粟自贍也，士馬自簡也，險隘自固也，甲仗自營也。無巡邊之大使以督其簿責，無遙制之廷臣以掣其進止，雖寡而眾矣，雖弱而彊矣。」也幾與顧炎武所引劉平之言「五代之末，中國多事，惟制西戎爲得之。中國未嘗遣一騎一卒遠屯塞上，但任土豪爲眾所服者，封以州邑，征賦所入，足以贍兵養士，由是無邊鄙之虞。」意義相同。可見邊境仿唐之「藩鎮」，是顧、黃、王三人的共同見解。

二、社會控制

　　王夫之深諳中國是一個禮法（刑）合一的社會。「禮」定上下之分，男女之別，失「禮」常常就等於觸「法」。也因此「禮」在傳統中國社會常常被賦予類同於法律的地位。船山有見於中國之重「禮」，巧妙地利用「禮」以施行對違禮犯法者的社會排斥，以維持社會秩序。船山對「死刑」的看法，充滿了人道精神，他認爲「死刑」的目的，在「止惡」而不在「洩忿」，執行「死刑」時只要終止做惡之人的生命就夠了。至於影響社會秩序穩定最甚的，無過於貧富懸殊及改朝換代。有鑑於此，船山要執政者「拊貧教富」，使貧不忌富、富不凌貧。若迫不得已必須改朝換代，船山更贊同以「禪讓」代「戰爭」，因爲「禪讓」所付出的社會成本較低。至於反義倉、反均田，贊同自由遷徙與從業，則與其人性自私的認知有關。

（一）刑與禮

1.寓禮意於刑中

　　社會認知神經科學家奎茲及索諾斯基在其合著的《騙子？情人？英雄——看大腦如何揭露：你是怎樣變成這個你》一書云：我們認爲人類是先天傾向從文化學習中習得他的行爲。要使這種學習有效率，演化必須建構出很強的生物傾向，將文化中可被允許的行爲內化，它透過的機制便是依附的神經化學物質。這個先天的傾向叫做順從，是一種想要社會化的傾向與癖好〔註125〕。又說：對人類來說，理念不只是溝通，它還包括應該是什麼樣，它

〔註124〕〔清〕王夫之：《宋論》（長沙：嶽麓書社出版，1996年2月），頁336～337。
〔註125〕史蒂芬・奎茲、泰倫斯・索諾斯基著；洪蘭譯：《騙子？情人？英雄——看大腦如何揭露：你是怎樣變成這個你》（台北：遠流出版社，2007年5月），頁

是大部分人的行為。假如這個大部分人的行為應該是什麼樣的想法在你腦海中生根了，它就變成你的價值觀，變成你也應該這樣做〔註126〕。社會認知科學家指出人類想要社會化的傾向及癖好以及形成價值觀，是有其生物機制的。既然人類「社會化」的傾向有其生物機制，則「社會化」應是人類不分種族、國家、文化皆有的普遍現象。西方社會學家認為，人類的社會化有兩個階段：一是基本社會化（童年及青少年的社會化），一是繼續社會化（成人的社會化）。人類在成年以後，社會化的腳步並不會停止，但是這一時期的社會化是以兒童與青少年時期所習得的規範、價值及習慣為基礎。王夫之云：

> 「天地之生人為貴」，惟得五行敦厚之化，故無速見之慧。物之始生也，形之發知，皆疾於人，而其終也鈍。人則具體而儲其用，形之發知，視物而不疾也多矣，而其既也敏。孩提始知笑，旋知愛親，長始知言，旋知敬兄，命日新而性富有也。君子善養之，則耄期而受命。〔註127〕

《騙子？情人？英雄——看大腦如何揭露：你是怎樣變成這個你》云：人類的童年比起其他的動物長得多，因為這使我們得以學習很多樣、很有彈性的行為，從而逃脫本能反應的控制〔註128〕。又云：我們身心的發展都比其他靈長類慢，這也使我們在長大成人的路上比較容易受到干擾而中斷早夭。在適當的引導下，我們的天性會成長為同理（心）的能力，能從別人的觀點來看事情〔註129〕。王夫之觀察到「（人類）無速見之慧」，以現代的大腦科學知識可以解釋為：人類腦部的發展遲至二十歲左右才完全成熟，而這樣長的成熟期使人類得以學習很多樣、很有彈性的行為，並逃脫本能反應的控制。至於王夫之所言「孩提始知笑，旋知愛親」、「長始知言，旋知敬兄」這都可以視

244～245。

〔註126〕史蒂芬‧奎茲、泰倫斯‧索諾斯基著；洪蘭譯：《騙子？情人？英雄——看大腦如何揭露：你是怎樣變成這個你》（台北：遠流出版社，2007年5月），頁247。

〔註127〕〔清〕王夫之：《思問錄‧內篇》（長沙：嶽麓書社出版，1996年2月），頁417。

〔註128〕史蒂芬‧奎茲、泰倫斯‧索諾斯基著；洪蘭譯：《騙子？情人？英雄——看大腦如何揭露：你是怎樣變成這個你》（台北：遠流出版社，2007年5月），頁128。

〔註129〕史蒂芬‧奎茲、泰倫斯‧索諾斯基著；洪蘭譯：《騙子？情人？英雄——看大腦如何揭露：你是怎樣變成這個你》（台北：遠流出版社，2007年5月），頁130。

爲社會化的過程。而人類高度社會化之所以可能，又與大腦先天所具有的同理心能力分不開。至於「君子善養之，則耄期而受命」，與社會學家所云的「繼續社會化」，是極其相近的。《社會學教程（第二版）》云：

> 繼續社會化是人們在基本社會化的基礎上，繼續學習群體和社會的文化，以適應社會生活、適應角色變化的過程。當一個人完成了基本社會化、從純粹的生物體變爲社會人，並作爲一個基本合格的社會成員進入社會生活之後，他還會遭遇到許多新問題需要解決。他們需要扮演新的角色，需要完善新的角色。……從通俗的意義上來說，繼續社會化就是「活到老，學到老」。〔註130〕

透過上述文字的討論，我們知道「想要社會化」或順從大眾，都在腦中可以找到答案。也由於人類有想要社會化的先天傾向，「社會控制」才會有效。筆者在探討顧炎武思想時曾指出「社會控制」可定義爲：強制或鼓勵社會成員遵守社會規範及對違反社會規範者處置的措施。亦指出社會控制依規範形態的不同，可分爲正式控制和非正式控制。正式控制主要用法律、條例、規章等來約束社會成員。非正式控制主要用道德、信任、群體壓力等一類看不見、摸不著但卻感覺得到的手段來約束其成員〔註131〕。王夫之云：

> 忠與孝，非可勸而可懲者也。……然則勸懲之道，唯在廉恥而已。不能忠，而不敢爲逆臣；不能孝，而不敢爲悖子；刑齊之也，而禮之精存焉。刑非死之足懼也，奪其生之榮，而小人懼之也甚於死。天子正法以誅之，公卿守法以詰之，天下之士，衣裾不衊其門，比閭之氓，望塵而笑其失據，則懼以生恥。始恥於名利之得喪，而漸以觸其羞惡之真，天子大臣所以濯磨一世之人心而保固天下者在此也。〔註132〕

「不能忠，而不敢爲逆臣；不能孝，而不敢爲悖子」固然是藉由「刑」這個手段來達到，但是可將「禮」（銘按：禮在中國除了有行爲規範之意，在某程度上亦可視爲中國人的價值觀）之精髓融入「刑」中。例如：讓作奸犯科者名譽掃地，反而比「死刑」威嚇效果更好。「天下之士，衣裾不衊其門」、「比

〔註130〕王思斌：《社會學教程（第二版）》（北京：北京大學出版社，2003年9月），頁61。

〔註131〕王思斌：《社會學（第二版）》（北京：北京大學出版社，2003年9月），頁232。

〔註132〕〔清〕王夫之：《讀通鑑論》（長沙：嶽麓書社出版，1996年2月），頁531。

閭之氓，望塵而笑其失據」，即是最嚴屬的社會排斥。表面上作奸犯科者似無受到任何懲罰，但是事實上這等於剝奪了與他人接觸的最原始慾望，這種懲罰的確是令人望而生畏的。

2. 論「死刑」

筆者在網路上看到一篇討論死刑存廢的研究報告，撰作者為財團法人國家政策研究基金會憲政法制組召集人陳健民。他寫了一篇〈從死刑執行方式論死刑存廢〉的文章。文章中分別陳述了主張廢除死刑及保留死刑的所持的理由，最後建議政府先致力於改善死刑的執行方式，最後再談死刑的全面廢除。由於〈從死刑執行方式論死刑存廢〉一文，有可與王夫之印證者，故下文先分析王夫之的說法，再取陳文做為補充。王夫之云：

> 夫刑極於死而止矣，其不得不有死刑者，以止惡，以懲惡，不得已
> 而用也。大惡者不殺而不止，故殺之以絕其惡；大惡者，相襲而無
> 所懲，故殺此以戒其餘；先王之於此也，以生道殺人也，非以惡惡
> 之甚而欲快其怒也。極於死而止也，梟之、磔之、轘之，於死者又
> 恤焉，徒以逞其扼腕齧齦之忿而怖人已耳。司刑者快之，其仇讎快
> 之，於死者何加焉，徒使罪人之子孫，或有能知仁孝者，無以自容
> 於天地之間。〔註133〕

王夫之認為，死刑已是刑罰中最重的，死刑之所以有存在的必要是為了止惡、懲惡，只有在最不得已的狀況下才執行死刑。因為不殺大惡之人，無法絕其惡行，所以先王才會執行死刑。執行死刑的目的絕對不是為滿足執刑者厭惡惡人以發洩心中怒氣之用的。所以執行死刑只要能結束犯罪者的生命就已足夠了，梟之、磔之、轘之是沒有必要的。這種增加受刑者痛苦的死法，只是為了滿足司刑者、受刑者之仇人，但是卻對受刑者的家人產生了傷害。〈從死刑執行方式論死刑存廢〉一文有段文字敘述清末在制定大清新律時，沈家本與岡田朝太郎對於死刑執行方式的爭議。沈家本以為「斬、絞既有身首殊、不殊之分，其死狀之感情，實非毫無區別」，故「以死刑為無輕重者，於事未得其實，而死刑不可再分輕重，其理固大可研求矣。」岡田朝太郎（為中國起草刑律的日本學者）則指出「斬與絞同為斷人生命之具，身首異處何以重？身首不異處何以輕？」又說：「各國之中廢止死刑者多矣，即不廢死刑者，亦皆採用一種之執行方法」。換言之，沈家本主張有不同的死刑執行方式而岡田

〔註133〕〔清〕王夫之：《讀通鑑論》（長沙：嶽麓書社出版，1996年2月），頁699。

朝太郎主張只有一種死刑執行方式。一種與多種表面上都同時執行死刑，但是受刑者所承受的痛苦卻不相同，也就是執行死刑時是否盡量符合人道主義精神之區別〔註134〕。對照王夫之與沈家本及岡田朝太郎之爭議，王夫之的主張與岡田氏的說法更為接近，即執行死刑時應該有更多的人道精神在內。

（二）政權轉移及貧富問題

1. 政權轉移

在傳統中國，造成社會動亂、社會秩序崩解，大多與朝代興替以及貧民造反有關。王夫之對於這兩個問題有其獨到的看法，他的看法如下：

> 以在下之義而言之，則寇賊之擾為小，而篡弒之逆為大；以在上之仁言之，則一姓之興亡，私也，而生民之生死，公也。故明王之涖臣民也，定尊卑之秩，敦忠禮之教，不失君臣之義，而未嘗斤斤然畏專擅以削將相之權。子孫賢，何畏於彼哉？其不肖也，則寧喪天下於廟堂，而不忍使無知赤子窺竊弄兵以相吞齧也。〔註135〕

王夫之以為，就居下位者（大臣）而言：寇賊為亂是微不足道的（亂在民間），但是篡國弒君卻是大逆不道。就國君言：一朝之興亡，是個人之私；但是百姓的生死，卻是天下之公。所以一個聖明之國君在治理臣民時，只不過是定尊卑之等、教之以忠禮，謹守君臣對待的分寸，而不刻意削奪將相之權。因為若（帝王）子孫賢能，根本不必害怕文武大臣，若子孫無能則寧可讓政權為大臣所篡，使朝代和平轉移，也遠勝於兵連禍結、民不聊生。易曼暉〈論王船山的財政思想〉云：但是王船山畢竟是一個地主階級，而具有反對派的傾向。他的同情（銘按：易氏指同情人民的利益而言）有一定的限度，超過了這一個限度是不允許的。他對農民革命就表示了深惡痛絕的態度。他說：「寧喪天下於廟堂，而不忍使無知赤子窺竊弄兵以相吞齧」就是說寧可讓大臣篡位，不能使農民起兵。他的關於政治經濟制度的一些主張，最終目的也不過是要進行某些改革，借以緩和階級矛盾，維護地主階級的封建統治〔註136〕。筆者極不同意易氏的詮釋，若紬繹船山之全文，可知船山所強調的在於國君

〔註134〕陳健民〈從死刑執行方式論死刑存廢〉（財團法人國家政策研究基金會，2001年10月15日，http://www.npf.org.tw/particle-621-2.html）。
〔註135〕〔清〕王夫之：《讀通鑑論》（長沙：嶽麓書社出版，1996年2月），頁669。
〔註136〕易曼暉：〈論王船山的財政思想〉，《王船山學術討論集（下）》（北京：中華書局，1965年8月），頁385。

應致力施政並給予將相一定之權。若子孫不肖，與其被人民以揭竿起義的方式所推翻，勿寧被朝中大臣以禪讓之名義而轉移政權。船山念茲在茲的是，政權轉移付出的社會成本盡量降至最低，哪裏是易氏所言的為了維護地主階級的封建統治呢？

2. 抑貧教富

明朝中葉以後，由於地理大發現的緣故，中國已經納入整個世界的貿易體系之中。當時由西班牙由美洲輸入大量的白銀，以交換中國的瓷器、絲綢、棉布等，於是江南地區極為富庶。但是江南地區儘管極為富庶，但是卻也造成了貧富差距進一步擴大。顧炎武云：「民之所以不安，以其有貧有富。貧者至於不能自存，而富者常恐人之有求，而多為吝嗇之計。於是乎有爭心矣。」〔註137〕應該就是對所處時代的觀察。社會學家認為，當一個社區有大量的窮人與富人居住在一起時，這個社區的治安會較差。這是因為窮人與富人享有同樣的價值觀（如：富有即是成功），但窮人卻無達到成功的管道。於是會產生相對剝奪感並進而有越軌行為（如：偷竊強盜）要使貧富共存的社區，社會秩序更為良好，惟有從消除或降低相對剝奪感著手。王夫之當然不知道什麼是「相對剝奪感」，但是他所主張的抑弱教強，正是消除相對剝奪感的良方。他說：

> 小民之無知也，貧疾富，弱疾強，忌人之盈而樂其禍，古者謂之罷民。夫富且強者之不恤貧弱，而以氣凌之，誠有罪矣。乃驕以橫，求以忮，互相妨而相怨，其惡惟均。循吏拊其弱而教其強，勉貧者以自存，而富者之勢自戢，豈無道哉？〔註138〕

王夫之認為貧弱之小民忌妒富人而樂見其禍，已達到惡人的標準了。因為富人不體恤貧弱而盛氣凌人固然不對，但是貧人忌妒富人亦不可取。盛氣凌人與忌人之盈而樂其禍，兩者在「惡」的程度上是相當的。身為地方官長，應撫恤弱者而勉勵他們自求生存，並且教育富而強者應有人文關懷，如此一來才可望有良好的社會秩序及和諧的社區氛圍。

（三）社會救濟及政府管制

1. 義　倉

（乾隆）十八年，直隸總督方觀承疏言：「義倉始於隋長孫平，至宋朱子

〔註137〕顧炎武撰、黃汝成集釋：《日知錄集釋》（台北：世界書局，1974年7月），卷六〈庶民安故財用足〉，頁142。

〔註138〕〔清〕王夫之：《讀通鑑論》（長沙：嶽麓書社出版，1996年2月），頁161。

而規畫詳備。雖以社為名，實與義同例。其要在地近其人，人習其事，官之為民計，不若民之自為計，故守以民而不守以官，城之專為備，不若鄉之多為備，故貯於鄉而不貯於城。」〔註139〕由方觀承之疏可以得知幾個訊息。其一，設置義倉始於隋朝之長孫平。其二、「社倉」、「義倉」名異而實略同。其三，「社倉」之法在朱熹手中趨於詳備。根據朱熹自己的說法，社倉是實施得極好的。他說：

> 淳熙八年，浙東提舉朱熹言：「乾道四年民艱食，熹請於府，得常平米六百石振貸，夏受粟於倉，冬則加息計米以償。自後隨年斂散，歉，蠲其息之半；大饑，即盡蠲之。凡十有四年，得息米造倉三間，及以元（原）數六百石還府。見儲米三千一百石，以為社倉，不復收息，每石只收耗米三升。以故一鄉四五十里間，雖遇凶年，人不闕食。」〔註140〕

按朱熹的作法，夏季向常平倉借粟，冬季需還本米及息米。在歉收時減少一半額度的息米，大饑之年則不收息。如此施行十四年，所得之息米需三間米倉才夠儲存，扣除還政府常平倉之六百石，仍有三千一百石之米可供社倉之用。也因此雖遇凶年，亦不缺食。由於朱熹在浙東實行社倉的成功經驗。宋孝宗於淳熙八年十二月「下朱熹社倉法于諸路」〔註141〕即行「社倉法」於全國。既然社倉法能於饑荒時活民甚眾，何以王夫之反對社倉法？王夫之云：

> 為國計者曰：「九年耕，必有三年之蓄。」此謂諸侯有百里之封，當水旱而告糴於鄰國，一或不應，而民以餒死，故導民以蓋藏，使各處有餘以待匱也。四海一王，舟車銜尾以相濟，而斂民之粟，積之窖窌，鬱為麴塵，化為蛾螣，使三旬九食者茹草木而咽糠秕，睨高廩大庾以餒死，非至不仁，其忍為此哉？〔註142〕

王夫之認為，在封建時期諸侯之國不過百里，在發生水旱災時若向鄰國告糴

〔註139〕趙爾巽：《清史稿》（北京：中華書局，1997年11月，二十四史縮印本），卷一二一〈食貨二〉，頁3561。

〔註140〕〔元〕脫脫：《宋史》（北京：中華書局，1997年11月，二十四史縮印本），卷一七八〈食貨上六〉，頁4342。

〔註141〕〔元〕脫脫：《宋史》（北京：中華書局，1997年11月，二十四史縮印本），卷三十五〈本紀第三十五孝宗三〉，頁677。

〔註142〕〔清〕王夫之：《讀通鑑論》（長沙：嶽麓書社出版，1996年2月），頁726。

而鄰國不應，則百姓不免餓死。基於這個原因，儲米以備荒才有其必要。普天之下莫非王土及交通極其便利的時代，斂人民之粟儲存於社倉，最後只會浪費米粟，使其腐朽於倉內，災害來時也不得食。王夫之整個論點是建構在「四海一王，舟車銜尾以相濟」即交通方便，不同地區可以互為支援之上的。但是不同地區真的會互相支援嗎？馮賢亮分析明清江南地區災荒嚴重的原因時，歸納出幾點：(1)不興修農田水利。(2)荒於農田耕作。(3)江南所產糧食不足自給，需由江西湖廣等地引進。但是一遇水旱災害，江西、湖廣等地已先行遏糴，使江南商販（銘：糧食商）空手而返〔註143〕。依馮賢亮的研究，不同地區間在重大天災未必會互相支援。這個現象其實是可以理解的：若甲乙兩地相鄰，甲地糧有餘而乙地糧不足。平日甲將多餘之糧賣給乙地，以賺取金錢。但是當乙地發生水旱災時，所需輸入的糧食數量大增，糧價上漲。乙地天災使得甲地的糧商有厚利可圖，有更強的動機將糧食賣給乙地。但在甲地糧商有厚利可圖的同時，也造成甲地人民心中的不安，害怕本地的糧商將過多糧食輸往乙地，造成糧食不足或糧價上漲，於是甲地政府發布「遏糴」的命令就不足為奇了。王夫之又云：

> 有名美而非政之善者，義倉是也。……行之善，而猶不足以賑荒者，假使社有百家，歲儲一石，三年而遇水旱，曾三百石之足濟百家乎？倘水旱在三年之外，粟且腐壞蟲蝕，而不可食也。且儲粟以一石為率，將限之邪？抑貧富之有差邪？有差，而人詭於貧，誰尸其富？家限之，則歲計不足，而遑計他年？均之為農，而有餘以資義倉，其勤者也；及其受粟而多取之者，其惰者也；非果有君子長者以仁厚化其鄉，而惰者亦勸於耕，以廉於取，則徒取之彼以與此，而誰其甘之？不應，抑將刑罰以督之，并里不寧而詬訟興，何義之有？〔註144〕

一石為相當於 67.95 公斤，則三百石為 20,385 公斤。若一家五口，百家為五百人。五百人分食 20,385 公斤之米，則每人可食 40.77 公斤之米。若一公斤之米可供一人食用三天，則每人四十公斤之米足以支持一百二十天。所以三百石真的足濟百家，而非王夫之所云之不足濟。筆者所駁或許太過吹毛求疵，

〔註143〕馮賢亮：《明清江南地區的環境變動與社會控制》（上海：上海人民出版社，2002 年 8 月），頁 226～228。
〔註144〕〔清〕王夫之：《讀通鑑論》（長沙：嶽麓書社出版，1996 年 2 月），頁 702。

王夫之的重點在於：（1）米粟不耐久藏，儲藏超過三年則不能食用；（2）平均每家歲儲一石，若家家相同，必有無法納糧之家；若貧富有別，則富者將裝窮；（3）同為農，富農因勤而納糧多，貧農因懶而納糧少；但在災時，貧農取糧卻可能多取，這完全不符合公平正義的原則。也因此，實施義倉必然會造成人民因不平而官司不斷的情形。由此可見王夫之反對義倉的理由在於：「義倉」難以執行。「義倉」難以執行，並不只是王夫之個人的看法，康熙、雍正也有類似的觀點。《清史稿・食貨二・倉庫》載有清初二位盛世之主的看法，文云：

> 其社義各倉，起於康熙十八年。戶部題准鄉村立社倉，市鎮立義倉，公舉本鄉之人，出陳易新。春日借貸，秋收償還，每石取息一斗，歲底州縣將數目呈詳上司報部。六十年，奉差山西左都御史朱軾奏請山西建立社倉，（康熙）諭曰：「從前李光地以社倉具奏，朕諭言易行難，行之數年，果無成效。張伯行亦奏稱社倉之益，朕令伊暫行永平地方，其有效與否，至今未奏。凡建設社倉，務須選擇地方敦實之人董率其事。此人並非官吏，借出之米，還補時遣何人催納？即豐收之年，尚難還補，何況歉歲？其初將眾人米穀扣出收貯，無人看守，及米石缺空，勢必令司其事者賠償，是空將眾人之米棄於無用，而司事者無故為人破產賠償也。〔註145〕

又云：

> （雍正）五年，因湖廣社倉虧空，（雍正）諭：「邇年督撫辦社倉最力者，惟湖廣總督楊宗仁。今據福敏盤查，始知原報甚多，而現貯無幾。朕思舉行此法實難。我聖祖仁皇帝深知之，是以李光地奏請而未允，張伯行暫行而即罷。蓋在富民無藉乎倉，則輸納不前，而貧者又無餘粟可納。至於州縣官，實心者豈可多得？湖廣虧缺之數，倘係州縣私用，必嚴追賠補，或民間原未交倉，或交倉之數與原報多寡不符，若令照數完納，恐力未敷，須斟酌辦理。」〔註146〕

康熙時，李光地、張伯行皆曾奏請設立社倉，但是皆成效不佳。康熙分析社倉不易施行的原因在於董其事者為民間之人，借出之米無法收回。況且收貯

〔註145〕趙爾巽：《清史稿》（北京：中華書局，1997 年 11 月，二十四史縮印本），卷一二一〈食貨二〉，頁 3559。

〔註146〕趙爾巽：《清史稿》（北京：中華書局，1997 年 11 月，二十四史縮印本），卷一二一〈食貨二〉，頁 3560。

之米無人看守，及儲米缺空又要賠償，所以社倉不易施行。雍正也認為社倉不易實施，但所言與康熙不同。雍正指出，富民不需要社倉，故不願納糧；貧民需要社倉，但不能納糧。再加上縣官無心管理，民間所報交倉之糧可能與實際交倉之糧有出入，這都是社倉難以實施的原因。李光地、張伯行既然敢奏請實施社倉，康熙又重視其結果，李張二人必全力以赴，但兩人卻都以失敗收尾，可見社倉法必然極難實施。但是由宋之朱子及清之涂官俊成功實施社倉法看來，似乎也不是絕對不可能。決定成敗的關鍵可能在於：是否有嚴密的執行辦法及良好的執行者〔註147〕。其實，主「社倉」者除了認為社倉確能實施之外，也認為社倉有助於降低貧富對立及維持社會秩序。魏禧〈救荒策〉論「立義倉」云：

> 貧民富民，多不相得。富者欺貧，貧者忌富。貧民閒時，已欲見事風生，一迫饑饉，則勢必為亂。初然搶米，再之劫富，再之公然嘯聚為賊。……所以朱子脩舉社倉，不特救一時餓殍，實所以保富全貧，護人身家，養人廉恥，為法至善。〔註148〕

由魏禧之語可知，富欺貧、貧忌富的現象已使富人與貧民在平日就勢同水火，若發生水旱災而使地方發生饑荒，貧民就會奪米、劫富、做賊。社倉（銘按：社倉與義倉常混用）在災時使得貧民尚有糧食可維持生存，可適時發揮緩解貧富對立的作用（銘：災時因富人自有存糧而在短時間內不虞匱乏；貧民則平日僅可勉強度日，無力存糧，災時自然無糧可食）。同時也維持了社會秩序。綜合上述正反兩面意見，筆者認為在傳統農業社會「社倉」仍有其必要，只要有週延的制度法規（如：(1)借穀有借據，而借據具法律效用；(2)適時散發舊穀以易新穀）及適任的執行者，社倉制仍可運作。但是由於平時富者不願輸米，災時也不需社倉之米而貧者平時不能輸米，災時卻需社倉之米。造成了不公平的現象，也成了社倉施行的最根本的阻礙。明末清初盛行的功過

〔註147〕澆民多逐末，不重蓋藏，義倉無實儲。官俊謂積穀備荒，莫善於年出年收。躬詣各鄉勸諭捐穀，嚴定收放之法，民感其誠，輸納恐後，倉皆充實。十九年，旱荒，全活凡數萬人。編保甲，捕盜賊，地方靖謐。官俊故績學，立賓興堂，置性理、經濟有用之書，日與諸生講習。增義塾，定課程，親考校之。凡有利於民者，為之無不力。二十年，卒。疾篤時，猶強起治事，捐俸千金以恤孤貧。趙爾巽：《清史稿》（北京：中華書局，1997年11月，二十四史縮印本），卷四七九，頁13090。
〔註148〕〔清〕魏禧著；胡守仁、姚品文、王能憲校點：《魏叔子文集（上冊）》（北京：中華書局2003年6月），頁168。

格，有勸諭富人於天災時煮粥濟貧而無食者，並以此可獲功德，這或許能稍
濟社倉之窮。

2. 自由遷徙與從業

亞當‧斯密認為，個人的利害關係與情欲，自然會使他們把資本投在通
常最有利於社會的用途。但若由於這種自然的傾向，他們把過多資本投在此
等用途，那麼這些用途的利潤的降落，和其他各用途利潤的提高，立即使他
們改變這錯誤的分配。用不著法律干涉，個人的利害關係與情欲，自然會引
導人們把社會的資本，盡可能按照最適合於全社會利害關係的比例，分配到
國內一切不同用途〔註149〕。上述亞當‧斯密的說法或許太過抽象，舉例來說
明可能較易明白。有人賣起葡式蛋塔，獲利豐厚。但也引起其他人也一窩蜂
地開起葡式蛋塔店，最後因競爭者眾，而利潤下滑。後來有人又開發台式蛋
蛋塔，利潤遠比葡式蛋塔高，自然會吸引原先賣葡式蛋塔的業者轉賣台式蛋
蛋塔。「若由於這種自然的傾向，他們把過多資本投在此等用途，那麼這些用
途的利潤的降落」相當於「有人賣起葡式蛋塔，獲利豐厚。但也引起其他人
也一窩蜂地開起葡式蛋塔店，最後因競爭者眾，而利潤下滑。」「其他各用途
利潤的提高，立即使他們改變這錯誤的分配」相當於「後來有人又開發台式
蛋蛋塔，利潤遠比葡式蛋塔高，自然會吸引原先賣葡式蛋塔的業者轉賣台式
蛋蛋塔。」換言之，政府根本不需要教導人民如何將手中的資本投入於何處，
人民自己會思考將資本投入何處可獲得最大的利益。王夫之也有與亞當‧斯
密類似的看法。他說：

> 天下而一王矣，何郡何縣而非一王之土？為守令者，暫相事使而固
> 非其民，民無非天子之民也。土或瘠而不給於養，吏或虐而不恤其
> 生，政或不任其土之肥瘠，而一概行之，以因其瘠，於是乎有去故
> 土、脫版籍而之於他者。要使耕者耕，工者工，賈者賈，何損於大
> 同之世，而目之曰逃人，有司者之誣辭也，惡足聽哉！民不可使有
> 不服籍者也，客勝而主疲，不公也；而新集之民，不可驟役者也，
> 生未定而力不堪也。若夫撿括之而押還故土，尤苛政也。民不得已
> 而遠徙，抑之使還，致之死也。……安集之法，必令供所從來，而
> 除其故籍，以免比閭宗族之代輸，然後因所業而徐定其賦役，則四

〔註149〕〔英〕亞當‧斯密：《國民財富的性質和原因的研究（下卷）》（北京：商務印
書館，1974 年 6 月），頁 199。

海之內，均爲王民，實不損，而逃人之名奚足以立乎？〔註150〕
王夫之指出，在天下一王之世，縣令只是代天子管理人民而已，全天下之民
皆天子之民，所以實無必要限制人民定著於家鄉。因爲天下的土地地力肥瘠
不一，吏治良窳不同，人民有離開家鄉至外地謀生，常是不得不然的選擇。
只要人民能各依其性其能而從事農、工、商，有何妨礙？強令外地謀生之人
回鄉，等於逼迫人民去死。正確的做法應該是：除去遷入者之原籍，並以其
職業別而定其賦役，如此一來國家的歲入並不會減少。筆者之所以認爲王夫
之的看法與亞當・斯密類似，主要是著眼於王夫之主張自由遷徙及自由從業
上的。自由遷徙，可使一個地區投入的資金有較合理的報酬，如每個農民可
以分到符合經濟效益的土地面積（銘按：耕地太小，浪費人力，收益不佳）；
自由從業，也就是亞當・斯密「分工」的概念，每個人從事自己擅長的職業，
可以使國家的總體產能增加。

3. 人民會自謀生路，政府不必均田

亞當・斯密云：每個人改善自身境況的一致的、經常的、不斷的努力是
社會財富、國民財富及私人財富所賴以產生的重大因素〔註151〕。又云：各個
人都不斷地努力爲他自己所能支配的資本找到最有利的用途〔註152〕。依上述
所引兩段亞當・斯密的說法，我們可以歸結爲：每個人都會爲改善自身境況
而努力不懈，並以最有利的方式運用自己的資本。王夫之雖不曾說出抽象的
理論，但是其論述是亞當・斯密之說相通的。他說：

> 迨其亂定而生齒蕃，後生者且無以圖存，於斯時而爲之君者將如之
> 何？蕃庶而無以綏之則亂，然則人民之乍然而蕃育者，抑有天下者
> 之憂也。雖然，王者又豈能他爲之賜哉？抑豈容作聰明、制法令以
> 爲之所哉？唯輕徭薄賦，擇良有司以與之休息，漸久而自得其生，
> 以相忘而輯寧爾。……隋滅陳而天下一，於是而戶口歲增，京輔、
> 三河地少人眾，且無以自給，隋乃遣使均田，以謂各得有其田以贍
> 生也。唯然，而民生困愈亟矣。人則未有不自謀其生者也，上之謀
> 之，不如其自謀；上爲謀之，且弛其自謀之心，而後生計日蹙。故

〔註150〕〔清〕王夫之：《讀通鑑論》（長沙：嶽麓書社出版，1996 年 2 月），頁 843。
〔註151〕〔英〕亞當・斯密：《國民財富的性質和原因的研究（上卷）》（北京：商務印
書館，1983 年），頁 310。
〔註152〕〔英〕亞當・斯密：《國民財富的性質和原因的研究（上卷）》（北京：商務印
書館，1983 年），頁 25。

勿憂人之無以自給也，藉其終不可給，抑必將改圖而求所以生，其
依戀先疇而不舍，則固無自斃之理矣。……夫王者之有其土若無其
土也，而後疆圉以不荒；有其民若無其民也，而後御眾而不亂；……
均田令行，狹鄉十畝而籍一戶，其虐民可知矣。則爲均田之說者，
王者所必誅而不赦，明矣。〔註153〕

王夫之認爲，在戰亂之後人口必然會急遽增加，這時國君所應做的，是「輕
徭薄賦，擇良有司以與之休息」。也就是說，國君只要制定公平的規則，就已
足夠。無須插手細部規劃。如隋之均田，以爲可使人人有田以自給，但卻使
過多的人口不能由土地釋出，致使民生愈困。王夫之指出，人人皆會自謀其
生，政府之謀不如人民自謀。這不是與筆者所歸結亞當斯密之說相合嗎？而
王夫之所謂「王者之有其土若無其土也，而後疆圉以不荒；有其民若無其民
也，而後御眾而不亂」，不就是放鬆管制讓「各個人都不斷地努力爲他自己所
能支配的資本找到最有利的用途」嗎？王夫之放鬆管制人民自會謀求自己最
大利益的觀點，亦見於他評論朱熹之言徹法上。他說：

《集註》之言徹法，在《論語》則曰「同溝共井之人通力合作，計
畝均收」……而《論語註》合作均收之說，則事理之所必無者
也。……人有強羸之不齊，勤惰之不等，愿詐之不一，天定之矣，
雖聖人在上，亦惡能取而壹之乎！如使聖人能使其民人己心力之大
同而無間，則並此井田疆界可以不設，而任其交相養矣。……今使
通力合作，則惰者得以因人而成事，計畝均收，則姦者得以欺冒而
多取，究不至於彼此相推，田卒污萊，虞詐相仍，鬥訟蠹起而不
止。立法之不臧，未有如此之甚者也。……要之，人各治其田而自
收之，此自有粒食以來，上通千古，下通萬年，必不容以私意矯拂
之者。〔註154〕

王夫之認爲朱熹《論語集註》將「徹法」詮釋爲「同溝共井之人通力合作，
計畝均收」在事理上是不可能的。因爲人有強弱、勤惰、誠詐之不同，這是
聖王在上也無法改變的。如果真能使人民通力合作，計畝均收，則連田界都
可不設，人民自能互助合作。若政府以法令強迫人民通力合作，則惰者可以

〔註153〕〔清〕王夫之：《讀通鑑論》（長沙：嶽麓書社出版，1996 年 2 月），頁 709
～711。
〔註154〕〔清〕王夫之：《四書稗疏》（長沙：嶽麓書社出版，1996 年 2 月），頁 41～
44。

少出力、姦者可以多取，最後必然會大家不願盡力耕作而致田地不理。總之，王夫之「通力合作，計畝均收」是行不通的。人人各治其田，自負豐欠之責，才是符合人性可長可久之道。王夫之對於人性的觀察實在透徹，因為在文化大革命已經證實了「通力合作，計畝均收」是一個不切實際的夢想了。

第九章　顏元的經世致用之道

第一節　斥程朱理學及佛道

　　顏元是清初一個極重要的思想家，本文在探討顏元的經世之學時，與先前探討黃宗羲、顧炎武、王夫之等人時略有不同，即本章除了分析顏元對政治制度、軍事制度、社會控制外，將會觸及顏元對程、朱（含陸王）理學及佛、道的看法。何以要論述顏元對程、朱（含陸王）理學及佛、道的看法呢？這是因為：顏元認為，必破程、朱（含陸王）及佛、道，孔、孟及三代之制度才可恢復。換言之，破程、朱、佛、道是復孔、孟三代的前提，沒有這個前提是談不上復孔、孟三代的。亦即，捨棄顏元批評程、朱（含陸王）理學而不談，將無法深入瞭解顏元復孔、孟三代制度的用意。

　　顏元早年亦是程朱、陸王的信徒，他在〈王學質疑跋〉云：「二十三歲得陸、王二子語錄，而始知世有道學一派，深悅之，以為孔、孟後身也。……至二十六歲得《性理大全》，見周、程、張、朱語錄，幡然改志，以為較陸、王二子尤純粹切實，又謂是孔、孟後身也。……第自三十四歲遭先恩祖母大故，一一式遵《文公家禮》，頗覺有違於性情，已而讀周公《禮》，始知其刪修失當也。及哀殺，檢《性理》乃知靜坐讀講非孔子學宗；氣質之性，非性善本旨也。朱學蓋已參雜於佛氏，不止陸、王也。」〔註1〕《顏習齋先生年譜》三十四歲條亦載：

〔註 1〕　〔清〕顏元著：《習齋記餘》，卷六，收錄於《顏元集》（北京：中華書局，1987　年 6 月），頁 496～497。

四日斂，入棺，易古《禮》「朝一溢米、夕一溢米」，爲三日一溢米。……
朱氏一老翁憐之，間語曰：「嘻！爾哀毀，死徒死耳。汝祖母自幼不
孕，安有爾父？爾父，乃異姓乞養者。」先生大詫！往問嫁母，信，
乃減哀。……先生居喪，一遵朱子《家禮》，覺有違性情者，校以古
《禮》，非是，著《居喪別記》。茲哀毀，思學，因悟周公之六德、
六行、六藝，孔子之四教，正學也，靜坐讀書，乃程、朱、陸、王
爲禪學、俗學所浸淫，非正務也。〔註2〕

由先生（顏元）居喪，一遵朱子《家禮》，對照「易古《禮》『朝一溢米、夕
一溢米』，爲三日一溢米。」可以推知，三日一溢米當爲朱子《家禮》之制。
相較於古《禮》一日兩溢米（三日六溢米），朱子之制所食之米僅及六分之一。
若全依朱制，對於居喪者之身心實爲極嚴苛的考驗。顏元完全遵照朱子《家
禮》守喪，最後卻發覺（恩）祖母不孕的事實，換言之自己所受的身心折磨
是徒然無功的。《顏習齋先生年譜》三十五歲條載：

正月，著《存性編》，原孟子之言性善，排宋儒之言氣質不善。畫性
圖九，言氣質清濁、厚薄，萬有不同，總歸一善；至於惡則後起之
引、蔽、習、染也。……十一月，著《存學編》，共四卷。大要謂學
者，士之事也，學爲明德、親民者也。《周官》取士、以六德：知、
仁、聖、義、忠、和；六行：孝、友、睦、姻、任、卹；六藝：禮、
樂、射、御、書、數。孔門教人，以禮樂兵農，心意身世，一致加
功，是爲正學，不當徒講；講亦學習道藝，有疑乃講之，不專講書。
蓋讀書乃致知中一事，專之則爲浮學，靜坐則禪學。〔註3〕

三十四歲居喪，三十五歲著批程朱理學之《存性編》及揚孔、孟之《存學編》，
以其時間之相近不得不令人懷疑顏元反程、朱理學與居喪期間發現死去之祖
母並非親生祖母有著相當程度的關聯。亦即，顏元反程、朱理學，或許導因
於居喪期間所受之挫折。然而顏元並無文字描述其心理之轉折，故筆者所言，
僅僅是據年譜記載之推論罷了。若擱置顏元反程、朱之心理因素置不論，專
就其反程、朱之理論予以剖析，不難發覺顏元對理學弊端之理解，的確稱得
上是隻眼獨具。

〔註2〕〔清〕李塨、王源著：《顏習齋先生年譜》，卷下，收錄於《顏元集》（北京：
中華書局，1987年6月），頁725～726。
〔註3〕〔清〕李塨、王源著：《顏習齋先生年譜》，卷下，收錄於《顏元集》（北京：
中華書局，1987年6月），頁726～730。

一、破一分程朱，入一分孔孟

《顏習齋先生年譜》於五十八歲條下載：「予未南遊時，尚有將就程、朱，附之聖門支派之意，自一南遊，見人人禪子，家家虛文，直與孔門敵對，必破一分程、朱，始入一分孔、孟，乃定以爲孔、孟、程、朱，判然兩途，不願作道統中鄉願（愿）矣。」〔註4〕在顏元眼中，程、朱與孔孟是敵對的，不可並立的。他反對程朱之學，主要集中於氣質之性、靜坐這兩個部分。

（一）氣質之性非惡

劃分「天地之性」（義理之性）、「氣質之性」始於張載及程頤，楊儒賓將張載的「氣質之性」，歸納如下：

> 簡單的說，張載所說的「氣質」，即是「氣質之性」，氣質之性是經驗性的人性，它近於經驗科學的生理學或心理學所界定的人性，傳統的用語則爲「氣性」、「才性」這類的意思，它涵蓋的範圍遠從構成存在物質底層的氣，以至高等生物的感官知覺，無不可歸屬於「氣質之性」。〔註5〕

依上述引文，張載的「氣質之性」，其實就是人類天賦的形質（先天的；如：高矮胖瘦、聰明愚笨）及先天形質與後天環境交互作用而形成的個性（如：剛烈、柔弱……）。顏元曰：

> 程子曰：「善惡皆天理。謂之惡者，本非惡，但有過或不及便如此。蓋天下無性外之物，本皆善而流於惡耳！」玩「本非惡，但有過或不及便如此」語，則程子本意亦未嘗謂氣質之性有惡，凡所謂善惡者，猶言偏全、純駁、清濁、厚薄焉耳。但不宜輕出一惡字，馴至有「氣質惡爲吾性害」之說，立言可不慎乎！「流於惡」「流」字有病，是將謂源善而流惡，或上流善而下流惡矣。不知源善者流亦善，上流無惡，下流亦無惡，其所爲惡者，乃是他途歧路別有點染。譬如水出泉，若皆行石路，雖自西海達於東海，毫不加濁，其有濁者，乃虧土染之，不可謂水本清而流濁也。知濁者爲土所染，非水之氣

〔註4〕〔清〕李塨、王源著：《顏習齋先生年譜》，卷下，收錄於《顏元集》（北京：中華書局，1987年6月），頁774。

〔註5〕楊儒賓：〈變化氣質、養氣與觀聖賢氣象〉，《漢學研究》第十九卷第一期（民國90年6月），頁104。

質，則知惡者是外物染乎性，非人之氣質矣。〔註6〕

顏元認為：程頤並不主張「氣質之性有惡」，他所謂的善惡其實與偏全、純駁同義，但是因其以善惡言氣質，所以朱子有「氣質惡為吾性害」之說法。「流於惡」，亦有語病。這會使人以為義理之性為善，氣質之性為惡，但事實上氣質之性不可稱惡，惡乃是來自於習俗之染。因習俗之染而表現在行為上之惡，與人類本然之「氣質」無關。習俗與土一樣都是外物，水之污與人之惡其污染源皆與本體（水、氣質）無關。顏元之所以極力澄清「氣質之性非惡」，根本的原因在於他察覺到了「氣質」正是成性成德之基礎，他說：

> 與傅惕若言：「氣質正吾性之附麗處，正吾性作用處，正性功著手處。」
> 惕若問：「如何著手？」（顏元）曰：「如敬之功，非手何以做出恭、
> 孝之功？非面何以做愉色婉容？」〔註7〕

又說：

> 伯夷氣質近清，柳下惠氣質近和，各就所近而使清和，得天理之正，
> 便是聖人。宋儒必欲剛變成柔，似非如是。〔註8〕

上述第一則引文，顏元所云之「如敬之功，非手何以做出恭、孝之功？非面何以做愉色婉容？」，相信程、朱也必然不會反對，然而程朱強調的「氣質」主要指個性上的（寬）厚／（奇）薄，急／緩，並且以中庸適度（無過厚、過薄，急燥、緩散）為最高境界。若依程、朱之修養工夫，最後將導致人人的性格趨於雷同，而無法將天賦之性格與才能發展至極至。第二則引文可以充分看出顏元的思想：順著各人氣質之所近，充分發展至極至皆可為聖人，即可有性格剛烈之聖人、性格柔和之聖人及種種樣態之聖人，絕不必千聖一面。這種將個人的性格才智充分發展即為「聖人」的說法，其實也是重新定義「聖人」。重新定義聖人，最大的意義在於將學術範疇由「德性」解放出來，使學問不再總是繞著「德性問題」。顏元云：

> 人各有稟賦之分，如彼農夫，能勤稼穡以仰事俯畜，斯不負天之生
> 農矣；如彼商賈，能勤交易，計折閱，而無欺詐，斯不負天之生商

〔註6〕〔清〕顏元：《四存編》（台北：世界書局，1984年3月），〈存性編〉，卷一，頁10～11。

〔註7〕〔清〕顏元著《顏習齋言行錄》，卷下，收錄於《顏元集》（北京：中華書局，1987年6月），頁664。

〔註8〕〔清〕顏元著《顏習齋言行錄》，卷下，收錄於《顏元集》（北京：中華書局，1987年6月），頁684。

矣：學者自勘，我是何等稟賦？若不能修德立業，便是不能盡其性，
便是負天，便是負父母之生。〔註9〕

不論爲農、爲商、爲士，只要能盡職守分即不負天、不負父母，即是盡其性，
這與清教徒的「天職觀」如出一轍。我們知道「盡性」與「成德」是同義語。
換言之，「聖賢」（成德之人）的內涵已由純粹的個人內心道德修養轉變爲職
業道德（能立其業；如：農夫勤稼穡、商賈勤交易、學者修德立業）這種轉
變會造成怎樣的後果呢？若各人依其職業盡其職業道德即是盡性即是聖賢，
必然會引發人們思考每一行的職業道德爲何？該盡的本分爲何？最後只能以
外在的功效來衡定。如：農人以土地單位面積之生產量評殿最，商人以商品
販售之多寡論高下，士大夫（學者）也要以外在的事功（安邦定國）定賢愚。
如此一來，職業道德將會建立，社會的價值也會趨向多元。

（二）讀書靜坐與習行六藝

　　顏元自三十四歲爲恩祖母守喪之後，學術思想起了極大的變化，對於理
學不再信仰，並轉而上遡孔、孟三代之學，提出三事、六府、六德、六行、
六藝，講究習行，僅將讀書視爲「學」中之一事。讀書在顏元學術系譜中不
再居於重要的地位。顏元於〈上太倉陸桴亭先生書〉云：

　　（孔孟以前之人）雖不幸而君相之人竟爲布衣，亦必終身盡力於文、
　　行、體、用之實，斷不敢以不堯、舜，不禹、皋者，苟且於一時虛
　　浮之局，高談袖手，而委此氣數，置此民物，聽此天地於不可知也。
　　亦必終身窮究於文、行、體、用，斷不敢以惑異端，背先哲者肆口
　　於百喙爭鳴之日，著書立說，誤此氣數，壞此民物，負此天地於不
　　可爲也。……某爲此懼，著《存學》一編，申明堯、舜、周、孔三
　　事、六府、六德、六行、六藝之道，大旨明道不在詩書章句，學不
　　在穎悟誦讀，而期如孔門博文約禮，身實學之，身實習之，終身不
　　懈者。〔註10〕

顏元以孔、孟做爲分界點，指出在孔孟以前有才德之人雖不獲賞識而在野（雖
不幸而君相之人竟爲布衣），也必定盡力於實學，而不敢從事於虛談，高談袖

〔註9〕　〔清〕顏元著《顏習齋言行錄》，卷下，收錄於《顏元集》（北京：中華書局，
　　　　1987年6月），頁666。
〔註10〕　〔清〕顏元：《四存編》（台北：世界書局，1984年3月），〈存學編〉，卷一，
　　　　頁51～53。

手置民生國運於不顧，也不敢於異端充斥之時，僅著書立說而無所做為。但是宋以後之理學家們卻只知談心性、著書立說，對於國勢民生無絲毫之裨益，對異端充斥也毫無對策。有鑑於此，顏元著《存學編》以明道不在詩書章句等儒學經典的詮釋上，而在實際之學與習（操練）。他指出朱子分年試經史子集之法，絕對不能裨益國家，他說：

> 方且欲以易天下，令人截年讀某書、某書，子卯科試之，又截年讀某書、某書，午、酉科試之。莫謂天下莫之能從也，即使此議（銘按：指朱熹〈分年試經史子集議〉）得上，朝廷從之，群天下之人而納之佔畢講作之中，盡朝廷之歲月而涸之考試選校之內，而紙筆之文章策畫，終不可以為智、仁、聖、義、中、和，非正德也；終不可以為孝、友、睦、婣、任、卹，非厚生也；終不可以為禮、樂、射、御、書、數，非利用也。……天下皆讀、作、著述、靜坐，則使人滅棄士、農、工、商之業，天下之德不惟不正，且將無德；天下之用不惟不利，且將不用；天下之生不惟不厚，且將無生。是之謂曲學，是之謂異端。〔註11〕

顏元認為朱熹分年試經史子集的辦法若得以施行，將使天下之人將所有時間投入無用之紙筆文章之學習，這對於正德、利用、厚生三事不但無益，甚且會使天下人廢業而導致無德、不用、無生之嚴重後果，朱子之學可說是曲學（按：不正之學，非詩詞曲之曲）、異端。顏元之所以會對朱子做如此嚴厲的控訴，與他認定時間精力有限，若從事朱學將會排擠從事孔、孟三代之學之時間與精力的假設有關。他說：

> 朱子雖逃禪歸儒，惜當時指其差誤猶有未盡處。只以補填禮、樂、射、御、書、數為難，謂待理會道理通透，誠意正心後，方理會此等，便是差誤。夫藝學，古人自八歲即習行，反以為難，道理通透，誠意正心，乃大學之純功，反以為易而先之，斯不亦顛倒乎！……即使強以其鏡花水月者命之為通透誠正，其後亦不能理會六藝。蓋有三故焉：一者，游思高遠，自以為道明德立，不屑作瑣繁事。一者，略一講習，即謂已得，未精而遽以為精。一者，既廢藝學，則其理會道理，誠意正心者，必用靜坐讀書之功，且非猝時

〔註11〕 〔清〕顏元著《習齋記餘》，卷九，收錄於《顏元集》（北京：中華書局，1987年6月），頁565。

所能奏效。及其壯衰，已養成嬌脆之體矣，烏能勞筋骨，費氣力，

作六藝事哉？〔註12〕

顏元認為朱熹將小學及大學之為學順序倒行逆施，是極大的差錯。禮、樂、射、御、書、數是古代之小學，是每日習練施行的，朱熹卻以為難而暫緩學習；誠意正心之學是古代大學之課程，朱熹卻以為易而將其視為學習之首務。在朱子眼中，正心誠意是為學之本，有了道德之後再去考究古代制度才不致於為惡，況且卻了解古代制度之詳略也非一朝一夕所能講究。在顏元眼中，先習練施行制度儀節，由儀節之操練中養成身心之習與德，最後再講究抽象的正心誠意道德。顏元以為：若依朱熹之法，容易產生三種弊病：(1)不屑作瑣細繁雜之事；(2)自以為成德；(3)體弱而不能行六藝。換言之，若依朱子之學，絕無成就事功之可能。〔註13〕

　　顏元反對靜坐有一個很重要的理由，就是靜坐使學者精神困疲、身體虛弱而不能承擔「經世大業」，他說：

養身莫善於習動，夙興夜寐，振起精神，尋事去作，行之有常，並不困疲，日益精壯；但說靜息將養，便日就惰弱。故曰「君子莊敬日強，安肆日偷」。〔註14〕

又說：

先生曰：「吾輩若復孔門之學，習禮則周旋跪拜，習樂則文舞、武舞，習御則挽強、把彎，活血脈，壯筋骨，『利用』也，『正德』也，而實所以『厚生』矣。豈至舉天下胥為弱女，胥為病夫哉！」〔註15〕

以上二則與今日提倡體育以強身健體，增強意志力如出一轍。文舞、武舞，

〔註12〕〔清〕顏元：《四存編》（台北：世界書局，1984年3月），〈存學編〉，卷三，頁78～79。

〔註13〕予曰：「人之精神無多，恐誦讀消耗，無歲月作實功也。倘禮樂嫻習，但略閱經書數本，亦是足否？」王子（王法乾）曰：「誦讀不多，出門不能引經據傳，何以服人？」予曰：「堯、舜諸聖人所據何書？且經傳，施行之證佐；全不施行，雖證佐紛紛，亦奚以為？今《存學》之意若行，無論朝廷、宗廟，即明倫堂上，亦將問孰嫻周旋，孰諳絲竹，孰射賢，孰算勝，非猶是稱章比句之乾坤矣。」〔清〕顏元：《四存編》（台北：世界書局，1984年3月），〈存學編〉，卷一，頁54。

〔註14〕〔清〕顏元著《顏習齋言行錄》，卷上，收錄於《顏元集》（北京：中華書局，1987年6月），頁635。

〔註15〕〔清〕顏元著《顏習齋言行錄》，卷上，收錄於《顏元集》（北京：中華書局，1987年6月），頁648。

即舞蹈，駕御則類今日之賽車。其主張與強國必先強種之說，其實是相同的。這種主「動」的思想，正是顏元的學說受到清末學者重視的最主要原因。顏元雖然反對靜坐，但是乃同意有條件的靜坐。他說：

> 延平李氏曰：「學問之道不在多言，但默坐澄心，體認天理，若宜真有所見，雖一毫私欲之發亦退聽矣。」……試觀孔、孟曾有「靜坐澄心，體認天理」等語否？然吾亦非全屏此功也，若不失周、孔六藝之學，即用此功於無事時亦無妨。但專用力於此，以為學問根本，而又以講說為枝葉，則全誤矣。〔註16〕

顏元認為，「默坐澄心，體認天理」絕非孔、孟之學，但是也並非絕不可靜坐，若是能習行周、孔禮、樂、射、御、書、數，於閒時靜坐亦無妨。對照「養身莫善於習動，夙興夜寐，振起精神，尋事去作，行之有常，並不困疲，日益精壯；但說靜息將養，便日就惰弱。」，二種說法似乎存在著矛盾。但是若以「頻率之疏密」來理解，就會發覺二者並不矛盾——平時頻繁習行六藝，勞動身體，偶爾靜坐收攝身心，是兩不相妨的。但是以六藝為要、為主，以靜坐為次、為輔，則斷然不可混淆。

二、排佛道，崇儒學

顏元不止排程朱、陸王之理學，他對於佛教與道教乃至於佛道儒混合之民間宗教皆深惡痛絕。自明末以來，「三教合一」之說甚為流行，許多人認為儒、釋、道之異僅僅是教法之不同，三教在「道」的部分並無多大的差異。各人可視其需求，取徑三教，以解答所面臨的困惑。顏元對於「三教歸一」之說，極其反對。他說：

> 或曰：「三教歸一」先生曰：「佛氏教人務死，仙氏教人貪生，吾儒教人：生盡生道，死盡死道。一乎？不一乎？」〔註17〕

又說：

> 李老（黃門教人）問：「佛、仙與儒何以稱三教？」先生曰：「此亂世之說也。教本於道，道原於天；順天者仁，逆天者賊。君臣、父子、兄弟、夫婦、朋友，天倫也，而釋氏廢之；少壯老衰死，天道

〔註16〕〔清〕顏元：《四存編》（台北：世界書局，1984年3月），〈存學編〉，卷四，頁103。

〔註17〕〔清〕顏元著《顏習齋先生闢異錄》，卷下，收錄於《顏元集》（北京：中華書局，1987年6月），頁612。

也，而仙氏逃之，一則殘天理，一則盜天氣，故曰，二氏者天地之

賊也。」〔註18〕

這裏的「佛氏教人務死」指佛教講究「空寂」，以此世爲苦；「仙氏教人貪生」
指道教講究調息，追求生命之不朽。但是儒家不講彼岸，也不講長生，儒家
講究的是個人在五倫關係中的義務。顏元嚴厲指斥佛教廢棄五倫，違反天倫；
道教追求長生，違反天道。二者是天地之賊，不可與儒家相提並論。顏元甚
至以「無父無君」稱呼釋迦牟尼。他說：

夫佛，西域之無父無君者也，天地之亂賊，吾道之仇敵也。吾儒之

教，父必慈，子必孝，而彼不但不孝、不慈，並無其父子；吾儒之

教，兄必友，弟必恭，而彼不但不友、不恭，並無其兄弟；吾儒之

教，夫必義，婦必順，而彼不但不義、不順，並無其夫婦，戕天經而

毀地義，可不謂亂賊乎！反吾法而非吾道，可不謂仇敵乎！〔註19〕

顏元認爲，儒家的父慈子孝、兄友弟恭、夫義婦順等倫常，是天經地義、亙
古不變的眞理。佛教非但不講倫常，甚且滅絕倫常，所以是亂賊、是仇敵。
上述之引文，顯現出顏元強調的是單一的價值觀——即孔孟三代之學是惟一
的價值與眞理。其餘各種學術絕對不容並存，否則就無法達到太平盛世。有
人認爲，異端不必闢，顏元則云：

或言：「異端與我無怨無德，不必闢。」曰：「何必有怨，神禹與洪

水何怨？湯、武與桀紂何怨？孔子與少正卯何怨？」或曰：「我無

君相之任，何可比也！」曰：「孟子與楊、墨何怨？儒者以天下爲一

體，只我要生天下，那害天下者便是我怨。若只做自了漢，如只管

我孝，天下不孝都無干；只管我弟，天下不弟都無干，便做得眞，

做得成，亦是『小人儒』。那天下不孝，到底是我孝未做盡也；天下

不弟，到底是我弟未做盡也；天地不位，萬物不育，到底是我中和

未致也。」〔註20〕

在顏元眼中，儒者以興天下爲己任，危害天下便是與自己有怨。若只是自己

〔註18〕 〔清〕顏元著《顏習齋先生闢異錄》，卷上，收錄於《顏元集》（北京：中華
書局，1987年6月），頁608。

〔註19〕 〔清〕顏元著《顏習齋先生闢異錄》，卷上，收錄於《顏元集》（北京：中華
書局，1987年6月），頁608～609。

〔註20〕 〔清〕顏元著《顏習齋先生闢異錄》，卷上，收錄於《顏元集》（北京：中華
書局，1987年6月），頁603。

修德而不顧天下之人德不德，就是自了漢，就是小人儒。應該有天下不孝就是自己的孝未做盡；天下不弟（悌），就是自己的弟（悌）未做盡的胸懷。筆者以爲，顏元之說高則高矣！然而不孝不悌原因多端，並不必然是子、弟之不是，天下也絕不可能人人皆孝悌。顏元以不孝悌者（主要針對和尚、尼姑）爲己仇，其實就是一種專制的思想。由他對出家佛教徒的處置手段，可以看得更清楚。他說：

> 古之善言靖異端者，莫如韓子。韓子之言曰：「人其人，火其書，明
> 先王之道以教之。」善哉，三言盡之矣。〔註21〕

又說：

> 愚嘗取而詳推之。目前之耕耘，皆三代之赤子，第自明帝作俑，無
> 恥之民從而效尤，妄談禍福，侈說仙神，枝連蔓長，焚香講道者遂紛
> 紛，其實猶然中國之民也，一旦收爲左道之誅，豈不哀哉！〔註22〕

韓子即韓愈，「人其人，火其書，明先王之道以教之」等語出自韓愈之〈原道〉。所謂人其人，即令僧人還俗；火其書，即焚毀佛經。人其人，火其書，是破，斷絕佛教立足之地。明先王之道以教之，是立，以儒學思想改造原先之信佛者。顏元云：「一旦收爲左道之誅，豈不哀哉！」用意原是不忍無知小民誤入歧途，但是令人感受到的，卻是思想的高壓統治，同時也使人聯想到「文化大革命」。顏元不但在理論上反對佛道，同時也提出具體的辦法。他說：

> 考古謀今，靖之者有九：一曰絕由，四邊戒異色人，不許入中國。
> 二曰去依，令天下毀妖像，禁淫祠。三曰安業，令僧道、尼姑以年
> 相配，不足者以妓繼之，俱還族。不能者各入地籍，許鬻寺觀瓦木，
> 以易宅舍；給香火地或逃戶地，使有恆產。幼者還族，老而無告者
> 入養濟院，夷人仍縱之去，皆所謂「人其人」也。四曰清蘖，有爲
> 異言惑眾者誅。五曰防後，有窩佛老等經卷一卷者誅，獻一卷者賞
> 十兩，許窩者賞五十兩。六曰杜源，令碩儒多著闢異之書，深明彼
> 道之妄，皆所謂「火其書」也。七曰化尤，取向之名僧長道，令近
> 正儒受教。八曰易正，人給《四書》、《曲禮》、《少儀》、《內則》、《孝
> 經》等，使朝夕誦讀。九曰明法，既反正之後，察其孝行或廉義者，

〔註21〕 〔清〕顏元：《四存編》（台北：世界書局，1984年3月），〈存治編〉，頁125。
〔註22〕 〔清〕顏元：《四存編》（台北：世界書局，1984年3月），〈存治編〉，頁126。

　　　旌表顯揚之，察其愚頑不悟者，責罰誅戮之，皆所謂「明先王之道
　　　以教之」也。〔註23〕

顏元依「人其人，火其書，明先王之道以教之」這三個大原則，進而提出九
項具體措施。筆者以為，若這九項措施真的被徹底執行，將會使中國更為封
閉，社會變遷趨於停滯。四邊戒異色人，不許入中國，則外國之異質文化無
法傳入，文化刺激減少，社會變遷自然會變慢。清初佛教早已中國化，也無
大量西方佛教徒入華弘法，「四邊戒異色人，不許入中國」可能有指桑罵槐
（清初天主教之傳教士）的意味在內，只不過這時傳教士得到康熙之賞識重
用，所以用這種方法表達吧！再如清藥、防後、明法等措施，施行效果如何
尚不知，但是使整個社會籠罩在恐怖的氣氛之中則是可預期的。有心人或
政客藉此誣陷仇家或排除異己，也是不難想像的。總而言之，顏元雖有以孔
孟等儒學來端正社會思想的美意，但是施行後果絕對會適得其反。也就是
說，風俗未必變得淳美，社會必定陷於不安。其實，顏元大可不必禁絕宗
教，宗教自有其功能，社會學家 Greeley 提出宗教功能由三個要素組成的，其
說如下：

　　　Greeley 提出三個要素組成的：歸屬、意義和慰藉。「歸屬」源自
　　　Durkheim 的概念——宗教是社會互動的來源；它提供社會面向內外
　　　威脅時的團結；提供和諧。「意義」來自 Weber 的概念——宗教提供
　　　我們看世界的方法（一套指導人類思考的定義和理念）：宗教對於難
　　　以解釋的現象給予意義。因為人類的世界觀是由宗教形成，所以它
　　　也影響其他制度的特性和方向（例如：經濟）。最後，宗教提供「慰
　　　藉」、平靜和安心。它支持存在的制度和提供社會安定。〔註24〕

歸屬、意義與慰藉正是提供人民面對困境苦難的藥方，使其有信心面對不可
控制的天災、人禍，顏元強迫人民不可信仰佛、道，只能依循儒家之教化。
試問，生活困苦，早就不欲生存於世的小民，需要的是「死生有命，富貴在
天」（人民毫無資源，死生早就由天，不必教了）之儒學教誨，或是「佛將降
臨」，災厄將遠的心靈慰藉。縱使真的能禁絕佛教、道教，只要這個世上仍有
天災、人禍，仍有不可控制的因素，宗教就必然存在，因為它是人類脆弱心

〔註23〕〔清〕顏元：《四存編》（台北：世界書局，1984 年 3 月），〈存治編〉，頁 126。
〔註24〕Judsonr. Landis 著，王淑女、侯崇文等譯：《社會學的概念與特色》（台北：洪
　　　葉文化事業有限公司，2002 年 10 月），頁 366～367。

靈的枴杖或浮木。

第二節　政治領域

「井田制」，究竟應歸於「政治領域」或「經濟領域」，對筆者而言是一個極難的判斷。因為若強調人口與土地的分配，則經濟屬性似乎高些；若強調「平均貧富」、「社會公平」，則政治屬性又強些。也因此，筆者於黃宗羲論「井田制」時，將其放在經濟領域討論；於顏元論「井田制」時，則將其放在政治領域討論。如此安排不是因為筆者精神錯亂，而是「井田制」本身的特性使然。

任何一個制度都是為了滿足人民的需要而產生的，在不同的時空環境下，人民的需要又不盡相同，所以制度也必需隨時調整才有可能成為一個好的制度。亦即，若盲目崇古以為有萬世不替的好制度，絕對會與社會實情脫節。顏元似乎就有盲目崇古之弊。他說：

> 昔張橫渠對神宗曰：「為治不法三代，終苟道也。」然欲法三代，宜
> 何如哉？井田、封建、學校，皆斟酌復之，則無一民一物之不得其
> 所，是之謂王道。不然者不治。〔註25〕

顏元認同張載「為治不法三代，終苟道也」之說，提出恢復井田、封建、學校等主張，並且認為可由此使民物各得其所。有人質疑「為治不法三代」之說，即「非王政不足治天下」。但是漢、唐皆非行王政之時，卻有諸葛亮及李泌（鄴侯）為相，使當時亦稱小康，這不是與「非王政不治」矛盾嗎。文云：

> 或曰：若子之言，非王政必不足治天下。顧漢末非行王道時也，孔
> 明何以出？唐葉無行王道事也，鄴侯何以相？是必有濟時之策矣。
> 況王政非十年經理，十年聚養，十年涵洽，不能舉也。倘遇明王賢
> 相，不忍斯民之水火，欲急起拯之，而人材未集，時勢未可，將舍此
> 無道。則所謂大用之而大效，小用之而小效者，又何說也？〔註26〕

非行王政之時而有賢相出，使國家亦有小康的局面，這必定是因為他們有濟時之良策以治理國家。況且施行「王政」必先有長期的準備，才得以實施。

〔註25〕　〔清〕顏元：《四存編》（台北：世界書局，1984年3月），〈存治編〉，頁111。
〔註26〕　〔清〕顏元：《四存編》（台北：世界書局，1984年3月），〈存治編〉，頁123
　　　～124。

此時若有聖明之君相，欲拯斯民於水火之中，但人才、時勢等客觀條件都還不完全具備，似乎也不得不效法孔明、李泌等折衷施行王道之辦法（大用之而大效，小用之而小效——用有小大，王道無小大）。顏元似乎誤以為別人誤解王道有小大。他說：

> 思古人（顏元）曰，王道無小大，用之者小大之耳。為今計，莫要於九典五德矣。除制藝，重徵舉，均田畝，重農事，徵本色，輕賦稅，時工役，靜異端，選師儒——是謂九典也。躬勤儉，遠聲色，禮相臣，慎選司，逐佞人——是謂五德也。為之君者，充五德之行，為九典之施，庶亦駕文、景而上之矣。然不體聖學，舉聖法，究非所以致位育，追唐虞也。是在為君者。〔註27〕

「大用之而大效，小用之而小效」，依其意為大用王道可獲治國之大效用，小用王道可獲治國之小效用，顏元言：「王道無小大，用之者小大之耳」本來就是發問者之意。雖然顏元誤解了發問者之意，但接下來的「九典五德」主張，則有助於我們了解顏元對「君王」的要求。九典多與制度相關，且他處有更詳盡的論述，所以這裏先擱置不論。五德則與君王之品德相關：躬勤儉，遠聲色，禮相臣，慎選司，逐佞人，這五種君王德目又可分為兩組：躬勤儉，遠聲色、逐佞人一組；禮相臣、慎選司一組。國君若能勤儉、遠聲色、逐佞人，即象徵國君自制力良好。但是國君要做到禮相臣及慎選司，除了自制力外，更需要有良好的判斷力。所以禮相臣及慎選司是較為困難的。就筆者寓目所及，顏元對君王的要求似乎僅此一見，且訴求也不脫儒者之常談及道德之勸喻（是在為君者），可見顏元對「君王」無道而危害社會秩序的負面作用，並無強烈的迫切感、危機感。顏元關注的焦點在於君王對維持「社會秩序」的正面作用。他說：

> 夫法度操於人，則民知範吾功罪者，吾上也；司吾生死者，吾上也；時而出入輕重以為平允者，皆吾上也。天下懷王，一國懷君，一獄懷吏，士農工商罔敢愆於職中，逸於職外者，惟吾上是神是嚴也；而上下定矣，貴賤辨矣。〔註28〕

顏元贊成「法度操於人」，即任人而不任法。他認為「法度操於人」將可使人民知道自己的功罪生死及價值標準都操於上司，天下之人皆畏王，一國之人

〔註27〕　〔清〕顏元：《四存編》（台北：世界書局，1984年3月），〈存治編〉，頁124。

〔註28〕　〔清〕顏元：《四存編》（台北：世界書局，1984年3月），〈存學編〉，頁105。

皆畏君，一獄之囚皆畏吏，各行各業的人都不敢怠忽職守，不論非自己職守之事，一切遵從上司的命令及標準。如此一來上下、貴賤之等級就能維持彰顯。筆者以爲，除非是一個人人聖人的社會，否則「法度操於人」，下級人民之生死、功罪全操於上司之主觀意志及好惡，這樣的社會絕對會流於集權恐怖統治。一切以上司爲標準，與《墨子‧尙同》的說法極爲接近，但是墨子最少仍限定以最賢者爲君，次賢者爲三公、諸侯、卿之宰、鄉長家君，顏元對人性實在有著不切實際的樂觀。

一、井田制度

賴建誠〈井田辨諸說辯駁〉指出，井田之說源於《孟子》，但孟子當初的用意是要替滕國規畫「井地」，而非倡議「井田制」。後儒誤解孟子的說法，加上《周禮》之說，誤導了後人對井田制的見解。也就是說，井田制是一個或許在某個地方短暫出現過，但難以長期實際普遍運作的田制。就是井田制眞的存在過，但自商鞅變法之後，已無井田制可言，主張復井田之儒者基本用意在「均貧富」〔註29〕。顏元對井田制度有何主張呢？他說：

> 或問於思古人曰，井田之不宜於世也久矣，子之《存治》，尚何執乎？
> 曰，噫，此千餘載民之所以不被王澤也！夫言不宜者，類謂亟奪富
> 民田，或謂人眾而地寡耳。豈不思天地間田宜天地間人共享之，若
> 順彼富民之心，即盡萬人之產而給一人，所不厭也，王道之順人情，
> 固如是乎？況一人而數十百頃，或數十百人而不一頃，爲父母者，
> 使一子富而諸子貧，可乎？〔註30〕

有人以爲「井田制」久已不行於世，顏元實在不應該堅持要施行「井田制」。顏元則認爲不施行「井田制」是千餘年（商鞅廢井田）來人民不能享受王政的最主要原因。他並指出，反對「井田制」者，所持之理由有二：其一，亟奪富民田必引發抗爭；其二，人多而地寡，田土不夠分配。這兩個因素固然存在，但是天下之田應由天下人所共享，不能使土地集中於少數人之手。在《顏習齋先生年譜》四十三歲條下，有一段顏元與蕭九苞關於「復井田」的問答，可以補充上述之引文，文云：

> 蕭九苞問曰：「復井田，則奪富民產，恐難行。」先生曰：「近得一

〔註29〕賴建誠：《井田辨諸說辯駁》，頁1～7。
　　　　www.econ.nthu.edu.tw/teachers/lai/pdf-files/field_debate.pdf。
〔註30〕〔清〕顏元：《四存編》（台北：世界書局，1984年3月），〈存治編〉，頁111。

策，可行也：如趙甲田十頃，分給二十家，甲止得五十畝，豈不怨
咨。法使十九家仍爲甲佃，給公田之半于甲，以半供上終甲身；其
子賢而仕，仍食之，否則一夫可也。」〔註31〕

蕭九苞以爲，「復井田，則奪富民產」，這個措施必然會引發富人的反抗。顏
元提出了一固解決的方法。如：趙甲有一千畝（一頃爲百畝）的田，十九家
爲甲佃，給公田之半（按：語義不明，或許指沒有分佃之五十畝）的收穫給
趙甲（給公田之半于甲），在趙甲仍存之時，以私田之一半收穫納稅（以半供
上終甲身）。趙甲歿後，若其子賢能仕宦，則仍給公田之半予甲子，否則終於
甲身歿即可。筆者以爲，顏元這個辦法必不能行。原因如下：首先，明清時
期的租佃制本來就是以田地收穫之半爲田租，若依顏元的辦法，地主的獲利
將大爲減少，所以無法消除地主之反抗。其次，若地主之子賢而仕，仍食之。
以人性之常態推測，佃戶必以地主之子不賢而不肯食之，地主之子必將失去
公田之收入。再者，國家於土地無私毫之助益，卻收土地一半之收穫，這樣
的稅率實在太高。顏元又說：

且古之民四，而農以一養其三；今之民十，而農以一養其九；未聞
墜粟於天，食土於地，而民亦不飢死，豈盡人耕之而反不足乎！雖
使人餘於田，即減頃而十，減十而畝，吾知其上糞倍精，用自饒也；
況今荒廢至十之二三，墾而井之，移流離無告之民，給牛種而耕焉，
田自更餘耳。故吾每取一縣，約其田丁，知相稱也。〔註32〕

顏元以爲，古之職業有四（士農工商），農人以一養三；今之職業有十，農民
以一養十，仍能供給全國糧食之所需（而民亦不飢死）。所以人人爲農，糧食
必更充足。雖然可能發生農業人口過多（人餘於田），使得耕作面積大減（減
頃而十，減十而畝），但是仍可藉施肥來彌補人均耕作面積縮小的不利情形。
況且，清初戰亂之後仍有十分之二、三之荒地可供開墾，若政府供給牛、
種，可利用的田地自然更爲充足。筆者以爲，顏元上述之論必不可行，理由
如下：其一，中國的自古以來之農業人口約佔總人口之八、九成，一養其
三、一養其九應理解爲農人養其他三種、九種非農業人口。不論是一養其三
或一養其九，非農業人口之其他職業從業者皆不會超過總人口之百分之二

〔註31〕　〔清〕李塨、王源著：《顏習齋先生年譜》，卷下，收錄於《顏元集》（北京：
　　　　　中華書局，1987年6月），〈四十三歲〉，頁746。
〔註32〕　〔清〕顏元：《四存編》（台北：世界書局，1984年3月），〈存治編〉，頁112。

十。換言之，非農業人口由三至九，僅代表職業進一步分化，並不代表非農業人口所佔之人口比例大增。顏元似乎誤會非農業人口大增。其次，若一養其九而民亦不飢死，則爲何有盡人耕之之必要？再者，若眞人人務農（盡人耕之），糧食之外的日常生活用品將如何取得？家家自給，必然會妨礙農作，且品質必然低劣，有必要人人皆農嗎？再次，耕地之人均面積縮小，耕作效率必然低落，欲使人人有飯吃，最後必然人人皆餓餒。最後，隨著人口增長，土地是否需要重劃？若要，年年重劃不嫌擾民乎？光是以上幾點，筆者就敢斷定顏元之方法是斷然不可行的〔註 33〕。顏元認爲若有「聖君者出，推此意而行之」，必可使百姓親睦、遊頑有歸，無不安本分及富凌貧之現象存在，教與養合一的大同世界。筆者在此只能慶幸當時無「聖君」採納顏元的意見了。

二、封建制度

　　錢穆《國史大綱》云：「西周三百年歷史，最重要者爲封建政體之創興」〔註34〕。「封建制度」指的是王者將土地爵位分封諸侯，令其於分封地建國。被分封之諸國僅對分封者有納貢、防衛之義務，基本上仍是獨立自主的，這有點類似今之美國各州與中央政府的關係。顏元關於封建之看法，見於《存

〔註33〕 賴建誠認爲：要滿足十二項條件才能實施井田制度。(1)可耕地有限，必須謹慎規劃，每戶的畝數才能平均。(2)人口密度高，造成耕地不足的壓力，必須規劃耕地的形狀與面積。(3)戶口清楚，才能知道哪戶人家有必須授田的正夫，以及必須還田的老人。(4)社會結構穩固，從天子到諸侯到領主到農民，階級清晰，各階層人口比例呈三角形。(5)國家的行政力量強大，對各層級的控制力足夠。(6)地勢平坦，華北平原地帶較適合井田的規劃；華南多湖泊、沼澤、灘地、丘陵，較不易行。(7)地質均勻：荒地、河邊地、礫地皆不適合。(8)耕地的承地方式完善，農民不會抵抗領主的土地分配權。(9)民間財富平均，耕地兼併的可能性低，地權必須維持公有。(10)社會福利健全，鰥、寡、孤、獨、殘障者皆有所養，否則如何處理無力耕作者？(11)水災、旱災、戰事之後，有迅速重新規劃耕地的能力與效率，這是領主與政府的職責。(12)屬於固定農耕的社會，不輕易遷徙，殷商時期「契至湯，八遷」，就難以實施井田。若要井田制度能穩定，甚至能運作兩三百年，上述十二項因素都必須俱備。以西周至春秋末期的社會、政治、經濟條件來說，恐怕難以符合。就算是現代電腦化的國家社會，也不容易滿足這十二項條件。井田不容易在秦漢至現今的社會裏實行，怎麼在社經條件更不齊全的西周至春秋時期，反而能實行井田制五、六百年呢？賴建誠：《井田辯諸說辯駁》www.econ.nthu.edu.tw/teachers/lai/pdf-files/field_debate.pdf，頁 102～103。
〔註34〕 錢穆：《國史大綱（上冊）》（台北：台灣商務印書館，1996 年 11 月），頁 38。

治編》，文云：

> 或問於思古人曰：世風遞下，人心日澆，以公治之而害伏，以誠御
> 之而奸出。是以漢之大封同姓，亦成周伯叔諸姬之意，而轉目已成
> 反畔；唐之優權藩鎮，僅古人甥舅伯侯之似，而李社即已敗亡。故
> 宋鼎既定，盞酒以敬勳臣；明運方興，亦世官而酬汗馬。非故惜茅
> 土也，誠以小則不足藩維，大則適養跋扈，封建之難也。子何道以
> 處之，可使得宜乎？思古人曰：善哉問！此不可以空言論也。先王
> 遺典，封建無單舉之理，大經大法畢著咸張，則禮樂教化自能潛消
> 反側，網紀名分皆可預杜驕奢；而又經理周密，師古之意，不必襲
> 古之跡。使十侯而一伯。侯五十里，一卿，二大夫，三士；卿，天
> 子命之。伯百里，一卿，三大夫，六士；卿與上大夫亦天子命之。
> 侯畜馬二十五，甲士與稱，伯畜馬五十，甲士亦稱，有命乃起田卒
> 焉；邊侯、伯，士馬皆倍其畜，有事乃起田卒焉。……；伯師不私
> 出，列侯不私會。如此者，有事則一伯所掌二十萬之師，足以藩維，
> 無事而所畜士馬不足併犯。封建亦何患之有？〔註35〕

有人以漢之大封同姓及唐之廣置藩鎮，結果卻是招來反叛（七國之亂）及不
久即敗亡。有鑑於此，宋太祖杯酒釋兵權，採強幹弱枝之治國策略，地方只
留老弱之兵。明初也曾分封功臣，最後也採郡縣制。最主要的原因在於封建
制所分封的諸侯，若弱小則不足以捍衛中央，若強大又不易控制，這是施行
封建制最難以解決的困難。顏元認為要施行封建制一定要有配套措施（封建
無單舉之理），配套措施就是禮樂教化及網紀名分。禮樂教化可以使諸侯不生
反叛之念，網紀名分可使諸侯不敢驕奢。具體的施行方法為：一伯十侯。侯
有方五十里之地，下屬有一卿（天子任命），二大夫，三士。伯有方百里之地，
下屬有一卿（天子任命），三大夫（上大夫天子任命），六士。侯有馬二十五
匹，甲士二十五人；伯有馬五十匹，甲士五十人，有天子之命才可動用田卒
（銘按：應指平時平時為農，戰時為兵之戰士）邊境之侯伯馬匹甲士則為內
地之兩倍。伯之軍隊不能私自出征，各侯國也不能私自會面。如此一來，有
戰事時一伯所掌二十萬的軍隊足以防衛，平時所擁之兵馬也不會對中央形成
威脅，實行「封建」何患之有？顏元又云：

> 後世人臣不敢建言封建；人主亦樂其自私天下也，又幸郡縣易制也，

〔註35〕〔清〕顏元：《四存編》（台北：世界書局，1984年3月），〈存治編〉，頁120。

> 而甘於孤立，使民生社稷交受其禍，亂亡而不悔，可謂愚矣。如六
> 國之勢，識者嘗言韓、魏、趙爲燕、齊、楚之藩蔽，嬴氏蠶食，楚、
> 齊、燕絕不之救，是自壞其藩蔽也。侯國且如此，以天下共主，可
> 無藩蔽耶！層層厚護，寧不更佳耶！〔註36〕

顏元認爲後世之君臣採納「郡縣制」的理由有二：（1）地方之反叛易於平定；
（2）樂於天下變成私產的心理。但是郡縣制卻使得地方武力薄弱，民生社稷
受其禍。六國之所以先後爲秦所敗，乃因六國不能各自爲政，不互爲藩蔽的
緣故。層層厚護，豈不是更好呢？顏元又自君王之立場說明封建之合理，
他說：

> 身爲天子，皆其歷世祖宗功德，上達天眷；顧不能覃恩九族，而僅
> 僅一支私其富貴，宗廟其無怨恫耶？創興之際，攀龍附鳳，或運帷
> 幄，或功汗馬，主臣同憂勞，共生死；一旦大業既成，不與之承天
> 分地，爲山河帶礪之盟，勵舊其何勸耶？〔註37〕

顏元指出，位居天子乃是歷代祖宗之功德才得以上獲天眷，所以榮華富貴應
是九族共享（銘按：言外之意即應封建親族）。復以開國之際，必有眾人獻智
謀、立戰功才能建國垂統，立國之後不將天下分封給這些開國勳臣，如何勸
勉勳臣繼續爲君效力呢？（銘按：言外之意即應封建勳臣）顏元又針對君王
最害怕的諸侯反叛問題提出了他的看法，他說：

> 且君非桀、紂，誰敢犯天下共主，來天下之兵耶？侯非湯、武，誰
> 能合千八百國而爲之王耶？君非桀、紂，其亡難也，侯非湯、武，
> 王之難也，故久而後失之也。即君果桀、紂而侯果湯、武矣，本國
> 之積倉自足供輜重，無俟掠人箱囷，炊人梁棟也；一心之虎賁從王
> 之與國，自足奉天伐暴，無俟挾虜丁壯，因而淫攜婦女也！南巢、
> 牧野，一戰而天命有歸，無俟於數年數十年之兵爭而處處戰場也！
> 耕者不變而市者不止，不至於行人斷絕而百里無烟火也；王畿鼎革
> 而天下猶有君，不至於聞京城失守而舉世分崩，千百成群，自相屠
> 搶，歷數年不能定也；王者綏定萬邦而屢有豐年，不至於耕種盡廢，
> 九有蕩然，上干天和，水旱相仍，歷三二世不能復也。〔註38〕

〔註36〕 〔清〕顏元：《四存編》（台北：世界書局，1984年3月），〈存治編〉，頁121。
〔註37〕 〔清〕顏元：《四存編》（台北：世界書局，1984年3月），〈存治編〉，頁121。
〔註38〕 〔清〕顏元：《四存編》（台北：世界書局，1984年3月），〈存治編〉，頁122。

顏元認為，若實施「封建制」，天子乃是天下之共主，若非極為暴虐無道，諸侯是不敢來天下之兵以犯天下共主的。再者，諸侯若非如湯、武之賢，欲登天子位也是極難的。所以實施「封建制」有利於緜恆國祚（久而後失之也）。筆者以為，「天子為天主共主，諸侯不敢犯」有二個前提：(1)天子所治理之轄地及國勢必須遠大於個別諸侯，才有實力使諸侯不敢覬覦天子之位（親親、尊尊之約束力，二、三代後便減弱，故只能依恃客觀之實力）。(2)天子之德望，必為大多數的諸侯所信服，否則三、五諸侯聯合，天子之地位將難以確保（錢穆云：及平王東遷，以弒父嫌疑，不為正義所歸附，而周室為天下共主之威信亦掃地以盡，此下遂成春秋之霸局）〔註39〕。萬一天子果真如桀紂之暴虐，受害者亦限於一國，賢能之諸侯與幾個諸侯國聯合起來（一心之虎賁從王之與國），就足以驅逐暴君而不用挾虜丁壯做為兵源，以致使婦女受辱（銘按：募兵不必然就會軍紀不佳。若挾丁壯以之充軍，則君必非湯、武之賢；放縱軍人淫辱婦女，則必無治軍之能。所以若侯果湯、武，顏元之憂慮是多餘的）。其實，顏元主張「封建」，亦是受到改朝換代所造成的民不聊生、社會失序的刺激。「南巢、牧野，一戰而天命有歸，無俟於數年數十年之兵爭而處處戰場也」，指是就是改朝換代的時間縮短。顏元既講一戰而天命有歸（其亡易也），又講君非桀、紂，其亡難也，此二說是有矛盾的。表面上國之存亡與君之賢愚正相關，但中材之君究竟會被冠上湯武或桀紂實在難以保證，若有野心勃勃之諸侯聯合數個親近自己之諸侯形成一個聯盟，號稱弔民伐罪，為民除桀紂之君。天子能避免這種情形嗎？若不能，又何必實施「封建」？所以表面上顏元處處為國君設想實施「封建」的種種好處及其合理性，但是筆者認為顏元主張實施「封建」最主要的原因在於：改朝換代所付出的社會成本可大大降低（如：耕者不變、市者不止──即改朝換代卻不影響人民的日常生活作息），但是這個理由卻是國君最不在意的，所以才必須以封建澤及九族、功臣，才合人心；封建可享國長久，符合利益等包裝他真正的本意（封建可降低改朝換代的社會成本）。顏元關於「封建」的設想，有一個極為嚴重的盲點，即：不曾想過實施「封建」，各諸侯國的人民將會面臨怎樣的生活處境。顏元的弟子李塨倒是想到了。他說：

> 惟封建以為不必復古，因封建之舊而封建，無變亂，今因郡縣之舊
> 而封建，啟紛擾，一。三代德教已久，胄子多賢，尚曰「世祿之家

鮮克由禮」，況今時紈袴，易驕，易淫，易殘忍，而使世居民上，民
必殃，二。郡縣即漢、唐小康之運，非數百年不亂，封建則以文、
武、成、康之聖賢治之，一傳而昭王南巡，遂已不返，後諸侯漸次
離析，各自為君，六七百年，周制所謂削地滅國，皆付空言，未聞
彼時以不朝服誅何國也。矧於晚近，雖有良法，豈能遠過武、周！
三。或謂明無封建，故流寇肆毒，遍地丘墟。竊以為宋、明之失在
郡縣權輕，若久任而重其權，亦可弭變。且唐之藩鎮，即諸侯也，
而黃巢儼然流寇矣，豈關無封建耶！四。或又謂無封建則不能處處
皆兵，天下必弱。竊謂民間出兵，處處皆兵，郡縣自可行，不必封
建始可行也，五。而封建之殘民，則恐不下流寇。不觀春秋乎！列
國君卿尚修禮樂，講信睦，然自會盟朝遇紛然類費外，侵伐戰取，
一歲數見，其不通魯告魯者殆又倍蓰，幸時近古，多交綏而退。若
至今日，殺人狼藉，盈野盈城，豈減流寇！……六。天子世坼，諸
侯世同，卿大夫獨非伯叔甥舅之裔耶？亦世采自然之勢也；即立法
曰「世祿不世官」，必不能久行，周之列國皆世臣巨室可見矣。夫使
天下富貴，數百年皆一姓及數功臣享之，草澤賢士雖如孔、孟，無
可誰何，非立賢無方之道也。不公孰甚，欲治平何由！〔註40〕

李塨由「制度層面」、「人性常態」、「史實明鑑」、「情理層面」說明「封建制
度」必不可行。就制度層面言：(1)由郡縣制改為封建制，必定會引起極大的
紛擾。(2)流寇四起之因在於郡縣權輕，若久任而重其權，即可弭變，不必封
建。(3)欲達處處皆兵（地方有武力）之目的，只要民間出兵，可在郡縣制下
施行。就人性常態而言：三代時尚且有「世祿之家鮮克由禮」之情形，今之
紈袴子弟驕縱、荒淫、殘忍，若使世襲而居於民上，人民必定遭殃。就史實
明鑑言：(1)漢唐行郡縣制，維持了數百年小康之局，周朝行封建數傳即亂。
(2)晚唐之藩鎮，即相當於封建之諸侯，然而仍有相當於流寇的黃巢之亂發
生，所以有封建制度不必然保證無流寇。(3)春秋時仍行封建制，但是列國間
侵伐戰取之記載，一年之中有數次，若今日行封建情況必更慘烈。就情理層
面言：天子、諸侯、卿大夫世世為親戚、爵祿世襲，天下之富貴皆天子之親
戚及幾個開國功臣之子孫所獨佔，民間之秀異分子永無出頭之日，天下有什

〔註40〕〔清〕顏元：《四存編》（台北：世界書局，1984年3月），〈存治編〉，頁127
～128。

麼比這個更不公平的呢？筆者以為，李塨與顏元看「封建」的視角並不完全相同。顏元認為，透過禮樂教化及綱紀名分，天子諸侯即可親親、尊尊，李塨則認為封建必然「各自為君」（親親尊尊不復存在）。顏元重在「封建」諸侯對天子層層厚護的防衛功能，李塨則認為加強郡縣制地方之兵力即可達到同樣的目的。顏元認為，天子的榮華富貴應與九族及功臣共享，李塨則指出世襲貴族將會腐化，應將治權開放給民間的精英。顏元著重於「封建制」可降低改朝換代的社會成本，李塨著重於實施「封建」時所付出的社會成本（貴族腐化，人民痛苦，精英無出頭之日）。顏李二人的意見孰優孰劣？韓愈《師說》：「是故弟子不必不如師，師不必賢於弟子」就是筆者的看法。

三、教育與詮選

（一）廢八股重德行與習行

顧炎武曾云：「八股之害，等於焚書。」（《日知錄》卷十九〈擬題〉）顏元也有與顧炎武相同的看法，他說：

> 故八股行而天下無學術，無學術則無政事，無政事則無治功，無治功則無昇平矣。故八股之害，甚於焚坑。〔註41〕

又說：

> 況今之制藝，遞相襲竊，通不知梅棗，便自言酸甜。不特士以此欺人，取士者亦以自欺，彼卿相皆從此孔穿過，豈不見考試之喪氣，浮文之無用乎，顧甘以此誣天下也！觀之宋、明，深可悲矣。〔註42〕

顏元認為，若以八股取士，將導致天下無有益於國家社會之學問，從而使仕宦者無治理能力以造福社會。就這個角度言，以八股取士雖不焚書，但卻與焚書有相同的效果——使應舉之士子，抄襲剽竊，而不究心於經典之深義。有人認為，八股取士之法，不失為公平甄選民間秀異士子之法，顏元則斬釘截鐵的說：

> 論取士，仲誠曰：「如無私，八股可也。」先生曰：「不然，不復鄉舉里選，無人才，無治道。」〔註43〕

〔註41〕　〔清〕顏元著《顏習齋言行錄》，卷下，收錄於《顏元集》（北京：中華書局，1987 年 6 月），頁 691。
〔註42〕　〔清〕顏元：《四存編》（台北：世界書局，1984 年 3 月），〈存治編〉，頁 124～125。
〔註43〕　〔清〕李塨、王源著：《顏習齋先生年譜》，卷下，收錄於《顏元集》（北京：

有一個名詞稱「傳訊機制」，即傳遞訊息的機制。著重在「八股文」不失為公
平之選才方法，可以說就是認為八股文雖與真才實學不同，但是因為它讓所
有士子公平競爭，能脫穎而出者必定是具有較好的聰明才智。換言之，八股
取士能傳遞出誰較聰明的訊息，所以八股取士有何不可？顏元並不重視八股
取士的公平性，相較於公平性，他更重視八股取士是否能甄選出真正具有治
理能力的人才。顏元認為，八股取士並不能甄別出治國之才，能甄別出治國
之才的是「鄉舉里選」之法。他說：

> 竊嘗謀所以代之，莫若古鄉舉里選之法。倣明舊制，鄉置三老人，
> 勸農，平事，正風，六年一舉，縣方一人。如果則東方之三老，視
> 德可敦俗，才堪汕政者，公議舉之，狀簽某某深知其才德，兼以事
> 實之，縣令即以幣車迎為六事佐賓吏人。供用三載，經縣令之親試，
> 百姓之實徵，老人復躋堂曰，某誠賢，則令薦之府，呈簽某令深知
> 其才德，亦兼以事實之，則守以禮徵至。其有顯德懋功者，即薦之
> 公朝，餘仍留為佐賓三載，經府守之親試，州縣之實徵，諸縣令集
> 集府言曰，某誠賢，則府守薦之朝廷，呈簽某守深知其才德，亦兼
> 以事實之，則命禮官弓旌、車馬徵至京。其有顯德懋功者，即因才
> 德受職不次，餘仍留部辦事，親試之三載。凡經兩舉，用不及者，
> 許自辭歸進學。老人、令、守，薦賢者受上賞，薦奸者受上罰，則
> 公論所結，私託不行矣，九載所驗，賢否得真矣。〔註44〕

顏元倡「封建制」，但是他所倣之明朝制度，卻是在郡縣制的架構下施行的，
這不可不說是一個極大的矛盾。姑且不管這個矛盾，且看顏元他的設計。他
要每個鄉設三老人，分別掌管：農業（勸農）、紛爭（平事）、風俗（正風）
這三方面的地方事務。老人並有為國舉地方之才的責任，如地方上有才德兼
備者，由公議推舉之，並舉其具體事迹以取信於縣令。縣令以禮迎之，予以
「六事佐賓吏人」之位，使其實際參與政務，經過三年若才德具佳，則薦之
於府。若表現優異則薦之於朝，其餘則留於府守之旁佐理政務。若最後才能
不能勝任者，則允許其回鄉學習。若老人、縣令、府守所薦之人果為賢才則
受上賞，否則則受上罰。如此一來，就能杜絕私人請託，為國謀得才德兼備
的真人才。其實，顏元批評「八股」反對宋儒將精力耗於紙筆之中，與他對

中華書局，1987年6月），〈五十七歲〉，頁771。
〔註44〕〔清〕顏元：《四存編》（台北：世界書局，1984年3月），〈存治編〉，頁125。

教育內容的認知有極大的關聯。他說：

> 《周禮》：大司徒「以鄉三物教民而賓興之：一曰六德，知、仁、聖、
> 義、忠、和。二曰六行，孝、友、睦、媚、任、恤。三曰六藝，禮、
> 樂、射、御、書、數。」鄉大夫「三年則大比，考其德行、道藝而
> 興賢者、能者。鄉老及鄉大夫帥其吏與其眾寡，以禮禮賓之。厥明，
> 鄉老及鄉大夫、群吏獻賢能之書於王，王拜受之，登於天府，內史
> 貳之。」〔註45〕

在這裏筆者不欲討論《周禮》之作者及撰作時代等聚訟紛紜之擾人學術問題。
因為只要顏元認為《周禮・大司徒》以鄉三物（六德、六行、六藝）教民，〈鄉
大夫〉考較德行、道藝能為國舉才。吾人就可由〈大司徒〉、〈鄉大夫〉審視
顏元對教育內容及人才之間的看法了。六德、六德屬道德範疇，六藝屬技藝
範疇。細分之，六德之德目屬於抽象之道德品質。如：知，可以指對任何事
物的認知及判斷能力。義，可以指對任何事物最合宜的處理對待方式。忠，
可以指盡己之力於任何事物。但是六行之德目，就不一樣了。六行之每一個
德目，都有特殊的對象。孝，孝順父母；友，友愛兄弟；睦，和睦鄰里；媚，
維繫姻親之情感；任，承受責任。恤，賑濟貧困。換言之，六行所強調的是：
人在社會關係中所應盡的社會責任。六藝，禮、樂、射、御、書、數，每一
項都有其實際功能及特殊針對性。禮、樂，為祭祀所必需；射、御則為軍事
作準備；書、數，則為處理會計、田賦等民政所不可少之知識。依顏元以六
德、六行、六藝取才，較之八股取士，的確可得到更多有實際處理民政能力
的人才。但是有一個問題卻無法解決，那就是公平性及廣泛性的問題。前文
曾述及，顏元欲以鄉舉里選之法代科舉八股，上述之引文又得知顏元取士重
實才與道德。但是鄉里之老人能否能深知每家每戶子弟之才幹、道德，並且
如實地將最佳之人選推薦上去，這是不無疑問的。再者，必須實際參與地方
事務才得以展現才幹，人民參與的機會是否均等？才德兼備之清寒子弟有無
舞台以施展其才能，也是應該考量的。換言之，鄉舉里選之法，在一個知識
分子（按：這裏的知識分子僅指有一定之文化水準者）普及的社會，鄉舉里
選之法必不能杜悠悠之眾口，使人人心服於鄉老之決定。筆者以為，在一個
知識傳播日益普及的社會，鄉舉里選必不可行，科舉之法也決非一無是處，

〔註45〕〔清〕顏元：《四存編》（台北：世界書局，1984 年 3 月），〈存治編〉，頁 118
　　　　～119。

最少它是眾人認可的一種較公平的選才之法。若要兼顧公平性及為國家舉實才，其實可由科舉考試的科目著手，讓科舉之科目不再限於四書五經，而擴及算學及其他自然科學（按：清初時西方大學之教學內容已經為國人知曉）。至於德性操守，則可以嚴密的職業規範來取代（按：孝子未必清廉。一百兩不貪，不代表一萬兩也不貪。所以訂立嚴密的職業規範遠較層層道德篩選來得有效）。但是這卻是國君最不願意見到的，一旦改變科舉之內容，國君就不能利用儒家之五倫來強迫臣僚忠於自己，將自己視之如父、如天。國君到底會在乎為國舉才或鞏固君位，再愚笨的人都會知道答案是什麼。

（二）擴大「學」的內涵

顧立雅（H. G. Creel）《孔子與中國之道》云：「在孔子的教學方法中，書本的地位並不甚高。它與日後的儒家教育中書籍的地位形成了強烈的對比，因之『儒生』也就被翻譯成『文士』（Literati）了。當我們研究孔子以後的儒家時，我們就發現了書籍的日益重要；這是一個重要的改變，由實際問題的解決轉向抽象學問的尋求。」〔註 46〕上述顧氏的說法可以歸納為一句話：孔子之教學著重於解決實際問題，書籍並不居於教學之重心；後儒教學著重於哲理之思辨，書籍地位極為重要。顏元也觀察到孔子與後儒在教學及成德的要求呈現著極大的差異。他說：

> 但孔門曰「博文約禮」，程、朱亦曰「博文約禮」，此殊令人不敢辨，
> 然實有不待辨而判者。如孔門之「博學」，學禮、學樂、學射、學御、
> 學書、數以至《易》、《書》莫不學也，〈周南〉、〈召南〉曰為也；言
> 學言為既非後世讀講所可混，禮、樂、射、御、書、數又非後世章
> 句所可託。〔註47〕

顏元以「博文約禮」，比較孔子及程、朱之不同。孔子之「博文」即「博學」，學習禮、樂、射、御、書、數等實用知識、技藝，《易》、《書》等經典知識，實踐〈周南〉、〈召南〉正始之道、王化之幾。言「學」、言「為」，都有親身實踐之意味在內，與程、朱僅知讀、講之書面知識毫不相同，禮樂射御書數等身體習練方得精熟之學問也與後世之高頭講章不同。以今日的眼光看來，

〔註46〕 〔美〕顧立雅（H. G. Creel）著、王正義譯：《孔子與中國之道》（台北：韋伯文化國際，2003 年 11 月），頁 94。

〔註47〕 〔清〕顏元：《四存編》（台北：世界書局，1984 年 3 月），〈存學編〉，卷三，頁 85。

學術本是以增進人類的福祉爲目的。所以今人極易以爲，顏元強調知識要切於「實用」，要親身實踐，強調將知識用於生活之重要，是老生常談，不值一提。《顏習齋先生年譜》五十七歲條，有一段與李乾行論學的記載，文云：

> 訪李乾行等，論學。乾行曰：「何須學習，但操存功至，即可將百萬兵，無不如意。」先生悚然，懼後儒虛學誣罔至此。乃舉古人兵間二事，叩其策，次日問之。乾行曰：「未之思，亦不必思，小才小智耳。」先生曰：「小才智尚未能思，大才智又何在？豈君操存尚未至耶！」乾行語塞。〔註48〕

顏元訪問李乾行，主張儒者應通曉兵法。李乾行則認爲，只要道德操存功力夠了，率領、調度百萬兵力，自然能順心如意。於是顏元向李乾行請教二個軍事問題，李乾行的解答是「未之思，亦不必思」。在李乾行眼中，軍事知識是小才小智，所以不必將精力花費於此。顏元則認爲，小才智與大才智是不可分割的整體，若小才智之問題尚不能思索解答，是談不上大才智的哲理思索。其實，顏、李二人都不對，軍事知識與道德修養本來就是分屬不同的領域，所以李乾行所云：「操存功至，即可將百萬兵」實近於癡人說夢。顏元認爲儒者應重視軍事知識（重視學問如何落實在現實層面），頗能針砭當時太過強調道德，並將道德視爲解決所有社會問題之萬靈丹的弊病。但是軍事、道德實無必然之聯繫，所以「小才智尚未能思，大才智又何在？」也不能服李乾行之心。但是由顏、李「軍事之辨」，卻看出了顏元重視將學問落實於現實面的特性。彭好古曾向顏元問「實學」，文云：

> 彭好古問實學。曰：「學者學爲人子，學爲人弟，學爲人臣也。」又問，曰：「學自六藝爲要。」好古曰：「算何與於學？」曰：「噫！小子之未思也。人而不能數，事父兄而無以承命，事君長而無以盡職，天不知其度也，地不知其量也，事物不知其分合也。」〔註49〕

由顏元之答可見，在顏元眼中「實學」即是落實於生活中的學問。生活中之學問，又以種種之人際關係最爲中國人所重。爲人子、爲人弟，屬家庭倫理。爲人臣則屬職業倫理。顏元上述回答，在當時的社會及語境中，實在是了無新意之答案。所以彭好古並不能滿意於這樣的答案，於是又問（銘按：言外

〔註48〕　〔清〕李塨、王源著：《顏習齋先生年譜》，卷下，收錄於《顏元集》（北京：中華書局，1987年6月），〈五十七歲〉，頁771。

〔註49〕　〔清〕顏元著《顏習齋言行錄》，卷上，收錄於《顏元集》（北京：中華書局，1987年6月），頁624。

之意——應該有更好的答案吧）顏元再答以「學自六藝爲要」。六藝是禮、樂、射、御、書、數。禮、樂，可約束人的行爲；射、御有益於戰爭；書則爲識字之本，這五者爲實學尙不難理解。但是「算數」與實學何干？顏元則指出，數學在日常生活中是極其重要的，上文「事父兄而無以承命，事君長而無以盡職，天不知其度也，地不知其量也，事物不知其分合也。」講的極其籠統。所幸《存學編·學辨二》有一段顏元與王法乾的對話正可做爲「算數」與實學之間關係的註解。文云：

> （王法乾）因述乃父命計田數不清。予曰：「計畝，人以爲瑣事矣。
> 然父命而不清，非不能爲子之一乎？」〔註50〕

計田畝之面積，今日的小學生應就足以勝任。王法乾卻無法計算出田之大小，這眞是令人驚訝，但是當時中國人數學水準低下，似乎是一個普遍的情形〔註51〕。顏元指出，計畝雖是小事，但若無足夠的數學知識卻不足以勝任。計畝不清，除了是能力的缺失外，同時也辜負了父親的囑託，這也是不孝。所以數學是完成父兄、君長命令的實用知識及工具，自然也是實學。也就是說實用知識是道德實踐的一環，即便是著重「成德」或「內聖」的學者，也不能不注重實用知識。如果顏元的這種觀念得到普遍的認可，將會產生什麼效應呢？倘若數學是道德實踐的工具，沒了數學知識就不能盡孝、盡忠。其他自然科學如：力學、水利學、農學等，與數學又有何差別呢？所以自然科學是踐德之工具，沒了它，所實踐的道德是殘缺的、不完整的，換言之，自然科學也應納入儒者的知識系統之中。如此一來，中國文化過度重視德性而輕自然科學的傾向，或許也能有所改變。

第三節　軍事及社會控制

一、軍事領域

亞當·斯密《國民財富的性質和原因的研究》認爲，一個農業發達的社

〔註50〕〔清〕顏元：《四存編》（台北：世界書局，1984年3月），〈存學編〉，卷一，頁58。

〔註51〕利瑪竇云：他們感到驚奇的是，用象限儀就能夠測出一個塔的高度，一條溝或者一個山谷的深度，或者一條路的長度；算數能夠採用筆算，對他們說好像也是稀奇的。利瑪竇、金尼閣著，何高濟、王遵仲、李申譯，何兆武校：《利瑪竇中國札記》（北京：中華書局，1983年3月），頁349。

會，經由農業改良而累積的財富將會引發鄰國的覬覦和侵略。在這種情況下，國家對於國防軍備的設施，似乎只能有兩種策略。第一種是不管國民的利益、資質、傾向，用一種極嚴厲的法令，施以強迫軍事訓練，也就是所謂的民兵。第二種是雇用一部分公民，不斷施以軍事訓練，使兵士的職業，脫離其他職業，而成爲一個獨立的特殊職業，也就是所謂的常備軍。決定近代軍隊戰鬥命運的因素是：紀律、秩序和迅速服從命令。近代的火器是有聲響的，是有烟氣的，是會使人一聽到炮聲就會感到隨時會遭遇到死神的。所以往往戰爭一開始，這紀律、秩序和服從性就難以保持。民兵不論用什麼方法教練或訓練，訓練好了的民兵，總不及紀律良好訓練得宜的常備軍〔註52〕。據上文可知，亞當·斯密主張近代化的軍隊，應采常備軍制度。唐的府兵、明的衛所兵，兵與農合一，平時爲農戰時爲兵，在性質上較接近民兵。顏元極力主張「兵農合一」的民兵制。他說：

> 慨自兵農分而中國弱，雖唐有府兵，明有衛制，固欲一之。迨於其衰，頂名應變，皆乞丐、滑棍，或一人而買數糧；支點食銀，人人皆兵；臨陣遇敵，萬人皆散。鳴呼！可謂無兵矣，豈止分之云乎！即其盛時，明君賢將理之有法，亦用之一時，非久道也。況兵將不相習，威令所攝，其爲忠勇幾何哉！〔註53〕

顏元認爲實施「兵農分離」之常備軍制是國家防衛力薄弱的最主要原因。唐之府兵制、明之衛所軍制，固然都有將兵農合一的意圖，制度設立之初似乎也有達到兵農合一的目的。但是此時（制度初立）卻已有兵將不相習的弊病產生了。明中葉之後，衛所軍制大壞，衛軍逃亡者多，冒名頂替的多是一些無賴之徒，表面上國家之軍容壯盛，實際上卻可以稱做「無兵」，情形之嚴重更甚於兵農分離。爲了防止兵將不相習及冒名頂替之情形。顏元提出九項治賦之要、九項治賦之便。內容如下：

治賦之要

> 一曰預養。餓驥而責千里則愚，上宜菲供膳，薄稅斂，汰冗費，以足民食。

〔註52〕〔英〕亞當·斯密：《國民財富的性質和原因的研究（下卷）》（北京：商務印書館，1974年6月），頁261～263。

〔註53〕〔清〕顏元：《四存編》（台北：世界書局，1984年3月），〈存治編〉，頁115～116。

一曰預服。嬰兒而役貴、育則怒，井之賢者爲什，什之賢者爲長，長之賢者爲將，以平民情。

一曰預教。簡師儒，申孝弟，崇忠義，以保民情。

一曰預練。農隙之時，聚之於場。時宰士一較射藝；月，千長一較；十日，百長一較；同井習之不時。

一曰利兵。甲冑、弓刃精利者，官賞其半直，較藝賢者慶以器。

一曰養馬。每井馬二，公養之，彷北塞餧法。操則習射，閒則便老行，或十百長有役乘之。

一曰治衛。每十長，一牌刀率之於前，九人翼之於後。器戰之法具《紀效新書》。

一曰備羨。八家之中，四騎四步。供役不過各二人。餘則爲羨卒，以備病、傷或居守。

一曰體民心。親老無靠，不卒；老弱，不卒。出戍給耕，不稅；傷還給耕，不稅。死者官葬。九者治賦之要也。〔註54〕

顏元認爲，戰士效力於疆場，若無充足之食糧則無法戰鬥，所以國君宜節儉以足民食。食糧充足僅僅是基本條件，由最賢能的人爲將、次者爲長、再次爲什，職位之高下與能力之優劣相稱，是使人民心服的要務。食糧及組織之長官既安排妥善，再來就是精神訓練，申孝弟使其有愛家愛土之情，崇忠義使其有國家認同之情感，此二者爲無形之精神戰力。有了無形的精神戰力之後尚須有形之戰技訓練來相互配合。於農閒之際習練戰技：宰士於每季較箭術；每個月，千長較箭術；每十日，百長較箭術。一般人則不定期比較箭術。除了習練戰技之外，武器精良與否也關係著戰爭之勝負，因此能製造、修繕良兵利器如甲冑、弓刃之人，由政府給予兵器一半價格之賞金。射箭少不了馬，才有所謂騎射一詞，每井之人（井田制）養馬兩匹，操練時供騎射之用，平時則供老者交通之用，十百長有公務亦得騎乘。既然有馬自有騎兵，戰場之地形千變萬化，光有騎兵而無步兵，是不能滿足戰爭之需求的，所以也需步兵。顏元認爲一井（八家）四騎兵、四步兵爲宜，但是真正供役的只是二騎兵、二步兵，其餘二騎、二步爲備補之用。以上治賦之要的種種設計，考慮

〔註54〕〔清〕顏元：《四存編》（台北：世界書局，1984 年 3 月），〈存治編〉，頁 116。

到了軍糧、組織、精神訓練、戰技訓練、武器兵馬等諸多因素，也可說極其詳盡了。顏元認為上述之措施，可有以下幾個效果，即治賦之便，文云：

　　一曰素練。隴畝皆陳（陣）法，民恆習之，不待教而知矣。

　　一曰親卒。同鄉之人，童友日處，聲氣相喻，情義可結，可共生死。

　　一曰忠上。邑宰、千百長，無事則教農、教禮、教藝，為之父母。有事則執旗、執鼓、執劍，為之將帥。其孰不親上死長！

　　一曰無兵耗。有事則兵，無事則民，月糧不之費矣。

　　一曰應卒難。突然有事，隨地即兵，無徵救求援之待。

　　一曰安業。無逃亡反散之虞。

　　一曰齊勇。無老弱頂替之弊。

　　一曰靖奸。無招募異域無憑之疑。

　　一曰輯侯。無專擁重兵要上之患。九者，治賦之便也。〔註55〕

顏元認為，農田之隴畝就是陣法，所以不必教農民陣法，農民自能心領神會。亞當‧斯密也說：「農業上有若干工作，就與戰時的一部分困難工作非常類似。比方說，農民在農場上，非掘鑿溝渠不可，而有了這套本領，他們便可從容地在戰場上構築戰壕與圍牆。」〔註56〕農人與戰士之相關性，約略同時之中國與西方思想家倒是英雄所見略同。其次，除了務農易於領會陣法外，同井共邑之人朝夕相處，共同成長，所以能有一分歸屬感及非比尋常的生死與共的情義。再次，邑宰、千百長教農、教禮、教藝，如同父母；戰時成為長官將帥，自能使農民為之效死。最後，由於兵農合一，人人相熟，糧食自給，所以無軍糧之費、無逃亡之虞，更不會有頂替冒名之弊端。最後，處處井田，自然也不必募兵於外域。單位極小，也不可能擁兵自重以要脅天子。筆者以為，顏元所設想的「兵農合一」之諸措施，若在中古時期（唐宋），可能還有成功之希望。但是明末清初之際，明清之間的對抗早已使用大砲等現代武器了，再嚴整靈活的陣法，再勇敢強壯的戰士，也禁不起砲彈之一轟。甲胄、弓劍，射箭、騎馬，與槍砲對抗，結果會如何？相信清末的八國聯軍，可以

〔註55〕〔清〕顏元：《四存編》（台北：世界書局，1984年3月），〈存治編〉，頁116～117。

〔註56〕〔英〕亞當‧斯密：《國民財富的性質和原因的研究（下卷）》（北京：商務印書館，1974年6月），頁256。

解答一切。一言以蔽之，顏元的軍事設計遠落後於當時（清初）之時局發展，其種種設計必不可行。

二、社會控制

　　凱羅·史密斯·羅森伯格於〈維多利亞時期純潔觀裏性的象徵意義〉指出，凡是一個社會以「控制身體為重點，強調如何約束性行為，如何在封閉系統內建立上下有別的秩序，並管制踰越秩序的行徑」為信念。都是高度關切社會控制的社會。這種控制身體，強調上下有別，約束性行為的意識形態，其實是一套僵化的管理制度。在此系統中沒有所謂偶然之事，任何與肉體有關的細節，即使再微不足道，對於維繫個人、家庭或族群命運的平順都有舉足輕重的意義〔註57〕。若謂上述羅森伯格所云凡是「重視身體控制、上下有別」之社會，都是高度關切社會控制的社會失之抽象。王汎森〈日譜與明末清初的思想家──以顏李學派為主的討論〉則提供了一個極鮮明的例子。王汎森云：

> 明代後期思想有逐漸擺脫現成感悟，而走向日常生活中實踐的意味，故道德實踐上有一種「日常生活化」的傾向。當心學盛時，人們所求的是「悟」，是「一旦豁然貫通，則眾物之表裏精粗無不到」，所以讀書靜坐之外，還到處追逐得道大師，聽講、印證、提撕，尋求開示，以求證悟。一旦開悟，還要時時保住勿失。但是後來思想有所變化，主張從動中實踐，從實踐中去取得中節。第二，不再是開悟的，而是日常實踐的，那麼日譜中所記的不應再是一些電光石火般的感悟，而是生活的，全面的，所以日譜就傾向以簿計式涓滴

〔註57〕 以控制身體為重點，強調如何約束性行為，如何在封閉系統內建立上下有別的秩序，並管制踰越秩序的行徑。凡此種種並非僅見於維多利亞時期的美國。歷史上許多時代、許多地方，或保守或先進的社會中我們都可以找到類似的信念。過去十年以來，人類學家已開始將此類意識型態視為象徵系統，從中可看出社會變遷及文化衝突。他們發現具有此意識型態的社會都不約而同地高度關切社會控制，並都亟思挽救制度與家庭瀕臨瓦解的狀態。抽絲剝繭之後，這些意識形態其實是一套僵化的管理制度，其中融合了種種道德規範及身體控制，在此系統中沒有所謂偶然之事，任何與肉體有關的細節，即使再微不足道，對於維繫個人、家庭或族群命運的平順都有舉足輕重的意義。凱羅·史密斯·羅森伯格：〈維多利亞時期純潔觀裏性的象徵意義〉，Jeffrey C. alexander, Steven Seidman 編；吳潛誠總編校：《文化與社會》（台北：立緒文化，1997 年 9 月），頁 199。

　　不漏地記載每一舉動、每一念慮云爲。〔註58〕

筆者以爲，上述引文反映出來的「由現成感悟，轉向日常生活實踐」，其實就是明末儒者對過於強調現成感悟，以致社會秩序鬆動的警惕及對治方策。換言之，鄧潛谷、劉宗周、顏元、李毓秀（《弟子規》之作者）等重視「九容」或身體的種種規範，其實是當時儒者對於社會秩序鬆動的恐懼並希望藉由生活的，全面的的日常實踐，來維持即將崩解的社會秩序。「九容」之名來自《禮記·玉藻》，文云：

　　君子之容舒遲，見所尊者齊遬（鄭注：謙愨貌）。足容重（鄭注：舉欲遲也），手容恭（鄭注：高且正也），目容端（不睇視也），口容止（鄭注：不妄動），聲容靜（鄭注：不噦欬也），頭容直（鄭注：不傾顧也），氣容肅（鄭注：似不息也），立容德（如有予也），色容莊（鄭注：勃如戰色；孔疏：色容莊者，欲常矜莊，勃如戰色，不乍變動也）。〔註59〕

若一個人全照上述之九容行爲動作，一定會顯現出誠謹恭敬的形象。但是縱使九容皆合乎要求，是否就是一個合乎道德的人？即身體的動作與道德是否正相關。誠然，約束自身之動作行爲以合乎九容之要求，必然需要極大的克制力及自我覺察的工夫。但是這樣的克制是否必要，將注意力集中於此，是否會形成自以爲道德高人一等的假象而不自知？（如：我目不邪視，他人卻左顧右盼，所以我的道德較高）《明儒學案·江右王門學案九·徵君鄧潛谷先生元錫》云：

　　時心宗盛行，謂「學惟無覺，一覺無餘蘊，九思、九容、四教、六藝，桎梏也。」先生謂：「九容不修，是無身也；九思不慎，是無心也。」〔註60〕

筆者雖然不同意「一覺無餘蘊」之說，但是也不同意「九思、九容、四教、六藝，桎梏也。」爲桎梏之論，認爲兩派皆失之偏頗。道德之進境有千百，絕無一覺無餘蘊之可能，但是有無必要將足容重，手容恭，目容端，口容止，

〔註58〕　王汎森：〈日譜與明末清初的思想家——以顏李學派爲主的討論〉，《晚明清初思想十論》（上海：復旦大學出版社，2004年12月），頁129～130。

〔註59〕　鄭玄注、孔穎達疏：《禮記注疏》（台北：藝文印書館，1993年9月，十三經注疏本），卷三十，頁23（總569）。

〔註60〕　〔清〕黃宗羲：《明儒學案》；沈善洪主編：《黃宗羲全集》（杭州：浙江古籍出版社，1992年8月），卷二十四，頁655。

聲容靜，頭容直，氣容肅，立容德，色容莊規定的這麼清楚、呆板，並賦予這樣高的道德意涵。若每個儒者皆依九容而行為動作，恐怕會產生家中失火仍緩步取水滅火，慢慢轉頭逃生之腐儒。每個人都是天生的社會學家，善於觀察自己的行為舉止（包括身體動作）所引發的反應，並時時修正以符合社會規範。所以對於人的身體動作實無嚴格規定之必要。嚴格規定身體動作只有一個可能，即認為社會秩序極其脆弱易崩壞，甚至於走太快、邪視、站不正等都會引發道德危機。劉宗周〈紀過格〉中有微過、隱過、顯過、大過、叢過、成過等，其中顯過即是專門針對九容而立的〔註61〕。〈紀過格〉所論及之過，包括了情緒：溢喜、傷哀、多懼；動作：箕踞、貌言；倫理：非道事親、定省失節。各種生活規範：不力學、不敬師、交易不公。幾乎可說一日生活之種種細節都在規範之中，不許有一絲的個人自由。相較於劉宗周，顏元似乎也不遑多讓。《顏習齋先生年譜》四十一歲條下載：

> 時及門日眾，乃申訂教條，每節令讀講教條，諸生北面恭揖，令一長者立案側高聲讀講畢，又一揖而退。……教條：一、孝父母。須和敬並進，勿狎勿怠，昏定、晨省、出告、反面各一揖，經宿再拜，旬以上四拜，朔望、節令俱四拜，惟冬至、元旦六拜，違者責。……一、敬尊長。凡內外尊長，俱宜小心侍從，坐必隅，行必隨，居必起，乘必下，呼必唯，過必趨，言必遜，教必從，勿得驕心傲氣，甚至戲侮，干犯者責。一、主忠信。天生人祇一實理，人為人祇一實心，汝等存一欺心，即欺天，說一謊話，即欺人，務存實心，言實心，行實事，違者責。一、申別義。五倫若父子之親，君臣之義，長幼之序，朋友之信，其義易曉；獨夫婦一倫，聖人加以「別」字，洵經綸大經之精義也。七年男女不同席，行路男子由右，女子由左，叔嫂不通問，男女授受不親，此皆男女遠嫌之別也。至于夫婦相敬如賓，相戒如友，必因子嗣乃比御，夫婦之天理也，必齊戒沐浴而後行。……一、禁邪僻。……今之仙佛，及愚民之焚香聚會，各色門頭，皆世道之蠹蟲，聖教之罪人也。汝等勿為所惑，勿施財修淫祠，勿拜邪神，勿念佛，勿呼僧道為師。……一、勤赴學。清晨飯後，務期早到，一次太遲及三次遲者責。一、慎威儀。在路在學須端行正坐，輕佻失儀者責。一、肅衣冠。非力作不可去

〔註61〕 〔明〕劉宗周：《人譜》（台北：台灣商務印書館印行，國學基本叢書，1968
年3月），頁7～11。

禮衣，雖燕居昏夜，不可科頭露體。一、重詩書。凡讀書必鋪字紙。凡學堂街路，但見字紙必拾。……一、習書。每日飯後做字半紙，改正俗譌，教演筆法，有訛落忘記者責。一、講書。每日早晨試讀畢，講《四書》或經，及酉時，講所讀古今文字，俱須潛心玩味，……一、作文。每逢二、七日，題不拘經書、史傳、古今人物，文不拘詩、辭（詞）、記、序、誥、示、訓、傳，願學八股者聽。……一、習六藝。昔周公、孔子專以藝學教人，近士子惟業八股，殊失學教本旨。凡爲吾徒者，當立志學禮、樂、射、御、書、數及兵、農、錢、穀、水、火、工、虞，予雖未能，願共學焉。一、六日課數，三、八日習禮，四、九日歌詩、習樂，五、十日習射。一、行學儀。〔註62〕

由於上述之引文過長，筆者選擇每個教條最精要者，分類並製成如下表格：

類別	倫理道德	宗教信仰	學習	服裝儀容
一	孝父母。昏定、晨省、出告、反面。	禁邪僻。今之仙佛，聖教之罪人也。	勤赴學。清晨飯後，務期早到。	慎威儀。在路在學須端行正坐。
二	敬尊長。坐必隅，行必隨，居必起，乘必下，呼必唯，過必趨，言必遜，教必從。	勿施財修淫祠，勿拜邪神，勿念佛，勿呼僧道爲師。	重詩書。凡讀書必鋪字紙。凡學堂街路，但見字紙必拾。	肅衣冠。非力作不可去禮衣，雖燕居昏夜，不可科頭露體。
三	主忠信。存實心，言實心，行實事。		習書。每日飯後做字牛紙，改正俗譌，教演筆法。	
四	申別義。叔嫂不通問，男女授受不親。夫婦相敬如賓，相戒如友，必因子嗣乃比御。		講書。每日早晨試讀畢，講《四書》或經，及酉時，講所讀古今文字，俱須潛心玩味。	
五			作文。每逢二、七日，題不拘經書、史傳、古今人物，文不拘詩、辭（詞？）記、序、誥、示、訓、傳。	
六			習六藝。凡爲吾徒者，當立志學禮、樂、射、御、書、數及兵、農、錢、穀、水、火、工、虞。	

〔註62〕〔清〕顏元著《顏習齋先生年譜》，卷上，收錄於《顏元集》（北京：中華書局，1987年6月），頁742～744。

由於教條主要是因應學生日多，因而制定的學習規範，所以關於學習之規定最多。不能因此就斷定顏元最重視學習，並將其置於倫理道德、宗教信仰及服裝儀容之上。只能將上表解讀為：倫理道德、宗教信仰、學習、服裝儀容四者，都是顏元極重視的部分。筆者認為，這四類中，有幾個條目是特別值得注意的。

倫理道德類：

　　一、孝父母。昏定、晨省、出告、反面。

　　二、敬尊長。坐必隅，行必隨，居必起，乘必下，呼必唯，過必趨，言必遜，教必從。

　　三、夫婦相敬如賓，相戒如友，必因子嗣乃比御。

服裝儀容類：

　　一、慎威儀。在路在學須端行正坐。

　　二、肅衣冠。非力作不可去禮衣，雖燕居昏夜，不可科頭露體。

茲摘李毓秀《弟子規》之部分文句如下：

　　一、冬則溫，夏則清；晨則省，昏則定。出必告，反必面。〔註63〕

　　二、或飲食，或坐走，長者先，幼者後。……。路遇長，疾趨揖，長無言，退恭立。騎下馬，乘下車，過猶待，百步餘。〔註64〕

　　三、步從容，立端正，揖深圓，拜恭敬。勿踐閾，勿跛倚，勿箕踞，勿搖髀。〔註65〕

《弟子規》「一」與顏元教條倫理道德類「一」完全相同；《弟子規》「二」與顏元教條倫理道德類「二」也大致相同。《弟子規》「三」與顏元教條之服裝儀容類，在精神上也極為相似。顏元生於（1635），卒於（1704），李毓秀生於（1662），卒於（1722），基本上可說是同時代之人。而顏、李二人生卒之重疊時期為1662～1704年這段時間，也就是康熙皇帝的統治時期。康熙於1681年平三藩，1683年定台灣，至此國家才可說是完全掌控在手中。此時康熙之聖諭十六條業已頒布十餘年，顏、李皆重視孝悌、長幼等倫理以及嚴格限制

〔註63〕〔清〕李毓秀著、李捷譯注：《弟子規》（太原：書海出版社，2001年9月，中華傳世名著精華叢書本），頁174。

〔註64〕〔清〕李毓秀著、李捷譯注：《弟子規》（太原：書海出版社，2001年9月，中華傳世名著精華叢書本），頁179～181。

〔註65〕〔清〕李毓秀著、李捷譯注：《弟子規》（太原：書海出版社，2001年9月，中華傳世名著精華叢書本），頁185～186。

身體動作，或許與整個社會進入完全統一，大一統的氛圍是相關的。但是筆者認為，要使絕大多數的人民遵守社會規範，光訴諸道德及身體的約束是不夠的。與其一味訴諸道德，不如先使民富，再廣設社會救助機構如：義倉、養濟院、清節堂、育嬰堂等機構廣泛設置。

第十章 結 論

　　明代自正德、嘉靖以後，江南地區商業極其發達，發達的商業促使社會風氣日漸華奢，人民也更常遷徙流動，明初為小農社會所設計的各種制度，漸漸不適於用，這使人民承受極大的痛苦。人民的痛苦除了來自僵化的制度外，帝王及官僚的貪婪及剝削也是造成人民痛苦的重要因素之一。僵化的制度、貪婪的帝王與官僚，已使明朝國祚岌岌可危。不幸的是，此時頻繁的天災又引發了以張獻忠、李自成為首的流寇為亂，更加不幸的是，除了流寇的內亂外，滿清也日益壯大，最後內後交迫，清朝奪取了明朝的國祚。明清之際的儒者在國將亡及初亡之時，其始本欲力挽狂瀾，終見復國無望乃將滿腔的熱情化為文字，以待後王之起、以寓亡國之悲。

　　筆者以為，因為東林黨主要活動於萬曆、天啓時期，這時明朝國勢已風雨飄搖，所以東林黨所提出的「經世」主張，多半只是改善既存的制度而罕有結構性的改變。但是黃宗羲、顧炎武、王夫之就不同了，他們在幼年及青年時期，耳聞目擊明朝種種弊政。青、壯年後又處於一個政治管制相對寬鬆的年代（明朝初亡，清朝又尚未有效統治全中國），所以他們能從容思考專制政權下，各種制度的優缺點。例如：他們多半要求國君具備相當的品德以及負起治國的責任，多半強調君臣乃夥伴關係，這些觀點在政治管制嚴厲的時期是產生不了的。顏元的生存年代只稍晚於顧炎武、黃宗羲及王夫之，但是由於他出身寒微，父母並沒有灌輸他「家國之恨」、「遺民之思」。加上他的《四存編》成書於清朝一統宇內的時期，所以此書在內容上對於「君王」、「君臣關係」較少著墨，著墨較多的反而是嚴格的社會控制。不同的時空背景，就有不同的學術傾向及關注焦點。

　　筆者以爲，本文所探討的任何一個思想家，都無法依其理論建設出所謂的「三代盛世」。因爲他們的所有理論都依賴聖君來施行，但聖君在中國數千年的歷史中，百中無一。況且，依政治學的理論，任何一個當權者都會想辦法擴張權力，直到權力受到限制爲止。明清之際的儒者多半會要求君主節制慾望、授權於宰相以及各層官僚，但問題是：他們雖然要求君主節制慾望、充分授權，但是卻沒有任何的法律限制君權。君主權力不受限，最直接的影響就是——任何良善的制度都將輕易地受到破壞，從而使制度缺乏延續性及保證性。換言之，不先以法律條文限制君權，設計任何制度都是空談。但是若眞的有聖君在位，各思想家所擘劃的政治制度、經濟制度、軍事制度以及社會文化制度是否可行？大體而言，各思想家所設想的制度，以經濟制度最具現代性，政治制度次之，其餘則良莠不齊，個別差異極大。

　　各思想家在論述經濟制度時，有幾個問題是關注的焦點：稅率與田制、貨幣制度、行鹽地界、水旱時米之糴糶。在稅率方面：黃宗羲及王夫之都認爲 10% 的稅率過高，黃宗羲以爲這是因爲後世忽略了三代是井田（公田），後世是私田；王夫之則認爲三代田賦的稅率事實上是 5% 而非 10%。後世以 10% 爲稅率，其實是國君爲了滿足私慾。其實，明代最嚴重的問題並不是稅率太高，而是正式稅收人員不足，導致法制外的胥吏得以上下其手。後世國君以 10% 爲稅率，也不必然是因爲貪婪，更可能是人口增加所以天災人禍的公共支出遠甚於古。在田制方面：黃宗羲及顏元都認爲井田制可復，只有王夫之反對政府均田（均田、井田精神相通），主張政府只要制度合理化，人民自會自謀生計。黃宗羲及顏元贊同井田制，著眼於井田可縮減貧富，人人各盡其力各取所需，合乎公平原則。王夫之則以爲，力之小大不齊、人之勤惰不一，各盡其力，各取所需並不符合人性。人人都會爲自己打算，政府只要制定合理的制度就夠了。在貨幣制度方面：幾乎所有的思想家都反對以白銀做貨幣，都同意以銅錢取代白銀，但是對紙幣的看法就較爲紛歧。顧炎武、王夫之反對使用紙鈔，亭林以紙鈔易損、船山以紙鈔易僞。總之，二人皆認爲紙鈔對人民有害而無利。黃宗羲借鑑於宋代，而與顧、王二人異見，認爲只要有準備金等措施，是可以通行紙鈔的。黃宗羲的見解，完全合於今日的經濟學原理，可說是當時最具見識的。在行鹽問題上：顧炎武及王夫之都主張取消「行鹽地界」，認爲應該在鹽場課稅，其後就任由商人自由販鹽而不加以限制。但是顧炎武與王夫之並不完全相同，顧要求公鹽、私鹽皆課稅，以

增加稅收；王則點出取消行鹽地界，商、民兩益。換言之，顧炎武站在政府的立場說明取消行鹽地界之利，王夫之則站在民間立場來說明取消行鹽地界的好處。災時米之糶糴問題：高攀龍已注意到災時糶米商人的效率遠高於政府的現象，所以他主張災時糶米的工作應由商人來承辦。王夫之則提出糶米糴米背後自有市場機制，政府若以行政命令強加干涉，最後反而會適得其反。高、王二人的觀察及建議與經濟學的供需法則相應。

各思想家在政治制度方面普遍注意的焦點有：國君權力與品格、授權與分權、大臣的責任、縣級治理、科舉及詮選、南北互選制、胥吏問題。在國君權力之限縮及品格的培養方面，幾乎是明清之際的思想家所共同重視的議題，可惜的是，沒有任何一個思想家由憲法層次來限縮君權。在國君授權及分權方面，黃宗羲、王夫之都主張宰相要有實權，王夫之更進一步主張丞相久任，以使政策能徹底執行。論大臣的責任：黃宗羲指出君臣的關係如夥伴，身為大臣應有從道（人民利益）不從君的風骨。王夫之也指出身為儒者，擁有道統，儒者可以判定政權是否具合理性。筆者以為，黃宗羲、王夫之對大臣的要求，境界高則高矣！但是若不能保證臣僚身家性命的安全，要臣僚有風骨，實無異痴人說夢。在縣級治理上：顧炎武除了主張以當地的賢才為縣令外，他更認為要縣令要有轄地的自治權，如此才能好好治理一縣。在科舉與詮選方面：顧炎武與黃宗羲都主張參與科舉之士人必須通曉經文及各家注疏。至於詮選：顧炎武反對掣籤、南北互選，指出掣籤忽略了職能是否相稱；南北互選則造成官員舉債上任、不諳風土的缺失，並促成了官員貪墨、胥吏舞弊的現象。王夫之亦指出「南北互選」跟本無助防弊，因為異省而毗鄰或親戚分散各省的情形所在多有，所以這個制度是不必要的。顧炎武、王夫之由不同的面向審視「南北互選」，合觀可得其全貌。在胥吏問題上：黃宗羲主張由人民輪流來充任差役，如此一來一則人人輪充不敢囂張，二則人人新手不知如何營私。王夫之亦注意到了胥吏的問題，但是他的思維理路則與黃宗羲全然不同。王夫之認為不必將胥吏視為洪水猛獸，只要將胥吏納入正式的官吏體制中，並且合理對待及嚴格評騭，胥吏為害的問題就可迎刃而解。

在軍事方面，引起比較多注意的是「邊境自治」及「兵制問題」。黃宗羲、顧炎武、王夫之都由唐代的藩鎮得到靈感，主張邊境自治。在兵制方面：黃宗羲認為衛所兵制、募兵制、大將屯兵制都有其弊，他主張由人口中

的百分之四抽調訓練，十戶養一兵。黃宗羲這種做法，將面臨軍人人數與供應戶數不一致的難題。王夫之則認為，若要改善募兵兵員之素質低下問題，就要使從軍成為一件榮譽的事，並加以合理的對待。值得注意的是，東林黨的高攀龍、李三才及清初的顏元所關注的軍事焦點都是軍事訓練及兵餉，而不及募兵、衛所兵制等問題。筆者以為，這與東林黨在萬曆時期及顏元在清初康熙時期，有一定程度的關聯。萬曆時，明朝亡國之徵雖已顯現，但尚無立即亡國之危，原先的兵源仍足以應付危機，故不需討論兵制；顏元雖生於明末（1635），但是他卻無顧炎武、黃宗羲、王夫之等人的遺民情緒，他對制度的設想也少以明朝末年的弊政為假想的對象，所以他對軍事制度的設想也不涉及明末國勢危急時的各種兵制爭論的議題。此外，王夫之在論述軍事問題時有一個與其他思想家明顯不同的特色。那就是王夫之極強調適才適性，他指出從事軍職並不是人人皆可勝任的。王夫之更以「適才適性」來思索「衛所屯兵」制，認為兵農合一的衛所屯田制最後只會使田荒國弱。

在社會控制方面：每個思想家所注意的焦點都不一樣，東林黨的李三才重視的是禁止民間如白蓮教、無為教的傳播；顧憲成則認為王陽明「無善無惡」的說法會使人不遵禮法及隨波逐流；高攀龍則關注以及第、積金為尚的扭曲價值觀，要家人不要貪非分之財與色。顧炎武在社會控制方面，強調道德與經濟的關係，強調宗族的重要。他認為要戒官員貪污先改善官員薪資，要求人民孝悌先讓人民有財。他由經濟層面來解決道德問題，這是當時思想家所罕言的。此外，顧炎武建議以家族約束族人，若家法族規失效，正式的法律才會介入，以此節省社會資源。王夫之主張「寓禮意於刑中」，他利用社會排斥來輔助刑法的不足。他認為若人人拒絕與失禮犯法之人來往，將無人敢輕易違法亂紀。王夫之也注意到了窮人富人之間的敵視情緒。他要執政者「拊貧教富」，讓弱者能安於其生、強者能心存悲憫，同舟共濟以使社會祥和。顏元對社會控制的主張是本論文中最獨特的，他有將日常生活中的一言一行都納入最嚴格禮儀規範的傾向：走路要如何走、讀書要如何讀、衣服要如何穿，都有詳盡而嚴格的規定。因為在顏元看來，外在行為動作之不正，象徵著內心的鬆懈與荒怠，接下來就是一連串的失德敗行。這是一種最嚴苛的社會控制，也是最僵化的社會控制。

在撰作論文的過程中，筆者發現了明清之際儒者的幾個常見的迷思。第一，這一時期的思想家大多沒有認知到有些制度是要以精確的戶籍及人口調

查為基礎的。黃宗羲、顏元倡「井田」及王夫之「自耕佃耕稅率不同」，以當時的歷史條件是完全是不可行的。第二，這一時期的思想家常將職業分化與從業人口弄混，常言古代只有四民，當今卻有十民，而不知若農業人口不變，一養其三或一養其九，並沒有任何的差別。第三，這一時的思想家常忽略了有些制度需以儲藏能力為基礎：主張以實物納稅及長期儲糧都是忽略了這一點。第四，這一時期的儒者常要大臣以人民的利益為考量，卻忽略了如何限制君權。當然，這一時期的思想家也有若干共同的優點：第一，他們善於利用人性「自私」的特點，來達成「公利」。第二，他們普遍有強調「民本」，人民的生存權利受到重視。第三，他們大多強調分權共治、強調輿論，有助於民意之伸張。第四，他們多強調尊重法律制度，減少人為干預。

　　筆者受到王汎森先生的啟發，試圖：一，以科際整合的方式探究明清之際儒者的經世之道，期許能由更多的面向來理解明清儒者的主張，務使讀者不但知其然而且知其所以然。例如：以「社會資本」的概念說明貪污現象。以馬斯洛「需求理論」解析顧炎武「治化之隆，則遺秉滯穗之利及於寡婦。恩情之薄，則擾鋤箕帚之色，加於父母。故欲使民興孝、興弟，莫急於生財。」二，以今日各學科的知識判斷各思想家理論的可行性。例如：由社會學得知，傳統中國農業人口沒有少於八成的，由此判斷顏元誤將職業分化視為農業人口減少。三，會通中外，以彼此之理論相印證與補充。筆者在論王夫之的經濟制度時，屢屢以其主張與亞當・斯密及洛克印證，藉此表明近代中國的某些特質，實可上溯明清之際。當然，這一本論文的撰作，雖自認為尚稱努力與謹慎，但是缺點卻是明顯的。首先，雖嘗試科際整合，但政治學、經濟學、心理學、社會學、人類學等學科都是極其精微的學問，自行研讀恐怕難以避免買櫝還珠、井底觀天的現象。其次，筆者不諳日文，對於日本學者的著作僅能透過譯作來瞭解，若無譯著只好忍痛捨棄，這等於缺了一大塊學術視野。再者，因為明末清初思想家們的著作極其繁夥，所以筆者僅據眾所公認最重要的著作來分析諸思想家們的理論。例如在分析顧炎武的思想時，筆者所依據的主要文獻是《日知錄》，而不及《天下郡國利病書》。這並不是說《天下郡國利病書》挖掘不出重要的思想、主張，純粹是因為筆者的時間與精力無法消化與提煉如《天下郡國利病書》這種長篇鉅作。這就周備性而言，當然是有所不足的。

參考書目

一、總　類

1. 鄭玄注、賈公彥疏：《周禮注疏》（台北：藝文印書館，1993 年 9 月，十三經注疏本）。

2. 何晏注、邢昺疏：《論語》（台北：藝文印書館，1993 年 9 月，十三經注疏本）。

3. 趙岐注、孫奭疏：《孟子》（台北：藝文印書館，1993 年 9 月，十三經注疏本）。

4. 唐玄宗著、邢昺疏：《孝經》台北：藝文印書館，1993 年 9 月，十三經注疏本）。

5. 歐陽德：《歐陽南野先生文集》（台南：莊嚴文化事業有限公司據嘉靖本影印，1997 年 6 月（四庫全書存目叢書・集部八十一冊））。

6. 聶豹：《雙江聶先生文集》（台南：莊嚴文化事業有限公司，據嘉靖四十三年吳鳳瑞刻隆慶六年印本，1997 年 6 月（四庫全書存目叢書））。

7. 高攀龍：《高子遺書》（台北：臺灣商務印書館，1983 年，四庫全書本）。

8. 顧憲成：《顧端文公遺書・東林會約》（上海：上海古籍出版社，2002 年，《續修四庫全書》本）。

9. 顧炎武撰、黃汝成集釋：《日知錄集釋》（台北：世界書局，1974 年 7 月）。

10. 唐甄：《潛書》（上海：上海古籍出版社，2002 年，《續修四庫全書》影印《康熙王聞遠刻本》）。

11. 張舜徽：《清人筆記條辨》（武漢：華中師範大學出版社，2004 年 3 月）。

二、哲學類

1. 王先謙撰；沈嘯寰、王星賢點校：《荀子集解》（北京：中華書局，1988 年 9 月）。

2. 董仲舒撰、袁長江校注：《董仲舒集》（北京：學苑出版社，2003 年 7 月）。

3. 王陽明：《王陽明文集》（台北：大申書局，1983 年 7 月）。

4. 王艮：《王心齋全集》（台北：廣文書局，1979 年 5 月）。

5. 王畿：《龍谿王先生全集》（台北：廣文書局據日本江戶年間和刻本影印）。

6. 吳震編校整理：《王畿集》（南京：鳳凰出版社，2007 年 3 月）。

7. 徐儒宗編校整理：《羅洪先集（下）》（南京：鳳凰出版社，2007 年 3 月）。

8. 呂坤：《呻吟語》（新店：志一出版社，1994 年 7 月）。

9. 羅汝芳：《盱壇直詮》（台北：廣文書局，1967 年 3 月）。

10. 牟宗三：《中國哲學的特質》（台北：台灣學生書局，1974 年 8 月）。

11. 余英時：《中國近世宗教倫理與商人精神》（合肥：安徽教育出版社，2001 年 9 月）。

12. 吳光主編：《黃宗羲與明清思想》（上海：上海古籍出版社，2006 年 3 月）。

13. 吳震：《陽明後學研究》（上海：上海人民出版社，2003 年 4 月）。

14. 吳震：《明代知識界講學活動繫年：1522～1602》（上海：學林出版社，2003 年 9 月）。

15. 呂妙芬：《陽明學士人社群——歷史、思想與實踐》（台北：中研院近史所，2003 年 4 月）。

16. 陳榮捷：《王陽明傳習錄詳注集評》（台北：台灣學生書局，1998 年 2 月）。

17. 顧立雅（H. G. Creel）著、王正義譯：《孔子與中國之道》（台北：韋伯文化國際，2003 年 11 月）。

18. 陳詠明：《儒學與中國宗教傳統》（台灣：商務印書館，2004 年 1 月）。

19. 王夫之：《船山全書　第十冊——讀通鑑論》（長沙：嶽麓書社出版，1996 年 2 月）。

20. 王夫之：《船山全書　第十一冊——宋論》（長沙：嶽麓書社出版，1996 年 2 月）。

21. 王夫之：《船山全書　第十二冊——噩夢》（長沙：嶽麓書社出版，1996 年 2 月）。

22. 林端：《儒家倫理與法律文化——社會學觀點的探索》（北京：中國政法大學出版社，2002 年 4 月）。

23. 楊國樞、黃光國、楊中芳主編：《華人本土心理學（上）》（台北：遠流出

版社，2005 年 2 月）。

24. 溝口雄三著、林右崇譯：《中國前近代思想的演變》（台北：國立編譯館，1994 年 12 月）。

25. 錢明：《陽明學的形成與發展》（南京：江蘇古籍出版社，2002 年 9 月）。

26. 万俊人：《現代西方倫理學史下卷》（北京：北京大學出版社，1992 年 12 月）。

27. 王汎森：〈日譜與明末清初的思想家——以顏李學派為主的討論〉，《晚明清初思想十論》（上海：復旦大學出版社，2004 年 12 月）。

28. 錢穆：《中國學術思想史論叢（七）》（台北：東大圖書公司印行，1979 年 7 月）。

29. 葛兆光：《中國思想史（第二卷）》（上海：復旦大學出版社，2002 年 8 月）。

30. 蕭萐父、許蘇民：《王夫之評傳》（南京：南京大學出版社，2002 年 4 月）。

31. 許蘇民：《顧炎武評傳》（南京：南京大學出版社，2006 年 3 月）。

三、宗教類

1. 著者不詳：《新約聖經》（台北：中華民國聖經公會，2005 年）。

2. 謝和耐著、耿昇譯：《中國和基督教》（上海：上海古籍出版社，1991 年 3 月）。

3. 朱維錚：《利瑪竇中文著譯集·導言》（香港：城市大學出版社，2001 年）。

4. 曹增友：《傳教士與中國科學》（北京：宗教文化出版社，1999 年月）。

5. 韋伯著、簡惠美譯：《中國的宗教：儒教與道教》（台北：遠流出版社，2002 年 1 月，二版四刷）。

6. 馬克思·韋伯：《新教倫理與資本主義精神》（台北：左岸文化出版，2005 年 6 月）。

7. 費賴之著、馮承鈞譯：《在華耶穌會列傳及書目（上）》（北京：中華書局，1995 年 11 月）。

8. 黃一農：《兩頭蛇——明末清初第一代天主教徒》（上海：上海古籍出版社，2006 年 8 月）。

9. 杜赫德編：（中）鄭德弟、呂一民、沈堅譯：《耶穌會士中國書簡集——中國回憶錄（上卷）》（鄭州：大象出版社，2005 年 6 月）。

四、自然科學類

1. 史帝夫·奧森著、霍達文譯：《人類基因的歷史地圖》（台北：聯經出版

公司，2004 年 9 月）。

2. 史蒂芬・奎兹、泰倫斯・索諾斯基著；洪蘭譯：《騙子？情人？英雄——看大腦如何揭露：你是怎樣變成這個你》（台北：遠流出版社，2007 年 5 月）。

3. 鄧巴著、洪莉譯：《哈啦與抓虱的語言——從動物互相梳理、人類閒聊解讀語言演化》（台北：遠流出版社，2002 年 11 月），頁 96。

4. 唐錫仁、楊文衡主編：《中國科學技術史——地學卷》（北京：科學出版社，2000 年 1 月）。

5. 盧嘉錫主編、陳美東著：《中國科學技術史——天文學卷》（北京：科學出版社，2003 年 1 月）。

五、應用科學類（400）

1. 宋應星原著、潘吉星譯注：《天工開物》（台北：台灣古籍出版社，2004 年 4 月）。

2. 張承友、張普、王淑華：《明末清初中外科技交流研究》（北京：學苑出版社，1999 年 10 月）。

六、社會科學類（500）

1. 陳子龍、徐孚遠、宋徵璧：《皇明經世文編（第十二冊)》（台北：台聯國風出版社，1968 年 11 月）。

2. 陳子龍、徐孚遠、宋徵璧：《皇明經世文編（第十四冊)》（台北：台聯國風出版社，1968 年 11 月，據崇禎間平露堂刊本影印）。

3. 李伯重：《多視角看江南經濟史：1250～1850》（北京：生活・讀書・新知三聯書店，2003 年 5 月）。

4. 唐力行：《商人與中國近世社會》（台北：台灣商務印書館，1997 年 7 月）。

5. 張治安：《明代政治制度研究》（臺北：聯經出版公司，1992 年 6 月）。

6. 梁其姿：《施善與教化——明清的慈善組織》（石家莊：河北教育出版社，2001 年 11 月）。

7. 曼素恩著、楊雅婷譯：《蘭閨寶錄——晚明至盛清時期的中國婦女》（新店：左岸文化出版社，2005 年 11 月）。

8. Donald Light, Jr.、Suzanne Keller 著；林義男譯：《社會學（下)》（台北：巨流圖書公司，1995 年 9 月）。

9. Elliot Aronson、Timothy D. Wilson、Robin M. Akert 著、余伯泉、李茂興譯：《社會心理學》（台北：弘智文化，2003 年 6 月）。

10. Jeffrey C. alexander, Steven Seidman 編；吳潛誠總編校：《文化與社會》

（台北：立緒文化，1997 年 9 月）。

11. Judson R. landis 著、王淑女、侯崇文、林桂碧等譯：《社會學的概念與特色》（台北：洪葉文化事業有限公司，2002 年 10 月）。

12. 王思斌主編：《社會學教程（第二版）》（北京：北京大學出版社，2005 年 6 月）。

13. 安東尼‧吉登斯（Anthony Giddens）著，趙旭東、齊心、王兵等譯：《社會學（第四版）》（北京：北京大學出版社，2003 年 12 月）。

14. 亞當‧斯密；郭大力、王亞南譯：《國民財富的性質和原因的研究（下卷）》（北京：商務印書館，1974 年 6 月）。

15. 林南著、張磊譯：《社會資本——關於社會結構與行動的理論》（上海：上海人民出版社，2005 年 2 月）。

16. 查爾斯‧惠倫著、胡瑋珊譯：《聰明學經濟的十二堂課》（台北：先覺出版社，2003 年 11 月）。

17. 洛克著、葉啓芳、瞿菊農譯：《政府論（下篇）》（北京：商務印書館，1964 年 2 月）。

18. 科塞（Lewis A. Coser）著、孫立平等譯：《社會衝突的功能》（台北：桂冠圖書，2002 年 2 月）。

19. 茱蒂‧哈里斯著、洪蘭譯：《教養的迷思》（台北：商周出版社，2000 年 6 月）。

20. 高希均、林祖嘉著：《經濟學的世界（下）》（北京：生活‧讀書‧新知三聯書店，1999 年 12 月）。

21. 馬基維利著、閻克文譯：《君主論》（台北：台灣商務印書館，1988 年 9 月）。

22. 燕繼榮：《政治學十五講》（北京：北京大學出版社，2004 年 7 月）。

23. 盧梭著、何兆武譯：《社會契約論》（北京：商務印書館，2003 年 3 月）。

24. 戴維‧米勒著、應奇譯：《社會正義原則》（南京：江蘇人民出版社，2005 年 5 月）。

25. 趙岡：《中國傳統農村的地權分配》（台北：聯經出版公司，2005 年 2 月）。

26. 懷效鋒點校：《大明律》（北京：法律出版社，1998 年 12 月）。

27. 費成康：《中國的家法族規》（上海：上海社會科學院出版社，1998 年 8 月）。

28. 黃仁宇：《十六世紀明代中國之財政與稅收》（台北：聯經出版公司，2001 年 1 月）。

29. 鄭振滿：《明清福建家族組織與社會變遷》（長沙：湖南教育出版社，

1992 年）。

30. 趙園：《明清之際士大夫研究》（北京：北京大學出版社，1999 年 1 月）。

31. 謝國楨選編、牛建強校勘：《明代社會經濟史料選編（下）》（福州：福建人民出版社，2004 年 5 月）。

32. 趙岡、陳鍾毅：《中國經濟制度史論》（台北：聯經出版公司，1986 年 3 月）。

33. 白鋼：《中國政治制度史（下卷）》（天津：天津人民出版社，2002 年 1 月）。

34. 馬濤：《經濟思想史教程》（上海：復旦大學出版社，2002 年 1 月）。

35. 曹樹基著、葛劍雄主編：《中國人口史——第四卷（明時期)》（上海：復旦大學出版社，2000 年 9 月）。

36. 陳學文：《明清社會經濟史研究》（台北：稻禾出版社，1991 年 12 月）。

七、史地類（600）

1. 張國剛：《從中西初識到禮儀之爭——明清傳教士與中西文化的交流》（北京：人民出版社，2003 年 12 月）。

2. 謝國楨：《明清之際黨社運動考》（上海：上海書店出版社，2004 年 1 月）。

3. 馮賢亮：《明清江南地區的環境變動與社會控制》（上海：上海人民出版社，2002 年 8 月）。

4. 劉岱總主編：《中國文化新論（經濟篇）——民生的開拓》（台北：聯經出版公司，1982 年 10 月）。

5. 司馬遷：《史記》（北京：中華書局，1997 年 11 月，二十四史縮印本）。

6. 班固：《漢書》（北京：中華書局，1997 年 11 月，二十四史縮印本）。

7. 脫脫：《宋史》（北京：中華書局，1997 年 11 月，二十四史縮印本）。

8. 張廷玉：《明史》（北京：中華書局，1997 年 11 月，二十四史縮印本）。

9. 趙爾巽：《清史稿》（北京：中華書局，1997 年 11 月，二十四史縮印本）。

10. 錢穆：《國史大綱上冊》（台灣：臺灣商務印書館，1996 年 11 月，修訂三版，二刷）。

11. 樊樹志：《晚明史（上卷)》（上海：復旦大學出版社，2003 年 10 月）。

12. 王士性：《廣志繹》（北京：中華書局，2006 年 7 月）。

13. 顧起元：《客座贅語》（北京：中華書局，1987 年 4 月）。

14. 何良俊：《四友齋叢說》（北京：中華書局，1959 年 4 月）。

15. 沈德符：《萬曆野獲編（中)》（北京：中華書局，1959 年 4 月）。

16. 張瀚:《松窗夢語》(北京:中華書局,1985 年 5 月)。

17. 文秉:《先撥志始》(臺北:廣文書局,1964 年 2 月)。

18. 文秉:《烈皇小識》(台北:新興書局,1974 年 5 月,收錄於《明季稗史》第一冊)。

19. 王士禛:《池北偶談》(北京:中華書局,1982 年 1 月)。

20. 朱長祚:《玉鏡新譚》(北京:中華書局,1989 年 9 月)。

21. 計六奇:《明季北略》(台北:臺灣商務印書館,1979 年 5 月)。

22. 陳鶴著、陳克家補:《明紀》(台北:世界書局,1967 年)。

23. 趙翼:《二十二史箚記(下冊)》(台北:世界書局,1962 年 3 月)。

24. 談遷:《國榷》(臺北:鼎文書局,1978 年 7 月)。

25. 夏燮撰、楊家駱主編:《新校明通鑑》(臺北:世界書局,1962 年 11 月)。

26. 鄭廉撰,欒星輯校:《豫變紀略》收錄於《甲申史籍三種校本》(鄭州:中州古籍出版社,2002 年 10 月)。

27. 安徽省博物館編:《明清徽州社會經濟資料叢編》第二集(中國社會科學出版社 1990 年版)。

28. 小野和子:《明季黨社考》(上海:上海古籍出版社,2006 年 1 月)。

29. 余英時:《歷史與思想》(台北:聯經出版公司,1976 年 9 月)。

30. 何高濟、王遵仲、李申譯,何兆武校:《利瑪竇中國札記》(北京:中華書局,1983 年 3 月)。

31. 費正清、戈德曼著、薛絢譯:《費正清論中國:中國新史》(新店:正中書局,2004 年 3 月)。

32. 樊樹志:《崇禎傳》(北京:人民出版社,1997 年 11 月)。

八、史地類 (700)

1. 余英時等著:《中國歷史轉型時期的知識分子》(台北:聯經出版公司,1992 年 9 月)。

2. 張懷承:《王夫之評傳——民族自立自強之魂》(廣西:廣西教育出版社,1997 年 7 月)。

九、語文類 (800)

1. 黃宗羲:《黃宗羲全集第七冊——明儒學案(一)》(杭州:浙江古籍出版社,1992 年 8 月)。

2. 海瑞:《海忠介公全集》(台北:海忠介公全集輯印委員會印行,1973 年 5 月。

3. 歸有光:《震川先生集》(台北:台灣商務印書館,1967 年,四部叢刊

本）。

4. 李三才：《撫淮小草》（東京：東京大學綜合圖書館藏明萬曆刊本）。

5. 沈善洪、吳光編：《黃宗羲全集第一冊──明夷待訪錄》（杭州：浙江古籍出版社，2005 年）。

6. 顧炎武：《亭林文集》（台北縣：漢京文化事業有限公司，1984 年 3 月，四部刊要本）。

7. 顧炎武：《亭林佚文輯補》（台北縣：漢京文化事業有限公司，1984 年 3 月，四部刊要本）。

8. 顏元：《四存編》（台北：世界書局，1984 年 3 月）。

9. 顏元著：《習齋記餘》卷六，收錄於《顏元集》（北京：中華書局，1987 年 6 月）。

10. 顏元著《顏習齋先生闢異錄》卷下，收錄於《顏元集》（北京：中華書局，1987 年 6 月）。

11. 顏元著《顏習齋言行錄》卷上，收錄於《顏元集》（北京：中華書局，1987 年 6 月）。

12. 魏禧著；胡守仁、姚品文、王能憲校點：《魏叔子文集（上冊）》（北京：中華書局 2003 年 6 月）。

13. 邵毅平：《中國文學中的商人世界》（上海：復旦大學出版社，2005 年 6 月）。

14. 張岱：《陶庵夢憶》（上海：上海古籍出版社，2001 年 5 月）。

15. 吳敬梓：《儒林外史》（台北：聯經出版公司，1991 年 11 月）。

16. 馮夢龍：《醒世恆言·下冊》（台北：里仁書局，1991 年 5 月）。

17. 李塨、王源著：《顏習齋先生年譜》卷下，收錄於《顏元集》（北京：中華書局，1987 年 6 月）。

十、期刊論文

1. 邱雯惠：《晚明的輿論──李三才個案之研究》（桃園：國立中央大學歷史研究所碩士論文，2005 年 1 月）。

2. 許長謨：《王船山經世思想析論》（台北：國立臺灣師範大學三民主義研究所碩士論文，1989 年 6 月）。

3. 易曼暉：〈論王船山的財政思想〉，《王船山學術討論集（下）》（北京：中華書局，1965 年 8 月）。

4. 朱榮貴：〈從劉三吾《孟子節文》論君權的限制及知識份子之自主性〉《中國文哲研究集刊》第六期（台北：中央研究院中國文哲研究所，1995 年 3 月）。

5. 林麗月：〈明代禁奢令初探〉，《國立臺灣師範大學歷史學報》第二十二期（1994 年 6 月）。

6. 楊儒賓：〈變化氣質、養氣與觀聖賢氣象〉，《漢學研究》第十九卷第一期（民國 90 年 6 月）。

7. 高希均：《三十雜誌》（台北：《三十雜誌》，2006 年 5 月）第二十一期。

8. 洪蘭：〈神經迴路的奧妙〉，《聯合報》2005 年 1 月 17 日，E7 版。

9. 張作錦：〈傅佩榮「登壇」吉凶何如〉，《聯合報》2007 年 5 月 1 日，E7 版。

10. 《中時電子報》，2008 年 3 月 30 日。

11. 陳健民〈從死刑執行方式論死刑存廢〉（財團法人國家政策研究基金會，2001 年 10 月 15 日，http://www.npf.org.tw/particle-621~2.html）。

12. 賴建誠：《井田辯諸說辯駁》，頁 1～7。
www.econ.nthu.edu.tw/teachers/lai/pdf-files/field_debate.pdf。